과이라 공화국, 또 하나의 파라과이

"이 저서는 2008년 정부(교육과학기술부)의 재원으로 한국연구재단의 지원을 받아 수행된 연구임" (NRF－2008－362－A00003)

과이라 공화국, 또 하나의 파라과이

유럽계 이민자와 과이레뇨의 종족성

구경모 지음

이담
Books

차 례

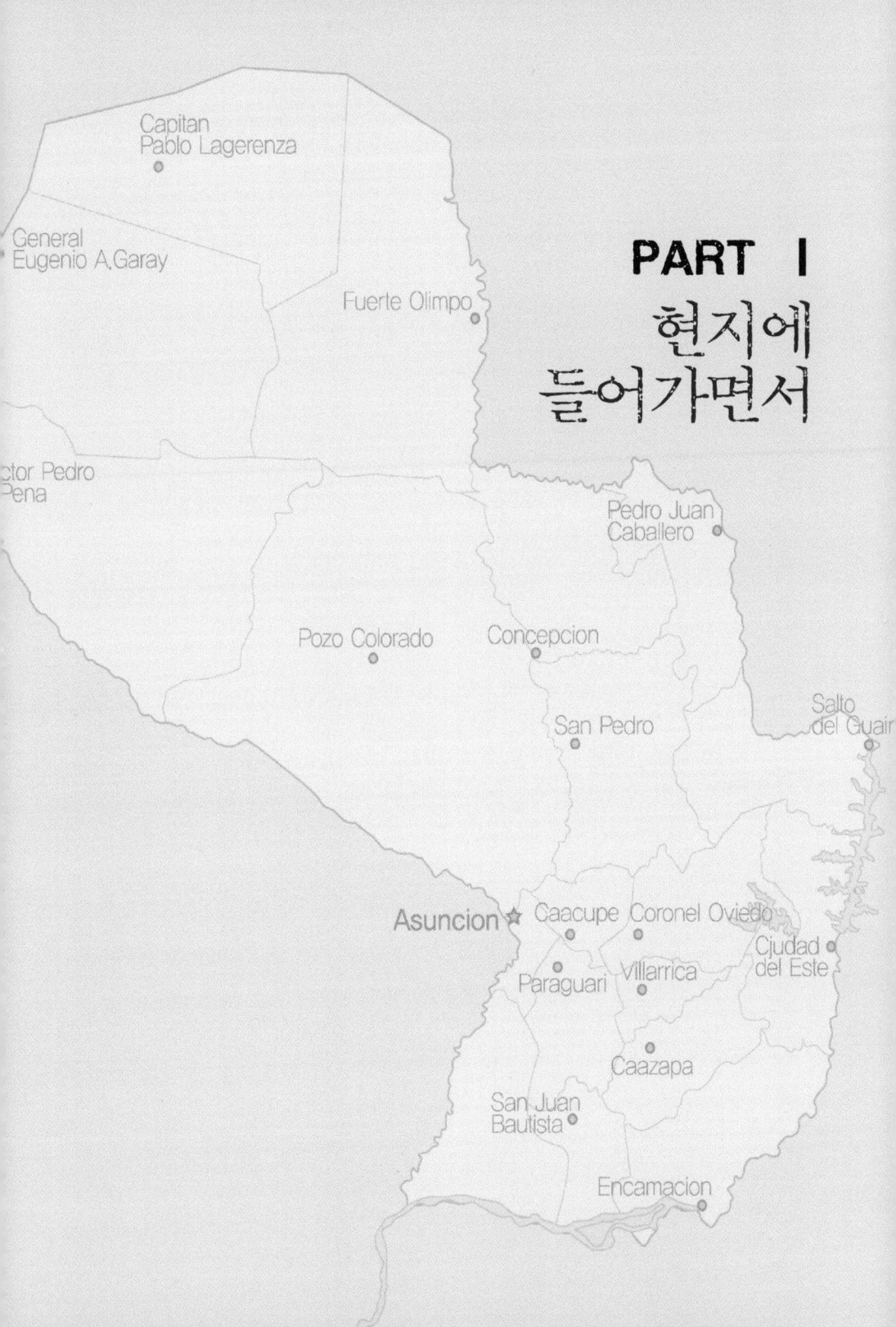

PART Ⅰ
현지에
들어가면서

현지조사는 돌발 변수가 많다. 예기치 못한 상황이 닥치면 연구자는 오랫동안 수행한 참여관찰을 포기하거나 조사 대상을 변경해야 한다. 이 연구는 후자의 경우에 해당된다. 필자가 대도시 빈민지역에서 소도시로 현지조사 지역을 변경하게 된 것은 갑작스런 사고 때문이었다. 사실 선학들로부터 현지조사의 가변성은 누차 들어 왔지만, 설마 이런 일을 경험할 것이라고는 짐작하지 못했다. 돌이켜 보면, 그 사건이 현재의 연구 주제를 다룰 수 있는 계기가 되었지만, 당시는 연구를 포기할 생각도 할 만큼 암담하였다.

　　빈민 연구에 관심을 둔 것은 지적 관심과 주변 상황 때문이었다. 학부시절에 읽은 오스카 루이스의 『산체스네 아이들』은 빈곤과 일상, 라틴아메리카 연구에 대한 호기심을 자극하였다. 박사과정이었던 2003년 사회복지단체의 지원으로 필리핀의 마닐라에 산재한 빈민지역의 NGO를 방문하면서 해외 연구에 관심을 가졌다. 그런 가운데 2004년 5월 필자가 다니는 교회에서 선교사 한 분을 만나게 되었다. 그 선교사는 파라과이의 수도인 아순시온의 빈민지역에서 3년간 선교 활동을 마치고 한국에 잠시 귀국한 상태였다. 그분을 통해 선교했던 빈민 지역에 대한 정보를 들을수록 현지조사에 대한 열망이 커져 갔다. 석사학위논문도 도시빈민지역의 NGO를 연구했었고, 이를 해외지역의 사례와 비교해야겠다는 생각이 들 무렵에 파라과이 빈민지역에서 활동하던 선교사를 만난 것은 행운이었다. 그녀는 파라과이에 정착한 한국인 이민 1.5세인 양창근 목사가 설립한 센트로 데 비다 (Centro de Vida) 교회에서 사역을 하였다. 그 교회는 빈민지역 주민과 원주민을 대상으로 복지 사업을 하고 있어 연구 활동을 하기에 적합하였다.

주저 없이 떠나기로 마음을 정한 후 5개월 만에 현지교회에서 연구지원을 약속받고 선교사 신분으로 파라과이의 센트로 데 비다 교회로 향하였다. 2004년 10월 9일에 한국을 출발하여 홍콩과 남아프리카공화국의 요하네스버그, 브라질 상파울루를 거쳐 10월 11일 파라과이의 실비오 페티로시(Silvio Petirrossi) 공항에 도착하였다. 공항에 마중 나온 양창근 목사의 안내로 아순시온 시내에 들어섰다. 아순시온의 느낌은 필리핀의 마닐라와 비슷하여 낯설지 않았다. 스페인 식민지의 분위기 때문일 수도 있겠지만, 그것보다 아순시온과 마닐라의 거리 냄새가 너무나도 유사하였다. 그 냄새는 열대기후에서 뿜어져 나오는 열기와 매캐한 자동차 매연이 뒤섞인 것이었다. 교회에 도착한 후, 그 여선교사가 일했던 주끄뜨(Yukyty)에 배치되었다. '주끄뜨' 는 파라과이 원주민 언어인 과라니어로 '소금의 땅'이라는 뜻이 있다. 이곳은 아순시온 남쪽의 가장자리에 위치하고 있으며 파라과이 전역에서 이주한 농민과 과라니 원주민들이 정착해서 살고 있다. 동네 뒤편에는 쓰레기가 산처럼 쌓여 있으며, 주민들은 이 쓰레기에서 쓸 만한 물건을 모아서 판다.

사진 1-1. 주끄뜨의 쓰레기장　　　사진 1-2. 주끄뜨의 복지관(저자와 동료)

　라틴아메리카의 모든 빈민지역과 마찬가지로 주끄뜨도 위험한 지역이다. '보통의 파라과이 사람들'은 아예 출입할 생각을 하지 않으며, 심지어 경찰조차도 두려워하여 함부로 들어가지 않는 곳이다. 그나마 외부인으로서 이 지역을 자유롭게 드나드는 사람들은 센트로 데 비다 교회에서 설립한 복지관이자 예배당인 비전 가나안(Vision Canaan)의 선교사와 스태프들이다. 물론 동네의 불량배로부터 수시로 위협을 당하고 돈도 뺏겼지만, 비전센터를 담당하는 선교사로서 어느 정도 안전을 보장받은 것은 현지조사를 수행하는 데 장점으로 작용하였다.

　그러나 1년 남짓 진행한 현지조사에 문제가 생겼다. 센트로 데 비다 교회는 매주 일요일 오전 어린이를 대상으로 주일학교를 열었다. 항상 그랬던 것처럼, 2005년 11월 27일 주일학교를 마친 후 어린이들을 태운 버스는 주끄뜨로 향하였다. 버스는 주끄뜨 입구로 들어가기 위해 대로에서 좌회전을 하다가 맞은편에서 오는 시내버스와 충돌하였다. 이 사고로 인해 4명의 어린이가 사망하였다. 그리고 7명의 어린이는 혼수상태에 빠졌으며, 98명의 어린이들은 중경상을 입었다. 이 사건은 현지 언론에서 대서특필 될 정도로 주목을 받았으며, 한국의 일부 언론도 이 사실을 보도하였다. 이 당시는 잠시 귀국한 상태여서 전화로 연락을 받고 알았다. 부랴부랴 인터넷으로 현지 언론에 보도된 사고 사진을 보고 등줄기가 싸늘해지면서 소스라치게 놀랐다. 어린이들을 수송한 버스는 임대한 것으로 모든 면에서 열악하였다. 임대한 버스의 문은 없거나 여닫는 장치가 고장 난 상태로 운행하기 일쑤였다. 그래서 선교사와 현지인 스태프들은 어린이들이 문 쪽으로 떨어지지 않게 막고 곡예를 하듯이 서 있어야 했다. 두 버스가 부딪힌 곳은 정확하게도 필자가 주일마다 아이들이 문 쪽으로 내려오지 못하게 서 있던 자리였다. 원래는 사고가 나기 전에 파라과이에 도착해야 했으나, 개인적 사정으로 일주일간 파라과이행을 연기한 상태였다.

사고가 난 그다음 주에 바로 파라과이로 향했다. 선교사에 대한 주끄뜨 주민들의 시선은 이전과 달리 매우 차가웠다. 누구의 잘못을 따지기 이전에 주일학교로 인해 벌어진 사고에 대해서 선교사가 변명할 방법은 없었다. 단지 주끄뜨 주민과 교회, 버스회사, 운전사 간의 복잡하고 지루한 법정 소송만 예고된 상태였고, 교회에 대한 주끄뜨 주민들의 감정은 날로 격해졌다. 이후 두 달 동안은 아순시온 국립병원과 주끄뜨를 오가며, 다친 어린이들을 보살피고 화난 가족과 주민들을 진정시키는 일을 하였다.

이런 상황에서는 더 이상 주끄뜨에서 현지조사를 진행하기 힘들었다. 이 당시 두 가지 선택의 기로에 빠졌다. 그 하나는 현지조사를 그만두고 한국으로 돌아가는 것이었으며, 다른 하나는 새로운 조사 지역을 물색하는 것이었다. 다행히도 박사학위를 마친 후 기회가 되면 연구해야겠다고 마음먹고 있던 주제가 있었다. 그러나 처음부터 다시 시작한다고 생각하니 막막하고 두려웠다. 새로운 조사가 언제 끝날지 예측할 수도 없었고, 또한 주끄뜨와 같은 일이 또다시 벌어지지 않으리라는 보장도 할 수 없었다. 다시 마음을 추스르고 새로운 연구 방향에 대해서 고민하면서 연구 주제에 대한 기본적인 검토를 시작하였다.

새로운 연구주제는 주끄뜨에서 현지조사를 하던 당시 무심코 흘려들었던 농담 속에서 힌트를 얻었다. 농담의 '주인공'은 바로 파라과이의 소도시인 비야리카에 거주하는 사람들이었다. 파라과이 사람들은 비야리카 사람들을 '과이레뇨(Guaireño)'라 부르며, 특수한 지역집단으로 인식하였다. 그 농담은 비야리카 사람들의 특수성을 부각하는 담론행위였다. 필자는 파라과이 사람이 왜 비야리카 사람을 그들과 구별되는 집단으로 인식하는가에 관심을 가졌다. 이 의문을 풀기 위해 과이레뇨의 기원과 비야리카 역사에 대한 조사를 시작하였다.

비야리카에 관한 서적과 자료를 접할수록 그 도시의 매력에 빠졌다. 오히려 빈민지역보다 이 주제가 파라과이와 라틴아메리카를 이해하는 키워드로서 적절하다는 확신을 가졌다. 그런데, 현지조사를 위해 교회의 현지인 친구들에게 조사 계획을 이야기하자마자 그들은 부정적인 반응을 보였다. 그들은 비야리카가 소도시지만 지방이고 필자 혼자서 지내는 것이 위험하다고 엄포를 놓았다. 그러면서 지방에서 일어나는 납치 사건이나 살인 사건을 예로 들며 겁을 주었다. 사실 당시에 파라과이 경제사정이 좋지 않아 일본인을 비롯한 외국인에 대한 납치 사건이 빈번하게 일어났던 터라 친구들의 조언을 충분히 이해할 수 있었다.

비야리카에서의 참여관찰을 위해 아순시온 국립대학교의 인류학자들에게 자문을 구하였다. 그러나 파라과이의 인류학자들의 대다수는 과라니 원주민 연구에 집중하고 있어 과이레뇨에 관한 정보를 얻기가 힘들었다. 오히려 한 인류학자는 3,000달러를 제공하면 원주민 마을에 대한 현지조사를 직접 해줄 수도 있다고 제안하였다. 그 돈은 참여관찰을 위해 원주민 마을에 줘야 할 보상금과 자신의 3개월 체류비용이라는 것이었다. 이미 자신은 미국의 단체와 학자로부터 재정지원을 받아 보고서를 작성해서 넘긴 경험이 있다고 귀띔해 주었다. 그는 신뢰를 얻기 위해 프로젝트에 대한 말을 꺼냈지만, 현지조사 자료를 돈으로 구할 수 있다는 사실을 확인한 순간 밀려드는 씁쓸한 마음을 감추기는 힘들었다. 나의 기분을 파악했는지, 그는 다시 화제를 바꾸었고 뒤늦게 비야리카에 아는 친척이 있다며 소개시켜 주겠다고 했지만, 이미 나의 마음은 돌아선 상태였다.

결국, 참여관찰을 위한 주요 정보제공자를 구하기 위해 직접 비야리카에 방문하기로 마음을 먹었다. 첫 방문은 도시 설립기념일인 2006년 5월 14일이었다. 이날을 택한 이유는 도시기념일이 그들의 정체성을 확인할 수 있는 기회라고 생각했기 때문이다. 비야리카 방문에서 느낀 것은 아순시온의 친구들이 이야기한 것과 너무나 달랐다는 것이다. 비야리카는 아주 깨끗하고 조용한 도시로, 아순시온보다 훨씬 안전하다는 생각이 들었다. 비야리카가 위험하다고 이야기한 현지인 친구들은 지방에 대한 막연한 불안감으로 이야기한 것에 불과하였다. 나중에 알았지만, 비야리카를 경험한 다른 아순시온의 사람들은 비야리카가 꽤 괜찮고 수준 있는 도시라고 말해 주었다.

첫 방문 이후 몇 차례 그 지역의 박물관과 관공서를 방문하면서 중요한 정보를 입수하였다. 그 정보는 비야리카 출신들의 향우회인 '센트로 과이레뇨(Centro Guaireño)'가 아순시온에 소재하고 있다는 것이었다. 곧장 아순시온에서 비야리카 향우회를 찾아가서 연구에 대한 설명을 하고 도움을 청하였다. 그러자 향후회에서는 일면식도 없는 이방인에게 정보를 주기 힘들다고 이력서를 요구하였다. 이력서를 제출한 뒤에 답변을 기다렸으나 연락이 오지 않았다. 전화연락도 잘 되지 않아 여러 번 센트로 과이레뇨를 찾아갔으나 담당자가 없다는 말만 되풀이할 뿐이었다. 수개월이 지나고 다시 찾아가서 우여곡절 끝에 담당자와 이야기를 나누었다. 대답은 조사를 도와줄 수 없다는 것이었다. 대신에 담당자가 미안한 표정을 지으며 12월에 열리는 송년회에 초대를 하였다. 이미 협조를 거절당한 상태에서 중요한 정보를 얻지 못할 것 같아 송년회에 참석을 망설였다. 그러나 혹시라도 현지조사를 도와줄 수 있는 사람을 만날까 하는 희망을 간직한 채 현지인 친구와 함께 송년회에 참가하였다. 너무 일찍 도착해서 송년회를 준비하는 사람들밖에 없었다. 원형탁자에 앉아 있자, 이방인이라 그런지 한 번씩 힐끗 보기만 할 뿐, 우리 자리로 오지는 않았다.

한참을 지나 한 부부가 합석을 했다. 물론 자리가 부족해서 온

사진 1-3. 센트로 과이레뇨 정문   사진 1-4. 송년회장의 참석자들

것이었다. 부부와 인사를 나눈 후 한참 동안 침묵이 흘렀다. 그러다, 부부가 먼저 우리에게 말을 걸었다. 아마도 부부는 궁금한 것이 많았던 모양이다. 현지인 친구에게 과이레뇨인지 묻고 필자와 어떻게 아는 사이인지, 어떻게 참석했는지를 꼬치꼬치 캐물었다. 현지인 친구는 필자에 대해서 상세히 설명을 하였고, 그 설명을 들은 부부는 현지조사를 위해 머물 수 있는 집을 구해줄 수 있다고 하였다. 드디어 주요 정보제공자를 찾았다는 생각에 정신이 번쩍 들었다. 이 부부는 비야리카에서 '에끼(Equi)'라는 잡지사를 운영하고 있었다. 에끼는 주로 과이레뇨를 위한 잡지로 비야리카에서 일어난 신변잡기적인 일들, 예를 들어 주요행사와 파티 등을 사진으로 찍어 제공한다. 이들은 송년회 취재차 여기에 온 것이었다.

그 부부의 도움으로 2006년 12월 말부터 현지에서 사전조사를 할 수 있었고, 2007년 4월부터 약 6개월 동안 현지인 집에 거주하면서 본격적인 참여관찰을 수행할 수 있었다. 비야리카 현지조사에서의 첫 느낌은 과이레뇨들이 다른 파라과이 사람들에 비하여 피부색이 밝다는 것이었다. 그리고 도시가 작지만 깨끗하게 정비가 잘되어 있다는 느낌이 들었다. 사실 이것은 비야리카를 처음 방문할 때 탔던 시외버스에서도 느꼈다. 보통 지방행 버스를 타는 사람들은 피부 빛깔이 어둡고, 행색이 누추하였다. 이에 비해 비야리카행 버스를 타는 사람들은 용모가 단정한 편이었다. 현지조사가 어느 정도 진행된 후 알아낸 사실로서, 비야리카에는 19세기 말에서 20세기 초까지 주로 아르헨티나와 브라질 남서부에서 유입된 이탈리아계와 독일계 이민자를 비롯하여 다양한 국적의 유럽계 이민자들이 대거 정착하였다. 그 이유로 비야리카는 파라과이의 다른 지역과는 구별된 특징을 가지게 되었으며, 그것이 농담의 빌미가 되었던 것이다.

비야리카는 미시적으로 유럽계 이민자에 의한 과이레뇨의 종족성을 이해할 수 있는 장소이며, 더불어 거시적으로는 남미 남부지역 혹은 리오 데 라 플라타 지역에 정착한 유럽계 이민자들의 삶의 모습을 파악할 수 있는 곳이기도 하다. 이러한 맥락에서 과이레뇨의 종족성을 크게 두 가지 의미에 바탕을 두고 연구를 진행하였다. 그 하나는 라틴아메리카에 정착한 유럽계 이민자의 삶이라는 측면에서 접근하였다. 흔히들 라틴아메리카는 같은 언어와 종교, 유사한 인종 집단이 모여 있어 동일한 문화권으로 여기는 경우가 많다. 그러나 쉬운 예로서 원주민의 음식 문화부터 확연히 구분된다. 예컨대 중미 지역은 옥수수 문화권이지만, 안데스 지역은 감자 문화권이다. 그리고 브라질과 파라과이 등의 남미 저지대 지역은 만디오카 문화권이다. 또한 인종의 비율도 다르다. 카리브 해의 도서지역은 흑인들의 비율이 높고, 중미와 안데스 지역은 원주민의 비율이 상대적으로 높다. 이와 반면에 남미 남부지역 혹은 리오 데 라 플라타 지역은 백인의 비율이 훨씬 높다. 이렇게 음식과 인종이라는 단편적인 예만 보더라도, 라틴아메리카가 단일 문화권이 아닌 다양한 문화권으로 형성되었다는 것을 알 수 있다. 특히 아르헨티나와 우루과이, 브라질 서남부지역, 파라과이 일부지역은 백인들의 거주 비율이 상당히 높다. 이들 백인들은 비야리카와 마찬가지로 유럽에서 기근이 극심했던 19세기 말~20세기 초에 '희망'을 찾아 남미로 온 사람들이 주를 이룬다. 남미 남부지역 혹은 리오 데 라 플라타 지역의 이해를 위해서는 이 당시의 유럽계 백인에 대한 이해가 필수적이다.

또 다른 의미로 지역사적 접근을 하였다. 그러나 단순한 한 지방도시의 역사가 아니라 이 도시가 더 큰 지역 단위와 어떻게 연계되어 과이레뇨의 종족성이 형성되는가에 초점을 두었다. 종족성은 타자화에 의해 극대화되므로 외부와의 관계에 영향을 받을 수밖에 없다. 비야리카의 역사는 타 지방과 국가, 주변국과의 역학적 관계를 고스란히 보여준다. 예를 들어 비야리카 사람들, 과이레뇨의 종족성은 유럽계 이민자 유입에 의한 것이었다. 이는 비야리카가 19세기 말과 20세기 초 유럽과 라틴아메리카사이의 인구이동과 사회·경제적 교류의 소용돌이 속에 있었다는 것을 의미한다. 또한 유럽계 이민자들의 유입으로 비야리카 사람들은 냉전과 내전으로 말미암아 지역 사회와 국가, 주변국의 견제와 지원을 받았고, 결과적으로 과이레뇨라는 종족성이 탄생하게 되었다. 이 연구는 지역과 국가, 주변국과 전 지구적인 측면이 한 도시의 주민들과 그들의 역사에 어떤 영향을 미쳤는지 고스란히 보여준다. 바꾸어 말하면 비야리카의 역사에는 파라과이의 역사와 주변국의 역사, 나아가 라틴아메리카와 관계된 세계사적 흐름이 내포되어 있다.

　본 연구는 '2008년 영남대학교 박사학위논문'인 「파라과이 과이레뇨의 종족성」을 중심으로 수정·보완한 것이다. 그리고 '2008년 비교문화연구'에 게재된 「유럽계 이주민의 유입에 따른 과이레뇨의 타자화: 파라과이 비야리카 시의 경우」와 '2010년 역사문화연구'에 게재된 「이민과 위생정책을 통해 본 근대도시의 형성: 파라과이 비야리카 시의 사례」, '2010년 포르투갈-브라질연구'에 게재된 「식민시기 파라과이와 브라질의 경계 형성」 등의 3개 논문의 내용도 부분적으로 추가하였다. 또한 2010년 1월과 2월 동안 3년 만에 재방문하여 진행한 현지조사 자료도 포함되어 있다.

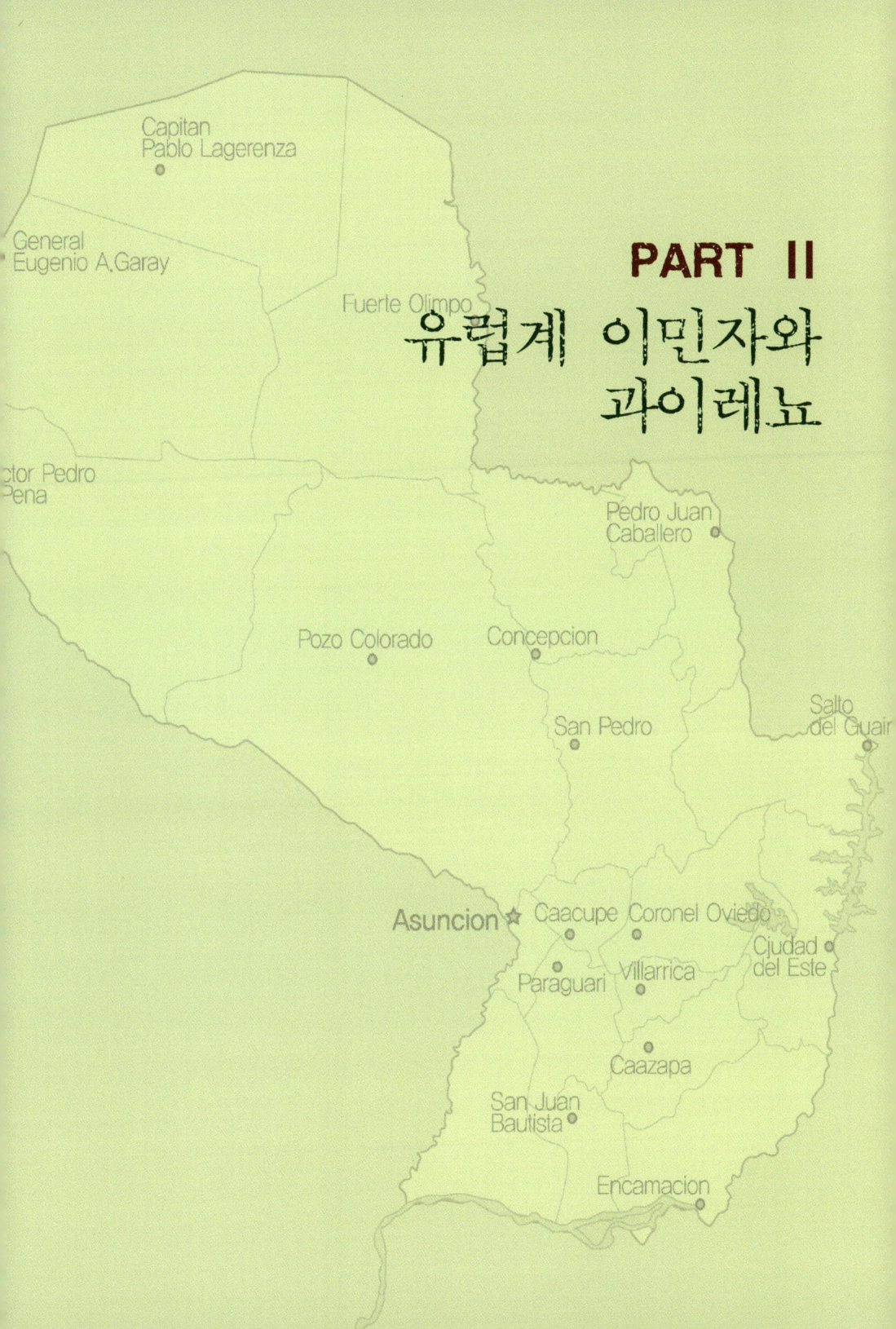

PART II
유럽계 이민자와
과이레뇨

1. 남미 남부지역의 유럽계 이민자와 비야리카의 유럽계 이민자

　지리적으로 남미 남부지역은 코노 수르(Cono Sur)라 부른다. 코노 수르는 지도상 남미 아래에 위치한 파라과이부터 아르헨티나까지 원추형 모양의 아랫부분을 일컫는다. 남미 남부지역은 아르헨티나와 우루과이, 파라과이, 칠레, 브라질 남부지역을 포함하고 있다. 이들 지역의 공통점은 19세기부터 20세기 사이에 유럽계 이주민이 대거 정착해서 거주하고 있다는 것이다. 아르헨티나는 인구의 90% 이상이 이탈리아계와 스페인계 백인, 기타 유럽계로 구성되어 있다. 약 4천만 명의 인구 가운데 2천5백만은 이탈리아계 백인이다. 우루과이는 유럽계가 전체 인구의 88%를 차지하고 있다. 칠레는 백인과 메스티소가 전체 인구의 95%에 이르고 있다. 브라질 남서부지역인 리오 그란 데 수르(Rio Grande del Sur) 주(州)는 전체 주 인구의 83%가 백인이다. 그중에서 이탈리아계가 가장 많다. 그다음으로는 독일계, 포르투갈계가 뒤를 잇고 있다. 파라과이는 메스티소가 95%를 차지하고 있다.[1] 파라과이의 유럽계 백인 비율은 다른 코노 수르 국가들에 비해 보잘것없지만, 엔카르나시온(Encarnación)과 비야리카처럼 아르헨티나와 인접한 국경도시 혹은 철도로 연결된 도시는 유럽계 이민자들이 적지 않게 있다.

아메리카 대륙을 횡단한 유럽계 이민자 수는 1820~1924년 사이에 약 5천5백만 명에 육박하였다. 아메리카 대륙에서 유럽계 이민자가 가장 많이 정착한 곳은 미국이며, 그다음으로는 아르헨티나, 캐나다, 브라질 순이다. 아르헨티나에는 1881년부터 1914년까지 약 420만 명의 유럽계 이민자가 유입되었다. 이탈리아계는 약 200만 명이며, 그 다음으로는 스페인계로 약 140만 명, 그 뒤는 프랑스인이 약 17만 명, 마지막으로 러시아인이 약 16만 명이다.[2] 통계적인 수치에서 보이듯, 아르헨티나는 남미로 몰려온 유럽계 이민자들의 관문이었다.

파라과이의 비야리카는 유럽계 이민자들의 재정착지였다. 대부분은 아르헨티나를 거쳐서 비야리카로 들어왔으며, 일부는 브라질 남서부지역으로부터 이주하였다. 비야리카에 유럽계 이민자들이 대거 정착한 요인은 철도 건설 때문이었다. 유럽계 이민자들은 철도 건설과 더불어 철도역 주변과 도시 중심가에서 공장과 상업 운영을 주도하면서 비야리카가 근대도시로 성장하는 데 중추적인 역할을 담당하였다. 이 당시 유럽계 이민자는 이탈리아계가 가장 많으며, 그 외에는 스페인계와 독일계, 유대계, 프랑스계, 영국계, 스위스계, 오스트리아계, 크로아티아계, 구 유고계, 체코계, 오스트리아계, 포르투갈계, 시리아·레바논계 등 다양하였다.

---

1) 이와 관련된 통계는 위키피디아를 참조하였다.

2) 이상의 단락은 Devoto, Fernado, 2009, *Historia de la Inmigración en la Argentina*의 45p, 49p, 247p 참조.

과이레뇨(guaireño)라 불리는 비야리까 사람들의 인종적 특수성은 아르헨티나에 비유되어 다양한 이야기를 쏟아낸다. 예를 들어 비야리카는 아르헨티나의 코르도바(Cordoba)와 비교되곤 한다. 코르도바는 아르헨티나 제2의 도시이다. 이는 한때 비야리카가 파라과이에서 아순시온과 경쟁하는 제2의 도시로서 명성을 날린 덕분일 것이다. 또한 비야리카가 유럽 출신의 유명한 의사들이 많고 폐와 관련하여 요양하기 좋은 곳으로 소문이 나서 유럽계 이민자들이 몰려들었다는 이야기도 있다. 공교롭게도 아르헨티나에서 비야리카처럼 폐질환 환자들이 요양하기 좋은 곳으로 명성을 날린 곳이 코르도바이다.

비야리카 사람들의 억양과 단어 선택은 파라과이 사람들, 특히 아순시온 사람들과 반대라고 말한다. 과이레뇨의 억양은 노래하는 것 같다고 한다. 특히 과라니어를 말할 때 그것이 더 두드러진다. 이런 억양은 아르헨티나 사람들의 것과 비슷하다. 단어사용에서도 비야리까는 아순시온과 차별된다. 필자가 한번은 비야리카에서 '굉장한데' 혹은 '죽이는데'라는 표현으로서 '에스뻬따꿀라르(espetacular)'를 쓴 적이 있었다. 그러자 비야리카 사람이 아순시온에서 왔느냐고 바로 물어보더니, 비야리카에서는 그런 상황에서 '마라비야(maravilla)'라는 말을 쓴다고 가르쳐주었다.

파라과이에서 비야리카의 특수성을 표현하는 말과 이야기, 상황은 한두 가지가 아니다. 여기서 중요한 것은 이 모든 것이 비야리카에 정착한 유럽계 이민자들과 관련이 있다는 것이다.

2. 유럽계 이민자에서 과이레뇨로: 인종에서 종족으로

너무나 당연한 말이지만, 인종은 생물학적 개념이 아닌 문화적인 개념이다. 또한 인종은 스스로의 의지가 아닌 타자에 의해 규정된다. 비야리카에 정착한 유럽계 이민자들은 다양한 국적과 민족 출신들이다. 파라과이 사람들은 비야리카에 정착한 유럽계 이민자들을 하나의 집단, 즉 유럽계 백인으로만 인식하였다. 쉽게 이야기하자면, 비야리카의 유럽계 이민자들은 앵글로 색슨족과 게르만족, 슬라브족과 같은 종족적 특성도 혹은 이탈리아인과 독일인, 영국인이라는 근대적 민족 분류 기준으로도 인식되지 못했다. 비야리카의 유럽계 이주민은 단지 하나의 인종으로 비춰졌다.

그렇다면 인종적 개념에 머물렀던 비야리카의 유럽계 이민자들이 어떻게 '과이레뇨'라는 종족성(ethnicity)을 가지게 되었는가? 에릭센(Eriksen, 1993: 12)은 종족성을 "다른 집단 구성원들의 문화적 차이에 의해 그들 스스로 집단의식을 가지는 사회적 관계의 측면"으로 정의하면서, 이러한 공유된 집단의식으로서의 종족성(ethnicity)은 "가상의 친족 혹은 은유적 성격의 사회 정체성(Yelvinton, 1991: 168; Eriksen 1993: 13 재인용)"이라고 정의하고 있다. 이상의 논의를 살펴보면 종족성은 한 집단의 구성원들이 공유하는 집합의식을 말하며, 이것은 타 집단의 성원과 구별되는 규범이나 가치관 등을 의미한다. 즉 종족성은 종족처럼 생물학적 영속성에 구애받지 않으면서 어떤 집단의 구성원이 다른 집단 구성원에 대해 공통적인 변별 의식으로 표출되는 것이다.

인류학에서 종족성 연구는 인류학의 전통적인 연구대상으로 간주

되었던 부족 사회에 대한 인식의 변화에 따른 것이다(Eriksen, 1993: 8～
11; Banks, 1996: 25～39). 20세기 초 무렵의 인류학자들은 비유럽권
사람들을 부족(tribe)3)이라는 틀에서 이해하고자 하였다. 이들은 정치
와 경제, 사회조직, 의례 등의 범주를 통해 부족이 유지·지속되는 원
리에 관심을 두었다.

서구가 식민지를 개척하면서 부족은 그 혈통이나 문화적 경계에
상관없이 유럽계 백인과 식민지 행정가들의 정책에 의해 재편되거나
해체되기 시작한다. 인류학자들은 '고립된 사회'로 간주되었던 부족
이 갖는 의미의 한계를 극복하기 위해 종족(ethnic group)이라는 개념
을 사용하게 된다. 뱅크스(Banks, 1996: 24～25)는 식민지배라는 시대
적 상황에 의해 종족이라는 개념이 대두되기 시작했다고 한다. 그에
따르면, 2차 세계 대전 이후 영국의 인류학은 크게 두 개의 학파로 나
뉘었다. 하나는 에반스 프리차드와 마이어 포르테스, 잭 구디에 의해
주도된 옥스퍼드·케임브리지학파인데, 이들은 '전통적 사회조직'이
라는 측면에서 부족을 연구하였다. 다른 학파는 글럭만과 클라이드
미첼, 앱스타인, 코헨으로 대표되는 맨체스터학파로 이들은 식민주의
와 도시화, 백인과 원주민의 관계에 의해 부족이 해체되고 재결합되
는 과정에 관심을 두었다. 즉, 종족이라는 용어는 후자인 맨체스터학
파에 의해 사용되기 시작하였다.

2차 세계 대전 이후 식민지로부터 벗어난 부족의 구성원들은 국가
와 세계 체제에 편입되면서 서구의 국가들과 그들이 살고 있는 지역

---

3) 레빈슨과 엠버(Levinson & Ember, 1996: 1329)에 의하면, 부족은 원래 고대 로마와 그리스의 도시 국가
내에 속한 하위 집단을 의미하였다. 20세기에 접어들면서 부족은 비유럽권 사람들을 지칭하는 말로서 친척
(kindred)과 리니지(lineage)라는 용어와 구분 없이 혼용되었다. 이러한 경향으로 인해 인류학에서도 부족은
씨족(clan)과 친척, 리니지라는 용어와 함께 친족집단을 지칭하는 용어로 사용되었다.

의 도시로 이주하였고 그곳에서 다른 습관과 언어, 정체성을 가진 집단과 경쟁하거나 종속적인 관계에 놓임으로써(Eriksen, 1993: 9) 이에 관한 연구가 활발히 이루어진다. 예컨대 코헨(Cohen, 1969)은 식민시기 이후 도시로 이주한 나이지리아의 하우사족이 도시 내의 다양한 집단들과의 경쟁을 위해 의례와 신화와 같은 문화 요소를 발명, 공유하면서 부족이 도시에서 새로운 종족 집단으로 재조직되는 과정에 주목하였다. 아울러서 바스(Barth, 1969: 117~134)가 아프가니스탄과 파키스탄 서쪽 지역에 위치한 파산족이 주변의 종족들인 코히스탄족과 파쉬툰족, 발루치족, 펀자브 사람, 페르시아어를 구사하는 도시 사람들과의 관계에 의해 그들의 종족적 경계가 강화된다는 사실을 제시한 것은 이와 같은 맥락을 반영한다.

바스(Barth, 1969: 10~11)는 부족이라는 용어로 아우를 수 없는 집단 사이의 관계에서 드러나는 현상을 종족의 틀로 분석할 수 있다고 하였다. 그는 종족을 "일반적으로 생물학적 영속성을 지니고, 문화적 가치를 공유하고 문화적 형식이 일치해야 하며, 소통과 상호작용의 장이 있어야 하고, 타자에 의해 구성원으로서의 정체성을 가지는 것"이라고 하였다. 즉, 종족은 혈통과 문화적 요소를 공유하는 집단으로 다른 집단과 구별되는 성원의식을 가지는 집단을 말한다. 그의 종족에 대한 정의는 에릭센이 정의하는 종족성에 비해 생물학적인 영속성인 혈통을 강조하였다. 이상의 논의를 종합해보면, 종족성은 종족적 특징을 가진 비혈통적인 집단을 포함하는 개념이다.

이러한 종족성의 연구는 제3세계에 산재해 있는 부족이나 민족4)과

---

4) 여기서 민족은 근대 민족국가에서 말하는 민족이 아니라, 원(原)민족(proto nation)을 뜻한다. 쿠르드족과 시크족, 스리랑카 타밀족이 그 예라 할 수 있겠다.

같은 친족이나 혈통에 기초한 집단 외에 세계화에 따른 이민자와 이주노동자 집단 혹은 정치·이데올로기에 의해 지역성이 고착화된 집단의 정체성 분석으로 확대되고 있다. 물론 이러한 이민자 집단은 상황에 따라 인종으로 혹은 종족성을 가진 집단으로 분류된다. 반톤 (Banton, 1983: 106; Wade, 1997: 20 재인용)은 인종과 종족을 다음과 같이 구분하였다. 그는 "기득권에 의해서 강제되는 것이 인종 집단이며, 구성원 스스로에 의해서 선택되는 것이 종족 집단"이라고 정의하였다. 종족 역시 타 종족이나 외부 집단에 의해 구별되지만, 기득권 집단의 차별로 인해 인종이 특정 범주로 규정되는 빈도나 강도가 종족보다 높은 것은 사실이다. 예를 들어 미국의 백인들은 흑인이 어떤 부족 혹은 종족 출신인지를 구별하면서 차별하지는 않는다. 흑인이 어떤 혈통 집단에 속하건 간에 미국의 백인들은 그들을 검고 어두운 피부를 가진 사람으로 범주화한다. 이는 한국도 마찬가지이다. 한국 사람들은 외국인 노동자들을 우리보다 얼굴색이 더 어두운 사람들의 집단, 혹은 지역적으로 동남아시아인 정도로 인식할 뿐이지, 그들의 국적조차 구분하지 않는다. 즉 인종집단이 범주화 되는 것은 그 집단을 규정하는 외부인의 인식 틀에 좌우되기 때문에 그들이 속한 종족 집단은 중요한 요인으로 작용하지 않는다. 이러한 맥락에서 비야리카의 유럽계 이민자들도 인종집단으로 인식되었다.

비야리카에 정착한 유럽계 이민자들이 자의식을 갖춘 집단, 종족성을 가진 집단으로 탈바꿈한 것은 정당과 이념, 그 당시 세계를 뒤덮었던 냉전 이데올로기 때문이었다. 과이레뇨는 파라과이의 과이라 주(州)의 주도(州都)인 비야리카 시에서 태어나 살고 있는 사람들을 일컫는 말에 불과했다. 그러나 과이레뇨는 19세기 말과 20세기 초에 유입된 유럽계 이민자들에 의해 파라과이 내에서 특수한 집단으로 비춰지기 시작했다. 유럽계 이민자들은 당시의 집권정당인 자유당을 지지하였다. 그러나 냉전이 엄습하면서, 친미성향의 콜로라도당이 정권을 잡게 되었고, 자유당 세력은 탄압을 받게 된다. 이에 과이레뇨는 집권 세력의 차별과 탄압 속에서 자의식을 지닌 지역집단으로 점차 거듭나게 된다.

3. 과이레뇨에 관한 소문과 이야기

과이레뇨는 유럽계 백인들이 이주하기 전에는 시민의 대부분이 메스티소로 구성되어 있었다. 그러나 19세기 말과 20세 초 아르헨티나로부터 유럽계 백인 이주민들이 대거 유입되면서, 비야리카는 외국인 집단 거주지라는 인식이 파라과이 사람들로부터 생겨난다. 과이레뇨에 대한 특별한 인식의 증거로서 파라과이 사람들은 과이레뇨에 관해 언급할 때 항상 곁들이는 두 가지 담론이 있다.

그 하나는 "과이레뇨가 반대로 한다"는 것이고, 다른 하나는 "과이레뇨들이 파라과이로부터 독립하기를 원한다"는 것이다. 첫 번째 소문의 주요 내용은 과이레뇨들이 파라과이 사람들과 다르게 행동한다는 것이다. 예를 들어 파라과이 사람들은 자신이 친분 있는 과이레뇨가 하는 행동 중에서 약간의 특이한 점만 발견하여도 "역시 과이레뇨는 반대로 하는구나"라는 식으로 말한다. 예를 들면 "나의 부인이 과이레뇨인데 방문을 열 때 당기지 않고 밀더라" 혹은 "과이레뇨인 내 친구는 휴대전화를 허리의 오른쪽이 아닌 왼쪽에 차고 다니더라"라는 식이다. 더욱 심한 경우는 전혀 존재하지 않은 사례를 만들어 '유머시리즈'처럼 유포하는 것이다. 이러한 예는 "과이레뇨는 싸움을 할 때 오른쪽 팔의 옷을 걷은 뒤 왼팔로 상대방을 때린다", "빵을 씹지 않고 그냥 넘긴 뒤 배를 두들겨 소화시킨다", "신발 끈을 묶을 때, 높은 턱에 발을 올려 둔 채 반대쪽 신발 끈을 묶는다"라는 이야기에서 찾을 수 있다.

이러한 소문들은 하나같이 과이레뇨가 특이하다는 것을 강조함으로써 파라과이 사람들과 다르다는 것을 부각하고 있다. 파라과이 사람들은 과이레뇨가 반대로 한다는 소문과 일치되는 요소가 발견되면 그것을 통해 끊임없이 이야기를 만들어낸다. 예를 들어 파라과이 사람들은 과이레뇨가 실수하거나 개인적 상황에 의해 특이한 행동을 하면 과이레뇨에 관한 소문이 옳다고 주장한다. 그러나 과이레뇨의 습관이나 문화적 요소와 관련하여 반대로 행동한다고 증명할 수 있는 것은 아무것도 없다. 그럼에도 이런 우스갯소리가 유포되는 이유는 무엇일까? 단순한 소문이라 치부하기에는 '유머시리즈'와 같은 말들이 상당히 인신 공격적이며, 일방적으로 과이레뇨를 비하한다.

과이레뇨에 관한 두 번째 소문은 이런 이야기들이 우스갯소리 이상의 다른 의미를 가지고 있음을 알 수 있다. 흔히 파라과이 사람들은 과이레뇨들이 파라과이로부터 독립을 시도했었고, 여전히 그러한 성향이 있다고 말한다. 이상의 소문은 과이레뇨와 파라과이 사람들 사이에 인종적 요소로 설명할 수 없는 어떤 역사적 · 정치적 갈등이 내포되어 있음을 보여준다.

이러한 역사와 정치적 갈등의 사례는 파라과이 사람들이 과이레뇨를 타자화한 배경을 통해 이해할 수 있을 것이다. 그러나 종족성은 타자화 과정으로만 분석하기에 한계가 있다. 왜냐하면 종족성은 타 집단과의 정치·경제적인 관계 속에서 규정됨과 동시에 해당 구성원 간의 동질감에 의해 표출되기 때문이다. 즉 과이레뇨의 종족성은 타자와의 관계 속에서 그들 스스로가 어떤 집단 정체성을 공유하고 있느냐를 밝힘으로써 최종적으로 이해할 수 있다. 이를 위해서는 과이레뇨가 그들의 소문에 관해 스스로가 어떻게 인식하고 대응하고 있는가를 살펴봐야 할 것이다.

과이레뇨들은 파라과이 사람들이 소문과 이야기를 통해 그들에 관한 비판적 담론을 생산하고 유포하는 것에 대해 유쾌하게 여기지 않는다. 특히 두 번의 내전과 그와 관련된 정치적 사안에 대해 이야기하는 것을 꺼린다. 왜냐하면 대부분의 과이레뇨들은 자유당이 정권을 잃은 1947년부터 지금까지 반대 세력인 홍색당으로부터 정치적인 불이익을 받고 있다고 여기기 때문이다. 실제로 과이레뇨들이 살고 있는 비야리카는 홍색당이 정권을 잡은 1947년 이후부터 경제적으로 쇠퇴하여 파라과이에서 두 번째 도시라는 위치에서 밀려났으며, 현재는 인구수가 약 5만에 불과한 소도시로 전락하였다.

비야리카가 침체되자 과이레뇨들은 국가의 정책적 지원에서 소외되는 정치 보복을 당했다고 생각하고 있으며, 이로 인해 그들과 관련된 소문이 내전과 연관되어 있다는 사실에 대해 거부감을 가지고 있다. 그래서 파라과이 사람들의 소문에서 드러나는 그들의 성향이 정치적 대립의 산물이라고 분석하는 것에 대해서 강하게 부정한다.

이렇듯 한 집단의 종족성은 먼저 그들 스스로에 의해 규정되기도 하지만 타 집단 간의 관계 속에서 다름을 인식하고 그 경계를 설정하는 것이 보통이다. 과이레뇨의 종족성은 유럽계 이민자의 유입과 친미성향의 집권 세력과의 정치적 대립이 계기가 되었다. 그러나 과이레뇨를 상징적으로 범주화한 것은 인종과 정치적 측면에 바탕을 둔 파라과이 사람들5)의 비판적 담론이 계기가 되었고, 이에 대응하기 위해 과이레뇨들이 만든 방어담론은 그들만의 공유의식을 창출하였다.

이러한 공유의식은 과이레뇨들의 방어기제를 통해 잘 드러난다. 과이레뇨들은 소문에서 드러나는 그들의 성향이 식민시기부터 존재했다고 주장하고 있다. 이러한 논리를 펴는 이유는 그들에 관한 소문이 정치적 갈등에 의해서 형성된 것이 아니라는 것을 주장하기 위해서이다. 비판적 담론에 대한 방어기제의 유포가 수십 년간 지속되면서, 과이레뇨들은 소문에서 언급된 과이레뇨의 성향이 식민시기 역사에서 비롯되었다는 믿게 되었다. 즉, 과이레뇨들의 방어담론은 정치적 과정에 의해서 파생된 비판적 담론을 식민시기의 역사의 산물로 치환하는 것이다. 이를 통해 과이레뇨들은 소문에서 언급된 그들의 성향이 식민시기에서 비롯되었다는 것을 믿음으로서 역사 공동체라는 인식을 하게 되었다.

왜 도시 지역민을 지칭하던 과이레뇨가 종족성을 가진 집단이 되었을까? 과이레뇨의 타자화는 어떻게 이루어졌는가? 과이레뇨는 타자화 과정에서 어떻게 대응하였는가? 과이레뇨는 방어 담론을 통해 어떻게 역사 공동체로 인식하게 되었는가? 이러한 물음을 바탕으로 이후 내용에서 과이레뇨의 종족성이 비야리카라는 도시 공간에서 어떻게 형성되는가를 통시적으로 살펴볼 것이다. 이는 다음과 같은 내용으로 기술하고자 한다.

제3장은 과이레뇨의 기원과 역사에 관해 서술하였다. 현재의 과이

---

5) 여기서 파라과이 사람들은 과이레뇨를 제외한 나머지 파라과이 사람들을 말한다.

레뇨는 식민시기의 과이라 지방의 정복자들과 관련이 없다는 것을 검증하였다. 이를 통해서는 과이레뇨들이 방어담론으로 주장하는 역사가 과거로부터 이어져 온 것이 아니라 그들의 이익을 위해 동원된 역사, 즉 현재의 시각에서 창출된 역사라는 것을 반증하였다.

제4장은 삼국동맹전쟁6)과 철도 부설에 따른 유럽계 이주민의 유입이 과이레뇨의 인종 변화를 가져왔다는 것을 분석하였다. 본 장에서는 삼국동맹전쟁으로 인한 인구 감소와 철도 개통이 유럽계 이민자의 유입에 미친 영향을 서술하였고, 이 과정에서 과이레뇨가 타자에 의해 다른 인종집단으로 비춰진 과정을 서술하였다.

제5장은 정치적 갈등이 과이레뇨의 타자화와 어떠한 상관관계를 가지는지 분석하였다. 이를 보기 위해 본 장에서는 자유당의 중심 세력인 과이레뇨가 두 번의 내전에 휘말리면서 반국가집단으로 낙인찍히는 과정을 서술하였고, 이러한 정치적 갈등이 과이레뇨에 관한 비판적 담론에 어떠한 영향을 미쳤는지도 함께 분석하였다.

제6장은 과이레뇨가 그들에 관한 비판적 담론을 방어하기 위해 식민시기 역사를 동원하고 해석하는 과정을 분석하였다. 이를 분석하기 위해 본 장에서는 방어담론을 통해 과이레뇨가 역사 공동체로 성장하는 과정을 서술하였다.

---

6) '삼국동맹전쟁(Guerra de la Triple alianza)'은 큰 전쟁이라 불린다. 파라과이 사람들은 승리자의 관점을 대변하는 삼국동맹전쟁보다 파라과이 역사에 미친 사회적 영향과 규모를 강조하기 위해 '큰 전쟁'이라는 주로 사용한다. 그리고 파라과이 사람들은 파라과이에서 일어난 전쟁을 구분하기 위해 '큰 전쟁'이라는 용어를 즐겨 사용한다. 그 하나가 1870년에 벌어진 삼국동맹전쟁이며, 다른 하나가 1932년에 볼리비아와 벌인 차코 전쟁이다. 파라과이 사람들은 이 두 전쟁을 부를 때 삼국동맹전쟁은 '큰 전쟁'으로 부르고 피해가 적었던 차코 전쟁은 '작은 전쟁'으로 부르기도 한다.

4. 과이레뇨 속으로

　현지에 들어가기에 앞서 사전 자료수집은 문헌자료로 이루어졌다. 과이레뇨에 관한 문헌 자료는 2006년 4월부터 2006년 9월까지 약 5개월 동안 아순시온에 소재한 국립아카이브센터와 민족학박물관, 국립도서관에서 수집하였다. 이 과정에서는 과이레뇨에 관한 소문이 식민시기의 두 정복자 간 갈등, 즉 식민시기의 과이라 지방 사람들과 파라과이 지방 사람들과의 갈등에서 비롯되었다는 관점에서 서술된 저서를 접하였다. 이것은 우연이면서도 당연한 결과였다. 과이레뇨에 관한 대부분의 자료들은 과이레뇨 출신에 의해 저술된 것으로 모두 방어담론의 관점에서 서술되었기 때문이다. 당시에는 상기 저자들의 성향과 출신, 자료의 수준이나 객관성을 파악하지 못한 상태였기 때문에 책의 내용을 토대로 그와 관련된 식민시기의 문헌과 아카이브 자료를 통한 식민시기의 과이레뇨 역사분석에 치중하였다.

　참여 관찰을 시작하면서 필자는 문헌조사에서 드러난 과이레뇨의 정체성이 실제와 일치하지 않는 점을 발견하였고, 식민시기부터 그들의 정체성이 형성되었다는 과이레뇨들의 주장에 의문을 가지기 시작했다.

　과이레뇨들이 주장하는 그들의 정체성이 식민시기 과이라 지방의 정복자들로부터 나왔다면, 현재 비야리카에 정복자들의 후손이 없는 것은 아이러니가 아닐 수 없다. 과이레뇨들의 주장처럼 그들의 정체성에 관한 소문의 형성이 식민시기 정복자들 간의 정치적 갈등에 비롯된 것이라면, 현지에서 언급되는 과이레뇨들의 정체성에 관한 해석을 주도한 사람들 중에서 정복자들의 후손이 최소한 한 명 정도는 포함되어야 할 것이다. 그러나 과이레뇨의 정체성을 찾거나 연구하는 사람들은 삼국동맹전쟁 이후 비야리카에 이주한 유럽계 백인과 그들의 후손들로 구성되어 있다는 점과 그들이 비야리카의 정치와 경제를 주도하고 있다는 점은 과이레뇨들이 주장하고 있는 그들의 정체성에 관한 설명이 아주 주관적임을 알 수 있다. 그렇다면 왜 유럽계 이민자들이 그들이 경험하지 못한, 그리고 그들의 역사가 아닌 식민시기 과이레뇨의 역사를 통해 현재의 과이레뇨 정체성을 창출하는가에 대한 의문이 본 연구의 핵심과제로 떠오르게 되었다.

이러한 의구심을 바탕으로 필자는 비야리카의 유럽계 이민자들이 그들의 이익을 위해 '경험하지 않은 식민시기의 역사'를 동원한 것이 아닌가라는 가설을 세우게 되었다. 그 후 인터뷰 과정에서 접한 두 번의 내전이 과이레뇨, 특히 유럽계 이민자들과 많은 관련이 있다는 것을 발견하였다. 이를 통해 과이레뇨의 정체성은 식민시기에 형성된 것이 아니며, 최근의 정치적 사건에 대응하기 위한 담론으로서 과이레뇨들이 식민시기의 역사를 동원하고 있다는 가설에 확신을 갖게 되었다. 그래서 필자는 삼국동맹전쟁 이후 과이레뇨가 겪은 한 세기 간의 역사적 경험이 과이레뇨를 둘러싼 비판적 담론과 종족성 형성에 어떠한 영향을 미쳤는지 분석하였다.

첫 번째 과제는 통시적인 관점에서 과이레뇨들의 인구 구성이 어떻게 변화하였는가를 밝히는 것이었다. 이것은 식민시기의 과이라 지방 정복자들의 후손들이 지금까지 남아 있는가 그렇지 않은가를 검증하기 위해서였다. 이를 밝히기 위해 식민시기의 과이라 지방 정복자의 명단을 통해 그 정복자의 성씨가 지금도 남아 있는지 살펴보았다. 그 명단은 파라과이의 역사학자인 라몬 카르도소(Cardozo, 1938)

가 저술한 책7)에 기록된 86명의 정복자들의 성(姓)과 이름에 기초하
였다. 이 명단의 신뢰성을 높이기 위해 본 연구자는 아르헨티나의 역
사학자인 라푸엔테(Lafuente, 1943)가 저술한 책8)에 기록된 명단과 대
조하여 두 책에서 이름이 겹치는 50여 명의 정복자들의 성씨를 추려
냈다. 필자는 이 명단과 가장 오래된 과이레뇨의 주민들의 성씨와 이
름을 구해 비야리카 시청 아카이브의 시의회 투표명단에 게재된 450
여 명의 성씨와 대조하였다. 이 자료는 1900년대 초에 작성된 투표
명단으로서 필자가 구할 수 있었던 가장 오래된 비야리카 주민들의
성씨 명단이었다. 그러나 1900년대 초반 무렵의 비야리카는 교통과
경제의 중심지였기 때문에 많은 이주민이 유입되어 정확한 성씨 대
조를 할 수 없다고 판단하였다. 그래서 비야리카 시(市)의 역사를 기
록한 향토사학자인 메아우리오(Meaurio, 1942)의 『동시대 비야리카와
시청(*Villarrica Contemporáneo y Su Municipio*)』이라는 책에 언급된 전
통적인 과이레뇨 가문의 성씨와 현재의 과이레뇨들이 인정하는 비야
리카의 전통 성씨를 비교 검토하였다.

인구 구성이 바뀌더라도 한 집단의 정체성에 관한 담론과 기억은
남아 있을 가능성이 있기 때문에 필자는 1900년대를 전후로 나타난
해외 이주민의 증가와 급격한 도시팽창이 과이레뇨의 성향과 관련된
소문에 어떠한 영향을 미쳤는지 살펴보기 시작했다. 특히 필자는 유
럽계 이주민들이 비야리카 정치 · 경제의 주도적인 세력으로 등장하
면서 파라과이 사람들이 비야리카를 '외국인의 도시(La Ciudad de la
Extranjera)' 혹은 '자유당의 도시(La Ciudad del Partido Liberal)'라 불

---

7) 이 책은 『구과이라 지방과 비야리카(*La Antigua Provincia de Guairá y la Villarrica del Espíritu Santo*)』이다.
8) 이 책은 『라 플라타 강의 정복자들(*Los Conquistadores del Río de la Plata*)』이다.

렀다는 것에 주목하였다. 상기의 명칭이 생성된 배경을 분석하기 위해서 필자는 유럽계 이주민의 정착 과정과 도시의 발달, 그리고 유럽계 이주민들이 어떻게 비야리카의 정치·경제를 주도했는가에 관한 역사적 과정을 검토하였다. 특히 삼국동맹전쟁 이후 적극적인 이민정책과 철도개발에 따른 도시팽창, 유럽계 이주민의 수적 증가에 따른 이민자 커뮤니티 형성과 그들이 과이레뇨의 주체로 성장하는 과정을 검토하였다. 이는 한 세기 전부터 과이레뇨의 정치·경제가 식민시기의 정복자가 아닌 유럽계 이주민에게 넘어갔음을 보여주는 사례로서 과이레뇨에 관한 비판적 담론이 이들에 의해 촉발되었음을 밝힐 수 있었다.

이에 대한 조사 방식은 유럽계 이주민의 가계(家系) 중 지역민이 선정한 대표적인 가문을 방문하여 얻은 자료와 구술 자료를 기본으로 하였고, 구술의 신뢰성을 확보하기 위해 시청의 아카이브 자료와 시청 박물관에 보관된 지역 신문과 아카이브 자료와 대조하였다. 이를 통해 개괄적인 해외 이주민의 수와 정착배경, 직업 등을 파악할 수 있었고 해외이주민이 지역별로 이탈리아권, 독일권, 기타 유럽권, 레바논권 그리고 시리아권으로 나뉘는 것을 발견하였다. 특히 해외 이주민이 정치, 경제적으로 성장하는 과정은 각 권역별로 대표되는 가문 가운데 과이레뇨 사회의 중심에 있는 4개의 가문을 선정하여 가계의 이주배경과 정착 이후의 삶에 초점을 맞추어 분석하였다.

4개의 가문은 알데레테(Alderete)와 구지아리(Guggiari), 보지노(Boggino), 무시 히랄라(Mussi Girala)이다. 이상의 4개 가문은 유럽계 이주민들이 비야리카에 정착하여 현재까지 비야리카에서 영향력 있는 외국계 가문들 중에서 이주 시기와 지역별로 압축시켜 선정한 것이다. 유럽계 이주민의 비야리카 정착 시기는 크게 4단계로 구분하였다.

첫 번째 단계는 '큰 전쟁'이 끝날 무렵인 1870년경, 아르헨티나 국경지역의 사람들이 이주한 때이다. 이와 관련된 가문은 스페인계 알데레테 가문이다. 이 가문에 대해 증언한 사람은 74세의 레이날도 알데레테(Reinaldo Alderete)로 입향조인 디에고 알데레테(Diego Alderete)의 증손자이다. 알데레테 가문은 19세기 말~20세기 초 비야리카의 3대 거상이었다. 제보자는 비야리카에서 경제발전위원장을 역임하였으며 필자가 유럽계 이주민들의 경제 상황을 이해하는 데 도움이 되었다.

두 번째 단계는 1880년대 이후로 '포르베니르 과이레뇨(Porvenir Guaireño)'가 창립될 무렵이다. 포르베니르 과이레뇨는 파라과이에서 처음으로 조직된 사교조직으로서 1887년에 설립되었다. 이 조직은 비야리카에서 재력과 정치력을 갖춘 상위 계층만이 가입할 수 있었다. 포르베니르 과이레뇨에 가입한 외국인 성씨 중에서 창립구성원으로서 현재까지 명맥을 유지하고 있는 성씨는 이탈리아계 구지아리(Guggiari) 가문이 유일하였다. 구지아리 가문은 정치적으로 비야리카를 대표하는 가문으로서 과이레뇨의 정치적 성향을 밝히는 데 도움이 되었다. 구지아리 가문의 역사는 72세의 우고 피가리(Hugo Figari)와 86세의 마리아 레갈(María Legal)을 통해 구체적으로 들을 수 있었다. 구지아리 가문의 외척인 우고 피가리는 가문의 계보도를 작성하는 데 도움을 주었고, 구지아리 가문의 며느리이며 가문의 역사에 대해 설명할 수 있는 생존자로써 가장 나이가 많았던 마리아 레갈은 구지아리 형제가 어떻게 비야리카에 입향하여 살았는가에 대한 정보를 주었다.

세 번째 단계는 비야리카에 철도 공사를 위해 온 이탈리계 이주노동자들이 대거 정착하던 1890년대이다. 이 시기의 대표적인 가문은 보지노(Boggino) 가문이다. 보지노 가문에 대한 내용은 입향조인 페드로 보지노(Pedro)의 아들인 루이스 보지노(Luis Boggino)가 증언하였다. 루이스는 83세로서 보지노 집안에 관한 이야기뿐만 아니라 유럽계 이주민의 역사와 두 번의 내전과 관련한 증언자를 물색하는 데 큰 도움을 주었다.

네 번째 단계는 1900년대 이후 철도 공사가 끝난 후 유럽계 이주민들이 몰려들던 때이다. 이 시기의 대표적인 가문은 프리에드만(Friedman)과 무시 히랄라(Mussi Girala)이다. 이 두 가문은 상·공업을 주도하였고 여전히 많은 후손들이 비야리카에 살고 있다. 프리에드만은 현재 비야리카에서 경제적으로 가장 부유한 가문으로 설탕공장을 운영하고 있으나 인터뷰가 쉽지 않아 무시 히랄라 가문만을 중심으로 조사하였다. 무시 히랄라 가문은 입향조의 손자인 72세의 훌리오 무시(Julio Mussi)가 정보를 제공하였다. 그는 무시 히랄라 가문의 역사를 비롯하여 과이레뇨에 관한 비판적 담론과 정치적 성향에 대해서도 많은 정보를 주었다. 특히 그의 어머니인 멜가레호(Melgarejo)는 비야리카에서 활동했던 반대편 정치세력인 홍색당의 당원으로서 과이레뇨의 정치적 성향과 비판적 담론과의 관계를 규명할 수 있는 증언을 제공하였다.

두 번째 과제는 과이레뇨의 정치적 경험이 그들의 종족성 형성에 어떠한 영향을 미쳤는지 분석하는 것이었다. 특히 두 번의 내전과 과이레뇨를 둘러싼 비판적 담론과의 인과 관계를 밝히는 데 주목하였다. 과이레뇨의 정치적 성향이 두 번의 정치적 사건에 어떻게 개입되었는지를 살펴보았다. 그리고 그 과정에서 드러난 과이레뇨와 외부자의 시선을 통해 과이레뇨에 관한 이미지와 과이레뇨를 둘러싼 비판적 담론과 어떤 상관관계를 가지는지 살펴보았다. 특히 1947년의 내전(Guerra Civil)과 1959년 '5월 14일 운동(Movimiento 14 de Mayo)'으로 불리는 게릴라전이 발발했던 당시는 미국에 의해 라틴아메리카에서 반공 분위기가 확산되던 때였다. 이와 같은 분위기는 파라과이에도 그대로 나타나는데, 두 번의 정치적 사건은 냉전과 많은 관련을 맺고 있다. 즉, 이러한 세계사적 흐름과 과이레뇨의 정치적 성향이 결합되어 벌어진 두 번의 정치적 사건으로 인해 과이레뇨들이 파라과이 사람들로부터 어떻게 타자화되고 그 일련의 과정들이 과이레뇨를 둘러싼 비판적 담론의 형성에 어떠한 영향을 미쳤는지 살펴보았다.

이를 위해 두 번의 정치적 사건이 벌어지기 전의 과이레뇨의 정치적 성향을 검토하였다. 특히 과이레뇨들이 주도한 자유당의 형성과정과 구성원들의 성격, 사회적 지위, 그들의 활동을 분석하였다. 그리고 두 번의 정치적 사건이 일어난 계기와 사건의 경과, 그 후 과이레뇨의 삶의 변화를 검토하였다.

조사는 정치적 활동을 했던 제보자의 시각과 그렇지 않은 사람들의 구술증언을 함께 비교 검토하였다. 그리고 정보의 객관성을 확보하기 위해 자유당 관련 자료와 그 반대에 있던 홍색당의 자료도 함께 살펴보았다. 두 번의 정치적 사건은 거의 구술증언에 의존하여 재구성되었다. 구술 증언은 정치적 사건에 개입했거나 참여한 사람들을 중심으로 이루어졌으며, 직접 개입하지 않은 사람들의 의견도 함께 조사하여 비교하였다.

'47년 내전'은 전쟁에 참전한 67세의 페드로 보지노(Pedro Boggino)의 증언을 중심으로 재구성하였다. 페드로 보지노는 위에서 언급한 루이스 보지노의 조카이다. 이 당시에 과이레뇨들이 탄압당한 이야기는 루이스 보지노와 홀리오 무시, 우고 피가리, 루이스 트라베르시, 엔리케 프랑코 등으로부터 들을 수 있었다. 홀리오 무시와 우고 피가리는 '47년 내전'으로 인해 비야리카를 떠난 유럽계 이주민 가문에 대해서 증언하였다. 루이스 보지노와 루이스 트라베르시, 엔리케 프랑코는 내전 당시에 일어났던 비야리카의 상황을 제보하였다.

'5월 14일 운동'의 전개는 혁명군을 국경에서 맞닥뜨린 경험이 있는 86세의 로페스(Lopez)와 혁명군으로 참여한 벤트레 부사르키스(Ventre Buzarquis), 비야리카의 제2군단 소속의 군인이었던 오캄포(Ocampo)의 증언을 대조하면서 분석하였다. 로페스는 과이레뇨가 아니지만 '5월 14일 운동'에 참여한 혁명군들의 최초의 침입을 목격한 사람으로서 실제 전투 상황을 증언하였다. '5월 14일 운동'과 관련한 비야리카의 상황은 라몬 마이다나와 루이스 보지노, 페드로 보지노, 텔모 베라 아라곤, 루이스 트라베르시 등의 증언을 통해 재구성하였다. 83세의 라몬 마이다나(Ramon Maidana)는 루이스 보지노의 친구로서 '5월 14일 운동'으로 인해 고문당한 일을 증언하였으며, 67세의 텔모 베라 아라곤(Telmo Vera Aragón)은 비야리카에서 '5월 14일 운동' 연락원으로서 활동한 사실을 증언하였다. 60세 후반의 루이스 트라베르시(Luis Traversi)는 '5월 14일 운동'이 일어난 후 비야리카의 상황을 증언하였다.

그러나 두 사건은 여전히 공개되는 것을 꺼리는 분위기이며, 이러한 상황으로 말미암아 연구자가 제보자를 구하는 데 큰 어려움을 겪었다. 특히 '5월 14일 운동'과 관련하여 피해를 입은 사람들은 증언 자체를 거부하거나 필자의 질문을 피하기 위해 엉뚱한 말을 하기도 하였다. 이런 분위기는 언론에도 반영되는데, 당시 파라과이에서는 이 사건을 숨기기 위해 언론 보도가 거의 이루어지지 않았다. '5월 14일 운동'을 전후로 한 파라과이의 상황을 분석하기 위해 필자는 주요 정보제공자인 지방지 편집장 부부와 2007년 5월 25일부터 6월 1일까지 아르헨티나의 부에노스아이레스에 방문하였다. 방문기간에 속한 5월 26일은 부에노스아이레스에 사는 과이레뇨들의 모임인 센트로 아미고스 과이레뇨스(Centro Amigos Guaireños) 창립기념일로 이 모임에서 '5월 14일 운동'이 일어난 후 비야리카에서 부에노스아이레스로 피난 온 한 가족의 집에 방문하여 심층 인터뷰를 할 수 있었다. 5월 25일부터 5월 29일까지는 지방지 편집장 부부의 딸과 친척집이 있던 파라과이 사람들의 집단 거주지인 그란 부에노스아이레스(Gran Buenos Aires)의 로마스 데 사모라 시(Partido de Lomas de Zamora)에 머물면서 과이레뇨들의 아르헨티나 이주과정을 조사했으며, 나머지 체류기간은 부에노스아이레스에 머물면서 '5월 14일 운동'에 관해 자세히 보도한 라 나시온(La Nación) 신문을 국회도서관에서 열람하였다.

아르헨티나에서 돌아온 후, 비야리카에 머무른 동안 내전에 관한 증언과 그 밖의 내용이 다수의 문헌으로 출간되었고, 그 정보를 통해 필자는 내전과 게릴라전에 참여한 사람들을 추가로 인터뷰 할 수 있었다. 이들과의 인터뷰는 문헌에서 볼 수 없었던 내전과 게릴라전의 전개과정을 생생히 들을 수 있는 계기가 되었다. 혁명군으로 '5월 14일 운동'에 참여한 과이레뇨 출신의 벤트레 부사르키스는 2007년 7월 10일 비야리카 시청강당에서 그의 경험을 자서전 형식으로 출판하였다. 필자는 이 출판 기념회에서 만난 인연으로 벤트레 부사르키스와 2번의 인터뷰를 통해 '5월 14일 운동'에 관한 내용을 자세히 수집할 수 있었고, '5월 14일 운동'에 관한 연구자도 알게 되었다. 2007년 9월

경에는 파라과이의 주요 일간지인 아베세(ABC) 신문의 편집부장인 곤살레스 데바예(González Devalle)가 1947년에 발생한 내전에 관한 기록을 책으로 출간하였다. 필자는 곤살레스와의 인터뷰를 통해 당시의 파라과이 정치 구도 속에서의 과이레뇨의 위치를 분석할 수 있게 되었다.

상기의 조사와 분석은 과이레뇨에 관한 비판적 담론이 형성된 배경에 초점을 두었으며, 이에 대한 방어 담론으로서 과이레뇨의 역사 만들기에 관한 조사와 분석은 다음과 같이 이루어졌다. 과이레뇨에 관한 비판적 담론이 식민시기 역사에서 비롯되었다는 과이레뇨들의 주장이 사실이 아님을 확인한 것은 비야리카박물관에 보관된 엘 수르코(El Surco)라는 지역 신문에 의해서였다. 이 신문은 1924년부터 1974년까지 발간되었는데, 그 내용을 보면 과이레뇨들은 1959년에야 비로소 그들의 역사에 관심을 가지기 시작했다. 그 이전에는 식민시기의 과이라 지방과 비야리카에 관한 역사는 한 구절도 언급되지 않았다. 1960년 이후에야 비로소 도시 설립 기념일 행사가 시작되었고, 기념탑과 비야리카를 세운 스페인계 정복자 동상이 건립되었다.

그렇다면 왜 과이레뇨들이 갑자기 식민시기의 과이라 지방과 비야리카의 역사에 대해 관심을 가지게 되었는가? 필자는 그에 관해 앞서 언급한 것처럼 과이레뇨들이 처한 정치적 상황에서 기인한 것이라는 가정을 세웠고 이에 초점을 맞춰 조사를 진행하였다. 이를 위해 필자는 식민지 역사와 관련한 문헌과 기념행사를 주도한 주체에 대해서 조사하였다. 특히 방어 담론으로서 역사 만들기에 주도적으로 참여한 '센트로 과이레뇨(Centro Guaireño)'와 '비야리카 옛 역사 연구회(Instituto de Numismática y Antiguedades de Villarrica)'의 활동과 구성원들에 대해서 분석하였다.

　그리고 과이레뇨들의 역사 만들기에서 나타난 자료와 문헌의 출간 시기와 저자들의 성향, 자료의 출처 등을 파악하였고, 문서자료에서 발견할 수 없는 부분은 저자와의 인터뷰를 통해 보충하였다. 저자와의 인터뷰 과정에서 필자가 문서자료, 특히 출판된 저서가 객관적일 것이라는 믿음이 무의식중에 있었다는 것을 알게 되었다. 왜냐하면 과이레뇨의 비판적 담론에 관해 설명한 책이나 신문기사가 객관적인 사료나 자료를 통해 검증 과정을 거쳐 간행된 것이 아니라 일부 사람들의 주관적인 해석으로부터 출발되었다는 것을 전혀 예상하지 못하였기 때문이다. 이를 토대로 왜 이들이 방어담론을 식민시기 과이라 지방의 역사를 통해 만들어 내는가에 집중하여 심층 조사를 실시하였다. 특히 역사를 해석하고 창출하는 사람들의 정치적 성향과 자료의 출처, 유포과정은 방어담론을 만든 주체와의 면접을 통해 밝혀냈다. 이를 통해 필자는 과이레뇨들이 언제, 어디서, 누구로부터 어떤 식으로 방어담론을 접했으며, 이러한 과정속에서 그들이 역사공동체로서 변하는 모습을 분석하였다.

PART Ⅲ

과이레뇨의
기원과 역사

1. 과이레뇨의 거주지역

1) 파라과이와 과이라 주

파라과이는 라 플라타 강(Río de la Plata) 유역의 국가들과 지리적, 인종적인 측면에서 유사한 모습을 보이고 있다. 지리적으로 라 플라타 강 유역은 칠레와 페루, 에콰도르와 같이 안데스 산맥을 끼고 있는 남아메리카 서북부지역 국가들과 달리 넓은 평원이 발달하였다.

라 플라타 강의 원주민은 고고학적인 사회발전 단계상 석기시대 수준으로 안데스 산맥을 중심으로 한 고지대의 원주민과 차이를 보인다. 이러한 인종적 차이는 19~20세기에 들어와서도 확연하게 드러난다. 아르헨티나와 우루과이는 유럽계 이주민들, 주로 이탈리아인들이 대거 이주하면서 다른 라틴아메리카 지역과 달리 백인이 주요 인종집단으로 분포하고 있다. 파라과이도 아르헨티나에서 이주한 유럽계 백인의 영향을 받아 백인과 메스티소의 비율이 전체 인구의 약 97%에 달하고 있다. 역사적으로도 파라과이는 지금의 아르헨티나, 우루과이와 함께 리오 데 라 플라타 부왕령(Virreinato del Río de la Plata)9)에 속해 있었으며, 현재는 남미공동시장인 메르코수르(MERCOSUR)10)에 가입해 있다.

지정학적으로 파라과이는 남아메리카의 남쪽 중앙에 위치하고 있어 남미의 심장부라 불린다. 현재 파라과이의 국경은 동쪽의 브라질과 서남쪽의 아르헨티나, 북쪽의 볼리비아와 마주하고 있다. 내륙국이라는 지리적 입지로 인해 파라과이는 해외교역로 확보를 위해 브라질과 아르헨티나와의 정치적 관계에서 항상 수동적인 입장을 취할 수밖에 없었다. 남아메리카 역사상 가장 치열했던 전쟁에 속하는 '삼국동맹전쟁(Guerra de la Triple Alianza)'과 '차코 전쟁(Guerra del Chaco)'의 발발11)은 이러한 파라과이의 지리적 입지와 밀접한 관련을 맺고 있다.

---

9) 리오 데 라 플라타 부왕령은 식민지 시기 스페인이 통치한 4개의 부왕령 중에서 가장 늦은 1776년에 설립되었다. 리오 데 라 플라타 부왕령에 속한 곳은 지금의 아르헨티나, 파라과이, 우루과이, 볼리비아, 칠레 북부 지역이다.

10) 메르코수르는 남미공동시장(Mercado Común del Sur)의 줄임말로 1985년 11월 30일 브라질, 아르헨티나 간의 교류협정인 '포스 데 이과수(Foz de Iguasu) 선언'과 함께 시작되었다. 그리고 1991년 3월 26일 아순시온 조약을 통해 우루과이, 파라과이가 회원국으로 참여하였다. 현재 메르코수르는 4개의 회원국(아르헨티나, 브라질, 파라과이, 우루과이)과 2개의 준회원국(볼리비아, 베네수엘라), 4개의 협력국(칠레, 에콰도르, 페루, 콜롬비아), 1개의 관찰국(멕시코)으로 구성되어 있으며, 유럽경제공동체(EU)와 FTA협상을 벌이고 있다.

11) 삼국동맹전쟁은 영국을 비롯한 당시의 제국주의 국가들과 남아메리카 국가들 사이의 정치적인 역학 관계에 의해서 발생하였다. 이러한 전쟁의 빌미를 제공한 것은 파라과이가 당시의 주변 강대국이었던 아르헨티나와 브라질을 영향에서 벗어나 우루과이와 수교를 맺어 교역로를 확보하려는 시도 때문이었다. 차코전쟁도 주변 강대국의 세력다툼과 지리적 입지 때문에 발발하였다. 볼리비아와 파라과이 사이에 벌어진 차코 전쟁은 차코 지역의 천연자원을 둘러싸고 미국과 영국의 정부와 정유회사가 개입된 것으로 그 전쟁의 직접적인 계기는 내륙에 위치한 볼리비아가 천연자원을 수송하기 위해 파라과이 강의 소유권을 주장하면서 시작되었다.

지도 3-1. 파라과이와 그 주변국가

지도에서 보듯이 파라과이의 중앙을 관통하는 파라과이 강(Río Paraguay)과 아르헨티나와 브라질 국경의 경계가 되는 동쪽의 파라나 강(Río Parana)은 육로 외에 바다로 나갈 수 있는 유일한 통로이다. 파라과이 강은 파라과이를 지리적으로 동부와 서부지역으로 나누는 기준이 된다. 동부지역과 서부지역은 문화·지리적으로 전혀 다른 곳이다. 파라과이의 서부 지역은 차코 지방으로 불리며, 사막과 초원으로 이루어져 있다. 인구밀도가 파라과이 동부 지역에 비해 매우 낮아 세 개의 주(州)로 구성되어 있고, 원주민들도 파라과이를 대표하는 과라니 어족이 아닌 주로 다른 어족들로 구성되어 있다. 차코 지방은 반세기 전 파라과이의 유명한 독재자인 스트로에스네르[12]의 강제 이주 정책에 의해 유럽에서 이주한 러시아계와 독일계 메노나이트(Mennonites)들에 의해 개척되었다. 이들은 파라과이에서 대규모 낙농사업을 도입하여 발전시켰다.

식민시기부터 존재한 오래되고 큰 도시들은 모두 파라과이의 동부 지역에 있다. 파라과이의 역사와 문화는 동부 지역에서 비롯되었다 하더라도 과언이 아니다. 동부지역은 파라과이 강과 인접한 수도인 아순시온을 포함하여 파라나 강을 경계로 브라질 국경과 마주하고 있는 파라과이 제2의 도시인 시우다드 델 에스테(Cuidad del Este)[13]를 비롯한 파라과이의 주요 도시들이 밀집되어 있다. 동부지역에는 서부지역에 비해 인구밀도가 높아 총 14개의 주(州)가 있다. 과이레뇨들이 살고 있는 비야리카도 파라과이 동부지역에 위치해 있다.

---

12) 스트로에스네르(stroessner)은 1954년부터 1989년까지 파라과이에서 36년간 장기 독재를 한 통치자이다.
13) 시우다드 델 에스테는 현재 '남아메리카의 홍콩'이라 불리는 상업지구로 전 세계의 전자제품을 비롯한 공산품이 모이는 곳이다. 인구는 약 22만 명으로 파라과이에서 두 번째로 큰 도시이다.

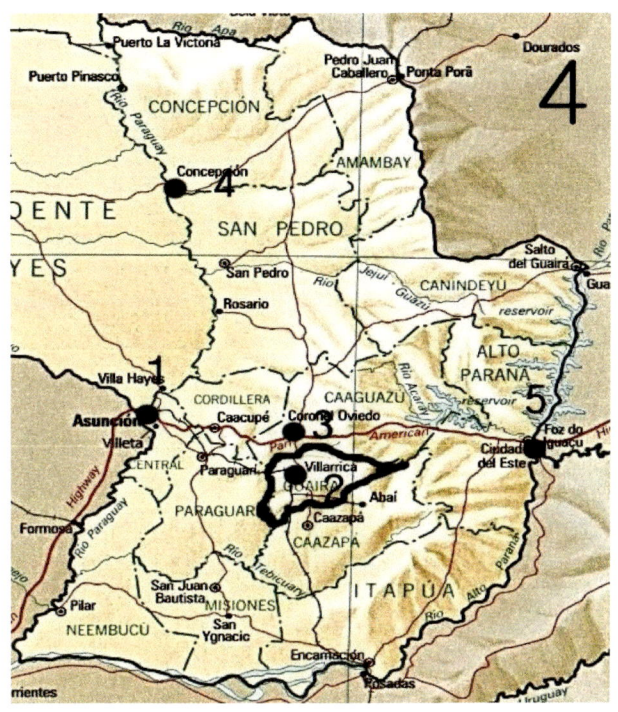

지도 3-2. 파라과이 동부지역[14]

　비야리카는 파라과이 동부지역의 중앙에 위치해 있다. 비야리카가 파라과이에서 중심도시로 성장한 것은 철도부설 때문이었다. 위의 지도 왼쪽의 아순시온(Asución)에서 파라과리(Paraguari), 비야리카(Villarrica), 아르헨티나와 남쪽 국경을 접하고 있는 엥카르나시온(Encarnación)까지의 철도 노선이 1911년에 개통되면서 비야리카는 아순시온과 아르헨티나를 잇는 교통의 요지가 되었다.

14) 위의 지도에서 각 숫자는 1. 아순시온(Asunción), 2. 비야리카(Villarrica), 3. 코로넬 오비에도(Coronel Oviedo), 4. 콘셉시온(Concepción), 5 시우다드 델 에스테(Ciudad del Este)를 나타낸 것이며, 굵은 선은 과이라 주(Departmento del Guairá)의 경계를 표시한 것이다..

비야리카는 철도로 인해 파라과이 동부 지역의 상업중심도시로 발전하였고 파라과이 제2의 도시로 성장하였다. 철도가 부설되기 이전에는 내륙에서 생산된 목재와 사탕수수, 마테차와 같은 물품들이 뗏목을 이용하여 파라과이 강과 파라나 강을 통해 운반되었다. 철도가 개통됨에 따라 내륙에서 생산된 물자들은 철도역이 있는 곳까지 마차나 차로 운반되었다. 특히 비야리카는 파라과이 동부지역의 중앙에 위치한 관계로 내륙의 물품들이 집결하여 아르헨티나로 수출되는 물류기지의 중심지가 되었다.

그러나 1954년 스트로에스네르 정권이 들어서면서 비야리카는 쇠퇴하기 시작한다. 왜냐하면 스트로에스네르가 아르헨티나와의 교역보다 브라질과의 교역에 치중하였기 때문이다. 스트로에스네르는 브라질과의 교역을 위해 파라과이와 브라질 국경에 시우다드 델 에스테(Ciudad del Este)를 건설하였다. 아순시온과 이 도시를 연결하기 위해 1961년에 국도[15]가 건설되었고, 이로 인해 철도는 쇠퇴하게 된다. 특히 1961년 아르헨티나와 철도 사용료 지불 문제가 불거지자 파라과이 정부는 파라과이와 아르헨티나 간의 철도운행을 중단하였다. 이때부터 비야리카는 철도를 기반으로 한 산업들이 급속도로 쇠퇴하여 침체기에 접어든다.

비야리카 시는 행정구역상 파라과이의 4번째 주[16]인 과이라 주의

---

15) 국도의 노선은 위의 지도에서 중앙의 왼쪽 끝에 위치한 수도 아순시온과 오른쪽 끝에 위치한 시우다드 델 에스테를 연결한 빨간 줄이다.

16) 파라과이는 각 주마다 고유번호를 붙인다. 첫 번째 주는 콘셉시온(Concepción)이며, 두 번째 주는 산 페드로(San Pedro), 세 번째 주는 코르디예라(Cordillera), 네 번째 주는 과이라(Guairá), 다섯 번째 주는 카아과수(Caaguazú), 여섯 번째 주는 카아사파(Caazapá), 일곱 번째 주는 이타푸아(Itapúa), 여덟 번째 주는 미시오네스(Misiones), 아홉 번째 주는 파라과리(Paragurí), 열 번째 주는 알토 파라나(Alto Paraná), 열한 번째 주는 센트랄(Central), 열두 번째 주는 녜엠부쿠(Ñeembucú), 열세 번째 주는 아맘바이(Amabay), 열네 번째 주는 카닌데주(Canideyú), 열다섯 번째 주는 알토 파라과이(Alto Paraguay), 열여섯 번째 주는 프

주도(州都)이다. 파라과이에서 현재와 같은 행정구역을 제정한 것은 1906년이었다. 그 이전에는 행정구역상 과이라 주는 존재하지 않았고, 이때에 비로소 비야리카를 중심으로 한 그 주변지역을 과이라 주(Departamento Guairá)로 지정하였다. 처음 행정구역이 설정된 1906년에 과이라 주의 면적은 1,957㎢였으며, 비야리카 시와 보카자르트, 자타이트, 자르트(현재 펠릭스 페레스 까르도소), 이타페 등 4개의 디스트리토(Distrito)[17]가 포함되었다. 이 지역들은 모두 비야리카를 중심으로 반경 10㎢ 내외의 근접한 거리에 위치하였다. 1945년 행정구역 개편에서 과이라 주는 코로넬 마르티네스, 보르하, 누미, 헤네랄 에우헤니오 알렉한드로 가라이, 나탈리시오 탈라베라, 인데펜덴시아, 이투르베 등의 여섯 개 디스트리토가 포함되었고, 면적은 3,202㎢로 첫 행정구역 개편 때에 비해 약 1.5배나 커졌다. 1951년에는 산살바도르가 새로운 디스트리토로 편성되었다. 1973년에는 카피탄 마우리시오 호세 트로체, 호세 파사르디 등의 2개 디스트리토가 추가되었고 총면적은 3,846㎢로 초기 과이라 주 면적의 두 배로 확장되었다. 가장 최근인 2007년에는 테비콰르(Tebicuary)가 과이라 주에 마지막으로 편입되었다.

레지덴테 아제스(Presidente Hayes), 열일곱 번째 주는 보케론(Boquerón)이다.

17) 디스트리토(Distrito)는 우리나라의 시·군(郡)과 유사하다.

지도 3-3. 과이라 주

　　현재 과이라 주는 총 18개의 디스트리토로 구성되어 있으며, 각 디스
트리토에는 한국의 시청에 해당하는 무니시팔리다드(Municipalidad)가
있다. 비야리카를 제외한 각 디스트리토의 도시 규모는 한국의 읍(邑)
과 유사하다. 18개 디스트리토는 주도인 비야리카와 보르하(Borja),
카피탄 마우리시오 호세 트레체(Capitan Mauricio José Treche), 코로넬
마르티네스(Coronel Martinez), 독토르 보트렐(Doctor Botrell), 펠릭스 페
레스 까르도소(Felix Perez Cardozo), 에우헤니오 아가라이(Eugenio
Agarai), 인데펜덴시아(Independencia), 이타페(Itape), 이투르베(Iturbe),
호세 파사르디(Jose Fasardi), 보카자트(Mbocayaty), 나탈리시오 탈라베
라(Natalicio Talavera), 누미(Numi), 파소 조바이(Paso Yobai), 산살바도
르(San Salvador), 자타이트(Yataity), 테비꽈르(Tebicuary) 등이다. 각
디스트리토에는 한국의 리(理)와 흡사한 콜로니아(colonia)가 있다.

2) 과이레뇨의 범주

　과이레뇨는 과이라 주(州)의 주도(州都)인 비야리카에서 태어난 사람들을 말한다. 비야리카에서 아무리 오래 살았다 할지라도 태어나지 않은 사람은 과이레뇨가 될 수 없다. 예를 들어, 필자의 주요 정보제공자 중의 한 사람이었던 페드로 파레데스(Pedro Parede)는 태어나자마자 비야리카로 입양되었으나 그의 저서나 출판물에는 카아과세뇨(Caaguaceño)[18)]로 소개하고 있다.

　비야리카 시민이 과이레뇨라는 명칭을 가진 것은 역사적 이유 때문이다. 과이라의 어원은 원주민 우두머리인 카시케(Cacique)의 이름에서 따온 것이다. 식민시기 과이라 지방은 현재 브라질 영토인 동쪽의 산타카타리나와 서쪽의 이과수 폭포 사이의 영역을 말한다. 과이라 지방에는 가장 큰 도시인 비야리카(Villarrica)와 시우다드 레알(Ciudad Real), 산티아고 데 제레스(Santiago de Xéres)라는 3개의 도시가 있었다. 이들 도시는 17~18세기 사이에 상파울루에 있던 포르투갈 식민세력들에게 침입을 당하였고, 식민시기 파라과이 지방으로 이주를 하게 되었다. 이주하면서 세 개의 도시 주민들은 하나로 합쳐졌고, 마지막으로 정착한 곳이 현재의 비야리카이다. 이러한 역사적인 측면에서 비야리카에 살고 있는 사람들이 과이레뇨로 불리고 있다.

　그러나 일부 비야리카 시민들은 과이레뇨의 범주를 과이라주 사람들까지 포함한다고 주장하고 있다. 이러한 입장은 너무 터무니없어 보인다.

---

18) 카아과세뇨는 카아과수(Caaguazú) 주의 주도인 카아과수 시 출신을 말한다. 위의 지도에서 보면 카아과수 주는 과이라 주의 북쪽에 접해 있다.

근대적 행정구역 설정의 문제를 보면, 파라과이에서는 1906년에 처음으로 지금의 틀을 갖춘 행정구역을 제정하였다. 이때 비야리카를 중심으로 한 그 주변지역을 과이라 주(Departamento Guairá)로 설정하였다. 처음 행정구역이 설정된 1906년 이래 1945년, 1951년, 1973년 그리고 2007년의 행정개편으로 면적은 2배, 디스트리토 수는 4개에서 18개로 확장되었다. 이렇듯 과이라 주는 수시로 그 경계가 확장되어 주 경계를 바탕으로 과이레뇨들의 범주를 설정하는 것은 무리가 있다.

또한 파라과이는 각 도시 단위로 도시명칭 뒤에 접미사를 붙여 그 지역민을 호칭하지만, 주의 명칭을 따서 그 지역 사람을 지칭하는 단어는 없다. 파라과이에서 지역명칭에 접미사를 붙여 지역민을 표현하는 것은 디스트리토를 포함한 도시 규모의 단위에서만 나타난다.[19] 즉, 일부 과이레뇨들이 과이라 주의 사람들을 과이레뇨라 칭하는 것은 단순히 과이라 주 명칭과 과이레뇨 사이의 용어의 겹침에 따른 것이지 과이라 주의 사람들을 과이레뇨라 생각하여 지칭하는 것은 아니다.

실제로 파라과이 사람들은 과이레뇨 억양을 쓰는 사람을 보면 비야리카에서 왔느냐고 묻지 과이라 주에서 왔느냐고 질문하지는 않는다. 필자도 이것을 많이 경험하였는데, 수도나 다른 지역에 가서 비야리카에 살고 있다고 소개하면 너도 '과이(Guai)'[20]냐고 물어보면서 '정말 과이레뇨들이 행동을 반대로 하느냐' 식의 질문을 지겹도록 들어야 했다.

이는 과이라 주에 살고 있는 사람들의 사례에서도 잘 드러난다. 비

---

19) 파라과이에서는 주도와 주의 이름이 겹치는 곳이 많아 주도의 사람을 일컫는 말이 주의 사람을 일컫는 것으로 혼동될 소지는 충분히 있다.

20) 과이레뇨를 과이(Guai)라 줄여서 부르기도 한다.

야리카가 아닌 과이라 주에 살고 있는 사람들은 스스로를 과이레뇨라 생각하지 않는다. 과이라 주의 사람들에게 너는 어디 출신이냐고 물으면 과이레뇨라 답하지 않고 자기가 살고 있는 디스트리토 이름을 말한다. 예를 들면 과이라 주의 디스트리토인 이타페(Itape)의 사람들은 과이레뇨가 아닌 이타페뇨(Itapeño)라고 밝힌다.

3) 비야리카: 식민도시에서 근대도시로

스페인계 정복자인 루이 디아스 멜가레호는 비야리카를 1570년에 현재의 브라질 영토인 파라나(Parana) 주의 쿠리치바(Curitiba) 시 인근에 설립하였다. 비야리카(Villa Rica)는 '부유한 마을'을 뜻하며, 에스피리투 산토는 가톨릭의 절기인 성령절 시기에 도시를 세웠다는 것을 의미한다. 그래서 비야리카의 공식명칭은 비야리카 델 에스피리투 산토(Villarrica del Espíritu Santo)이다. 도시 설립 후 비야리카는 포르투갈계 정복자인 파울리스타(Paulista)[21]들에게 침입을 받아 6번이나 파라과이 지방(Provincia del Paraguay)[22] 쪽으로 도시를 옮겼고, 그 결과 1701년에 지금의 자리에 정착하였다.

1872년 이전까지도 비야리카는 식민시기의 도시 형태를 그대로 갖추고 있었다. 물론 독립 이후 일부 건물은 용도가 변경되었고, 새로운 주거지도 생겨났지만 식민시기의 도시의 틀을 크게 벗어나진 못하였다.

---

21) 파울리스타(Paulista)는 브라질 상파울루에 살던 포르투갈계 정복자들을 말한다. 이들은 반데이란테(bandeirante) 혹은 마멜루코(mameluco)로 불리기도 했다. 반데이란테는 이탈리아 용병들이 구사했던 전투 대형을 지칭하는 용어에서 유래하였다. 마멜루코는 포르투갈계 정복자와 원주민 간에 태어난 자손들을 말한다.

22) 이 당시의 파라과이는 현재와 같은 독립국가가 아니라 하나의 지방으로서 스페인 본국에서 파견된 부왕의 지배 아래에 있었다.

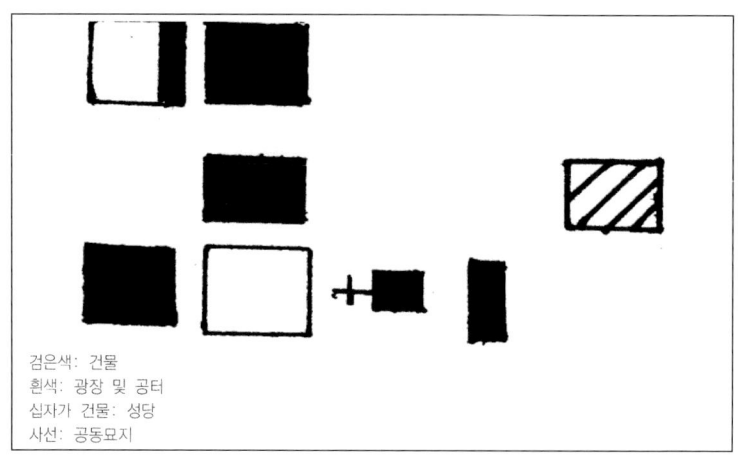

검은색: 건물
흰색: 광장 및 공터
십자가 건물: 성당
사선: 공동묘지

지도 3-4. 1872년 이전의 비야리카의 모습[23]

위의 지도는 1701년부터 1872년 이전까지 형성된 주요 건물 모습이다. 이 당시의 비야리카의 도심의 반경은 0.5㎞를 넘지 못했다. 지금처럼 도시 계획이 이루어지지 않아 블록과 도로는 구획되지 않은 상태였다. 도시의 중심은 성당이었다. 당시의 성당은 지금처럼 첨탑도 없이 기와를 올려서 건축한 식민시기 건축 양식이었다. 성당은 1886년도에 지금의 형태로 증축되었고, 첨탑은 이때 만들었다. 교회 뒤편에는 교회와 유사한 건축 양식으로 지은 초등학교(La Escuela de Niño)가 있었다. 이 초등학교는 현재 박물관으로 쓰고 있다. 성당의 맞은편은 이름 없는 넓은 공터였으나, 19세기 말에 12월 25일 광장(Plaza 25 de Diciembre)으로 이름을 붙였다. 지금은 자유 광장(Plaza de Libertad)으로 이름이 바뀌었다. 공터 너머에는 군사령부(La Comandacia Militar)가 있었다. 군사령부의 건물은 식민시기에 카빌도(cabildo)와

---

23) 본 지도는 필자가 Meaurio, Ernesto, 1946, *Villarrica Contemporanea y Su Municipio*, p.12~18의 내용과 현재의 지도를 참고하여 그린 것이다.

아윤타미엔토(ayuntamiento)[24]로 쓰였다. 군사령부 건물은 삼국동맹 전쟁을 치르면서 들어선 것으로 보인다. 20세기 초에 이 건물의 용도는 비야리카 경찰청으로 변경되었다. 지금은 주청사로 사용하고 있다. 교회 앞 공터 북쪽에는 옛 경비대(La Guardia Cué) 건물이 있었다. 경비대는 현재의 경찰과 유사하며 도시 치안을 담당하였다. 경비대 내부에는 구치소도 있었다. 교회의 북서쪽에는 예수회 양식으로 지은 프란시스코회의 옛 수도원(Convento Cué)과 옛 신학교(Colegio Cué)가 있었다. 수도원의 서쪽은 임시 장터(La Recova)가 열리는 공터가 있었다. 위의 사진에서는 네모의 오른쪽 일부만 검게 칠한 부분을 말한다. 이 시장은 나중에 메르카도 과수(Mercado Guasu)[25]로 불렸다. 메르카도 과수는 1936년 위생 문제로 철폐되고, 그 자리에는 차코 전쟁[26] 승리를 기념하는 영웅광장(Plaza de los Heroes)이 들어선다. 사선으로 표시된 부분은 공동묘지 자리이다. 이 공동묘지는 1873년경에 철폐되었고, 새로운 공동묘지는 도시 북쪽 외곽에 자리 잡았다. 가옥이 메르카도 과수를 벗어나지 못했다는 기록으로 보아 주민들의 거주지는 위의 지도에 나타난 도시의 주요 건물 인근을 크게 벗어나지 않은 곳에 위치한 것으로 보인다.[27]

이 시기에는 지금처럼 도시 구획이나 도로 정비가 제대로 이루어지지 않았다. 유일한 도로는 비야리카(Villa Rica) 거리가 있었다. 이 거리는 상업거리로서 군사령부 앞과 임시 장터가 서는 공터 앞의 길

---

24) 카빌도와 아윤타미엔토는 식민시기 도시를 관장한 기관으로 현재의 시청과 그 기능이 유사하다.

25) 메르카도 과수(Mercado Guasu)는 스페인어와 과라니어가 합성된 말이다. 메르카도는 스페인어로 시장이라는 뜻이고, 과수는 과라니어로 크다는 뜻이다. 즉 메르카도 과수는 큰 시장으로 번역할 수 있다.

26) 차코 전쟁(Guerra de Chaco)은 1932년부터 1935년간 약 3년 동안 파라과이와 볼리비아가 차코지역을 놓고 벌인 전투를 말한다. 파라과이는 이 전쟁에서 승리하였다.

27) Meaurio, Ernesto, 1946, *Villarrica Contempóranea y Su Municipio*, Asunción, p.16.

을 말한다. 현재 이 거리의 명칭은 코로넬 보가도(Coronel Bogado)로 변경되었다.

비야리카가 식민시기 도시의 모습에서 근대적인 도시 구조로 바뀌게 된 것은 삼국동맹전쟁 때문이었다. 도시 재건을 위해 시에서는 1872년 제정된 이주민 관련 도시계획 법령과 1905년에 추진한 도로 정비를 통해 인프라를 구축하였다. 이 두 계획을 통해 비야리카는 현재와 같은 도시의 모습을 갖게 되었다. 1872년의 법령을 통해 비야리카의 주거지는 비로소 현재와 같은 정방형의 블록으로 일정하게 구획되었으며, 정방형 블록은 도로로 연결되었다. 1905년은 인구의 증가로 도시의 규모가 확대되면서 도시 경계 정리와 도로 정비를 실시하였다.

이 시기의 도시 인프라 재정비는 법령 제정과 정책, 유럽계 이민자의 증가가 상호 작용한 결과이다. 기존의 도시 인프라는 인구 압력을 감당하지 못하였고, 이에 새로운 도시 계획과 정책들이 나왔다. 그 대표적인 정책으로 1905년의 도로정비와 시청 건설이 있다. 또한 이 시기에 유입된 유럽식 공중보건 관념이 비야리카의 위생 문제와 결합되면서, 위생은 도시 계획에 중요한 역할을 하였다. 특히 전염병의 발병은 위생을 중시하는 도시 계획 수립에 힘을 더하였다. 위생과 관련하여 도시 계획에 큰 비중을 차지한 시설은 공동묘지와 시장이었다.

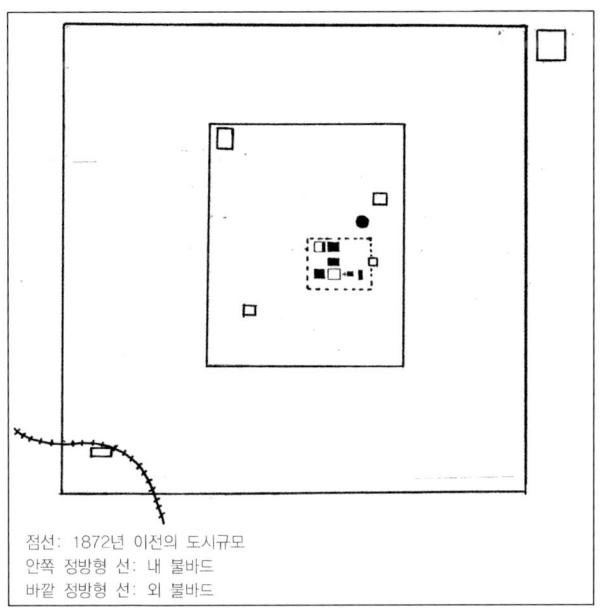

점선: 1872년 이전의 도시규모
안쪽 정방형 선: 내 불바드
바깥 정방형 선: 외 불바드

지도 3-5. 1936년의 비야리카 도시 규모[28]

위의 지도는 1936년 비야리카 시의 모습이다. 도시의 규모는 1872
년 이전과 비교할 수 없을 정도로 확대되었으며, 도시의 구획도 계획
적으로 이루어졌다. 이처럼 도시 구역이 정확히 설정된 것은 1905년
에 건설된 불바드(boulevard)에 의해서였다. 불바드는 일반도로의 두
세 배 폭으로 건설되는 일종의 순환도로로서 도시 경계를 나타낸다.
이 당시에 불바드는 내·외 불바드로 건설되었다. 내 불바드의 안쪽
은 도시의 중심지로서 상업 지구에 해당되며, 내 불바드와 외 불바드
의 사이의 공간은 주거지로서 가옥이 주를 이루었다. 외 불바드 밖은
도시구역이 아니다.

_____

28) 본 지도는 필자가 Meaurio, Ernesto, 1946, *Villarrica Contempóranea y Su Municipio*의 자료와 주민들의
증언을 통해 구성한 것이다.

점선 사이의 작은 빈 네모 칸은 1872년 이전에 있던 공동묘지이다. 이 공동묘지는 1872년 도시계획 법령제정에 따라 그 이듬해에 없어졌다. 비야리카 경제행정위원회[29]는 내 불바드 북서쪽의 안쪽 지역, 지도상의 왼쪽 모서리 안쪽 지점에 새로운 공동묘지를 지었다. 새로운 공동묘지를 건설할 당시에는 불바드가 존재하지 않았고, 그 지역은 도심지와 떨어진 곳이었다. 그러나 계속된 인구 증가로 인해 주거지가 공동묘지를 둘러싸게 되었다. 시는 1910년에 공동묘지를 외 불바드 북동쪽 외곽지역, 지도상의 오른쪽 윗부분 모서리에 다시 신축한다. 이 공동묘지는 현재까지 사용되고 있다.

시청 앞의 메르카도 과수는 1936년에 없어지고 두 개의 시장으로 분리된다. 지도상의 검은 동그라미 윗부분의 빈 네모 칸 지점은 1시장(mercado uno)이며, 지도상의 점선 부분 왼편 아래쪽의 빈 네모 칸은 2시장(mercado dos)이다. 메르카도 과수는 공간이 협소하고 위생상태가 좋지 않아 1936년 현재와 같이 두 개의 시장으로 분리 · 이전되었다.[30]

도시의 왼쪽 아래를 지나는 선은 바로 철도이다. 철도는 아순시온과 아르헨티나를 이어주며 1887년에 완공되었다. 철도로 인해 비야리카에는 대규모의 유럽계 및 아랍계 이민자들이 유입되었다. 철도와 유럽계 이주민들로 인해 비야리카는 급속히 성장하였다. 철도 주변에는 설탕과 빵, 비누, 국수, 포도주 공장이 들어섰으며, 철도역에 내린 물건들은 메르카도 과수에 수레로 운반되었다. 또한 비야리카는 각지

---

29) 경제행정위원회(Junta Económico-Administrativa)는 시정(市政)을 맡은 임시기구였다.

30) 31쪽 마지막 단락부터 이 부분까지는 구경모, 2010a, 이민과 위생 정책을 통해 본 근대도시의 형성: 파라과이 비야리카의 사례, 역사문화연구, 한국외대 역사문화연구소 37.

에서 온 목재를 모아 철도를 통해 아르헨티나로 수송하는 역할도 담당하였다.[31]

현재 비야리카 시는 수도인 아순시온과 동남쪽으로 174㎞ 정도 떨어져 있다. 비야리카 시의 면적은 247㎢이다. 지리적으로는 동쪽의 으브트루스(Yvytrusu) 산맥과 서쪽의 이타페(Itape) 산, 그리고 남쪽의 레만시토(Remancito) 강, 북쪽의 보보(Bobo) 강 사이에 위치해 있다. 연평균 기온은 22도로 아열대성 기후이다. 주요 생산물은 사탕수수, 옥수수, 목화, 콩, 수박이 있으며, 목축도 많이 한다.

통계청에서 발간한 2002년 인구센서스에 의하면 비야리카의 인구[32]는 총 55,200명이다. 남자는 27,028명이며, 여자는 28,172명이다. 행정구역은 크게 도심지와 외곽지로 나뉜다. 도심지의 인구는 남자가 18,679명, 여자가 20,282명으로 총 38,961명이다. 외곽지의 인구는 8,349명, 여자가 7,890명으로 총 16,239명이다.

---

31) 주민들의 증언에 따르면, 이 당시 목재는 파라과이의 주 수출 품목이었다. 바다가 없는 파라과이는 아르헨티나를 통해 유럽 등지로 수출하였다. 목재를 아르헨티나로 운반하는 방법은 두 가지였다. 강 근처의 지역은 파라나 강과 리 오 데라 플라타 강을 이용하여 뗏목으로 목재를 운반하는 것이다. 내륙 지역은 수레를 통해 비야리카로 가져와 철도를 통해 아르헨티나로 운반하였다.

32) 에스피뇰라(Espínola, 2004)는 비야리카의 인구를 다음과 같이 집계하였다. 1570년에는 40명(스페인계 정복자), 1609년에는 80명(부인과 아이, 원주민 미포함), 1621년에는 82명, 1628년에는 150명(스페인계 정복자와 크리오요, 메스티소), 1674년에는 425명, 1678년에는 1,171명(729명 스페인계 정복자, 442명 원주민), 1761년에는 1,302명, 1793년에는 3,014명이다. 1793년에는 파라과이 전체 인구가 92,347명으로 비야리카는 수도권에 위치한 도시들 다음으로 큰 도시에 속하였다. 그 이후 약 100년 동안 인구통계를 찾을 수 없었다. 프랑코(Franco, 2003)는 '큰 전쟁'이 끝난 1870년의 비야리카 인구를 550명으로 추산하였으며, 그 후 인구가 늘어 1936년에는 9,576명으로 집계하였다.

지도 3-6. 현재의 비야리카 도심지[33]

---

33) 위의 지도에서 각 숫자는 1. 영웅광장(구 메르카도 과수), 2 시청, 3 주청사, 4 자유공원, 5 대성당, 6 버스
터미널 및 제1시장, 7. 제2시장, 8. 철도역을 나타내고 있다.

지도에서 보면 도심지는 행정구역상 8개 바리오(Bariro)로 구성되어 있으며, 바리오는 한국의 동(洞)과 유사하다. 외곽지는 행정구역상 32개의 콤파니아(Compañía)로 나누어져 있으며, 콤파니아는 한국의 리(里)의 비슷하다. 도심지의 바리오는 센트로, 으바로트, 투주티미, 로마스 발렌티나, 에스타시온, 산타 리브라다, 산타 루시아, 산미구엘이 있으며, 주민들은 이 8개의 바리오를 비야리카 시라 부른다. 각 바리오는 한국의 통·반과 유사한 코뮤니티로 나누어진다. 이와 같은 도시의 위계는 가톨릭의 위계 서열과 일치한다. 행정구역상 가장 작은 코뮤니티(Comuniti)는 예배당(Oratorio)이 있으며, 바리오에는 예배당보다 큰 성당(Iglesia)이 있다. 그 위에는 도시 전체를 관장하는 교구(Diócesis)인 대성당이 있다. 대성당은 도시의 중심인 센트로에 있다. 센트로와 바리오는 내 불바드에 의해 나뉘며, 센트로를 제외한 7개의 바리오는 내 불바드와 외 불바드 사이에 위치해 있다. 외 불바드를 경계로 도심지는 안쪽에 위치해 있는 8개의 바리오이며, 그 바깥은 외곽지이다.

센트로는 다른 바리오에 비해 '토박이 과이레뇨'들이 거주하고 있다. 이에 비해 다른 바리오는 주로 반세기 전부터 주변의 외곽지와 디스트리토에서 이주해 온 사람들로 구성되어 있다. 바리오의 가장자리 부분, 즉 도심지와 외곽지의 경계 부분은 새로이 이주해 온 사람들의 정착지가 되어 가고 있다.

8개 바리오 중에서 센트로는 도시의 중심지로 비야리카 시청과 과이라 주청사가 위치해 있다. 시청은 1884년 시의회와 함께 설립되었다. 시청 건물은 1906년 이탈리아계 이주민인 롬바르디에 의해서 건축되었다. 주청사는 1906년에 설립되었고 그 형태나 기능면에서 우리

나라의 도청과 매우 흡사하다. 이 밖에 센트로에는 시장과 상점, 버스터미널, 대성당이 위치해 있다. 센트로에는 1시장과 2시장이 있으며, 두 시장에 비야리카의 외곽지 사람들과 과이라 주의 다른 디스트리토(Distrito)에서 온 사람들이 물건을 거래하기 위해 모인다. 버스터미널은 시청과 메르카도 과수 주변 길에 있었으나 1964년 제1시장 옆으로 자리를 옮겼다. 버스터미널에는 파라과이의 다른 지역뿐 아니라 아르헨티나와 브라질을 잇는 국제선 버스도 운행한다. 버스터미널은 목재 적재장이었으며, 그 주변에는 목재소가 있었다. 목재 적재장은 1960년대에 버스정류장으로 바뀌었는데, 이는 철도의 폐쇄와 관련이 있다. 1960년대에 철도가 폐쇄된 후 목재 운송수단이 사라지면서 목재소들도 사라지게 되었다.

지금은 1968년에 건설된 8번 지방 국도가 사방으로 통하는 유일한 교류 통로이다. 그 이후 비야리카는 1980년대 후반 도시 발전을 위한 자구책으로 아순시온 국립대학 분교와 가톨릭대학 분교를 유치하였고, 지금은 크고 작은 대학들이 많이 있어 교육도시로 불리고 있다.

2. 식민시기 과이레뇨의 역사

1) 과이라 지방

과이라(Guairá)는 원주민 언어인 과라니어로서 '과이(Guai)'와 '라(Ra)'가 결합된 말이다. '과이'는 '젊은이'를 뜻하며, '라'는 '장소'를 일컫는다. 지역 이름으로 과이라가 쓰이게 된 것은 스페인계 정복자들이 그 지역에 살고 있던 과라니족 추장의 이름에서 유래한 것이다.

지도 3-7. 식민지 시기 과이라 지방의 현재 위치[34)

과이라 지방(Provincia de Guairá)은 16세기 스페인계 정복자들에 의해
설립되었으며, 현재 과이레뇨들이 살고 있는 비야리카의 과이라 주
(Departamento de Guairá)와는 전혀 다른 위치에 있었다.

과이라 지방은 현재 파라과이와 브라질의 국경의 경계인 서쪽의 파
라나 강과 동쪽의 상파울루 인근의 대서양 연안 사이에 위치해 있었다.
위의 지도에서 보면 식민시기 과이라 지방35)은 파라과이의 오른편에
파라나(Parana)라고 쓰인 부분으로 북쪽의 파라나파네(Paranapané) 강과
남쪽의 이과수(Iguasú) 강 사이에 위치해 있었다. 그곳은 현재 브라질

---

34) 위의 지도에서 1번은 1570년 비야리카 시가 처음으로 설립된 곳이며, 2번은 현재의 비야리카 시가 위치한
    곳이다. 굵은 선은 비야리카 시가 도시를 옮기기 이전인 16~17세기 당시의 과이라 지방이 위치한 곳이다.

35) 지도에서 보이는 과이라 지방은 남위 22도 30분에서 25도 30분 사이, 동경 49도 30분에서 서경 54도
    30분 사이에 위치해 있었다. 지형적으로 과이라 지방은 북쪽의 파라나파네(Paranapané) 강과 남쪽의 이
    과수(Iguasú) 강, 그리고 동쪽의 과라우루(Guarayrú) 산맥과 서쪽의 파라나(Paraná) 강을 경계로 두고 있
    었다(Cardozo, 1970: 14).

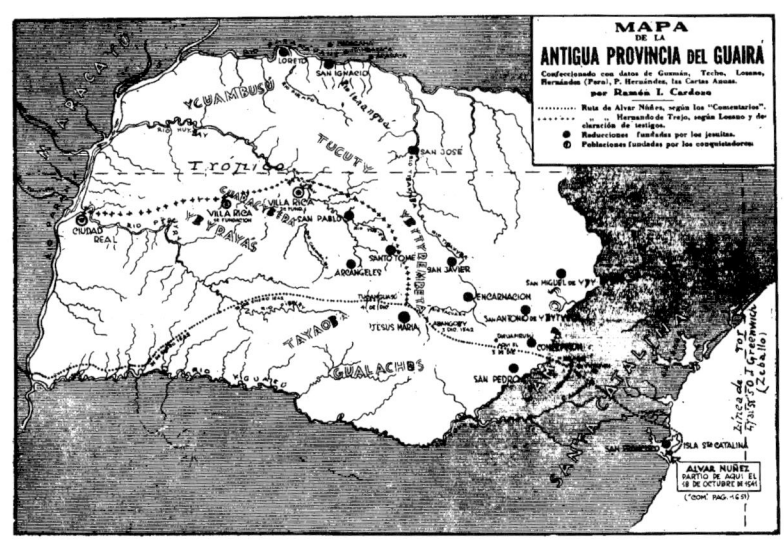

지도 3-8. 식민지 시기 과이라 지방의 지도[36]

의 파라나(Parana) 주 전체와 상파울루 주 남쪽 지역 일부를 포함하였
다.

과이라 지방은 대서양에서 육로를 거쳐 파라과이 지방을 연결하는
통로 지역이었다. 여기에는 스페인 정복자들이 세운 도시뿐만 아니라
예수회 선교사와 프란시스코회 선교사들이 세운 공동체들이 밀집해
있었다. 위의 지도는 17세기 식민지 시기 파라과이 지방과 과이라 지
방을 나타낸 것이다.

식민시기 과이라 지방의 영역은 흰색으로 표시된 부분이다. 이 당시
과이라 지방은 지금의 파라과이 수도인 아순시온에 있는 식민 정부의 통
치를 받았다. 파라과이 지방이라는 영역 표시는 지도의 오른쪽에 보인다.

---

36) 이 지도는 1970년에 재출판된 카르도소의 책 *La Antigua Provincia de Guairá y la Villarrica del Espíritu
Santo*에서 인용한 것이다.

오른쪽 가장자리의 점선은 스페인령과 포르투갈령의 경계를 나타내는 토르데시야스 선[37]이다. 토르데시야스 선은 상파울루 바로 옆을 지나고 있다. 그래서 상파울루를 포함한 동쪽은 포르투갈령에 속하며, 서쪽은 스페인령에 속한다. 과이라 지방은 상파울루를 경계로 서쪽에 위치해 있음으로 스페인령에 속하였다.

과이라 지방은 1554년 파라과이 지방 정부에서 파견한 스페인계 정복자들에 의해 개척되었다. 스페인계 정복자들이 파견된 이유는 포르투갈계 정복자들의 침입으로 위험한 빠진 원주민들이 파라과이 지방 정부에 도움을 요청했기 때문이다. 이에 파라과이 지방정부는 스페인령에 속하는 원주민들을 포르투갈계 정복자들로부터 보호하고 무역로를 개척하기 위해 새로운 도시 건설을 추진하였다. 가르시아 로드리세스 데 베가라(Garcia Rodríguez de Vegara)를 대장으로 한 원정대는 아순시온에서 출발하여 1554년 파라나 강 상류지역에 온티베로스(Ontiveros)라는 도시를 건설한다. 이곳은 지금의 살토 데 과이라(Salto de Guairá)에서 북쪽으로 약 1레구아 떨어진 곳이었다.

그러나 온티베로스는 여러 가지 문제를 가지고 있다. 그중 하나가 엔코미엔다로 인한 정복자 사이의 불만이었다. 온티베로스의 정복자들은 파라과이 지방 정부의 통치자였던 도밍고 마르티네스 이랄라(Domingo Martínez de Irala)의 지시로 엔코미엔다를 분배하였으나, 많은 정복자가 엔코미엔다를 지급받지 못하여 불만이 고조되었다. 다른

---

37) 토르데시야스 선(Linea de Tordesillas)은 로마 교황이 스페인과 포르투갈의 식민지 경쟁을 중재하기 위해 만든 경계로 1494년도에 토르데시야스 조약에 의해 체결되었다. 교황은 토르데시야스 선을 기점으로 동쪽은 포르투갈의 영역으로, 서쪽은 스페인의 영역으로 결정하였다. 이 조약을 바탕으로 포르투갈은 지금이 브라질을 비롯하여 아프리카에서 인도까지 해상무역권을 독점하였고, 스페인은 브라질을 제외한 아메리카 대륙에서 필리핀까지 식민지를 개척하였다.

문제는 온티베로스가 대서양으로 향하는 거점도시로서 위치가 적절하지 못하였다. 이에 파라과이 지방 정부는 루이 디아스 멜가레호(Ruy Díaz Melgarejo)를 대장으로 정복대를 꾸려 다른 도시의 설립을 계획하게 된다. 루이 디아스 멜가레호는 1556년 온티베로스에 있던 정복자들과 함께 온티베로스에서 북쪽으로 약 3레구아 떨어진 곳[38])에 60명의 원주민과 함께 시우다드 레알을 건설하였다(Cardozo, 1996: 172).

그 후 파라과이 지방 정부의 통치자인 도밍고 마르티네스 데 이랄라는 과이라 지방의 북쪽에 금이 있다는 소식을 듣고 또 다른 정복대를 파견하였다. 이 정복대는 누프리오 차베스(Nufrio Chávez)를 중심으로 결성되어 1559년 지금의 파라과이와 볼리비아 국경 근처에 산타 크루스 데 라 시에라를 건설한다. 그러나 누프리오 차베스는 도시를 건설한 후 지방정부의 명령을 어기고 다시 원정대를 꾸려 금을 찾아 북쪽으로 떠났다. 파라과이 식민 지방의 영역을 벗어난 누프리오 차베스 원정대는 다른 식민지 지방의 경계를 침범하여 페루 부왕령이 있는 리마의 감옥에 투옥된다. 뉴프리오 차베스의 과도한 원정으로 인해 산타 크루스 데 라 시에라는 유명무실해졌다.

과이라 지방의 실질적인 중심도시는 시우다드 레알(Ciudad Real)이었다. 그러나 시우다드 레알은 지리적 위치가 스페인령과 포르투갈령의 경계가 되는 상파울루 지역과 거리가 너무 멀어 교역 상인과 인디오를 보호하기에 한계가 있었다. 그래서 파라과이 지방 통치자였던 후안 데 가라이는 토르데시야스 선 가까운 지역에 새로운 도시를 건설하기 위해 시우다드 레알에 있던 루이 디아스 멜가레호와 40명의

---

38) 이곳은 피쿠으르(Picuyry) 강 입구이다.

스페인계 정복자를 과이라 지방으로 파견한다. 루이 디아스 멜가레호는 시우다드 레알의 주민과 과이라 지방에 있던 인디오들의 의견을 수렴하여 1570년 파라나 강에서 동쪽으로 약 60레구아 떨어진 곳에 비야리카 에스피리투 산토를 건설하였다. 루이 디아스 멜가레호와 정복자들이 그곳에 비야리카를 건설한 이유는 인디오들이 그곳에 금과 은이 많다고 했기 때문이다. 그래서 정복자들은 도시를 세운 후 이름을 비야리카(Villarrica)로 명명하였다(Cardozo, 1939: 50). 이곳은 인디오 추장 코라시베라(Coracibera)가 있던 장소였다. 이때부터 비야리카는 시우다드 레알의 정복자들과 그 지역에 있던 인디오와 합쳐지면서 과이라 지방의 중심도시로 성장한다.

과이라 지방은 비야리카 에스피리투 산토와 시우다드 레알, 산타 크루스 데 라 시에라로 구성되었다. 이 세 도시 중에서 산타 크루스 데 라 시에라는 초기 원정대의 정착 실패와 지리적으로 대서양 교역로와 벗어나 있어 그렇게 발달하지 못했다. 과이라 지방을 구성한 도시는 비야리카와 시우다드 레알이었고, 그중에서 비야리카가 실질적으로 식민시기의 과이라 지방을 대표하는 도시였다.

2) 과이레뇨와 비야리카 시의 이동과 정주

과이라 지방은 포르투갈 세력과 접해 있어 그들의 침입으로부터 자유로울 수 없었다. 이 당시 포르투갈계 정복자들은 사탕수수밭을 경영하고 있어 인디오 노동력이 항상 부족하였고 과이라 지방에 있는 인디오들은 그들의 좋은 '사냥감'이 되었다. 특히 과이라 지방에는 비야리카를 포함한 인근 지역에 예수회에서 설립한 12개의 레둑시온39)이 있어 포르투갈계 정복자들이 원하는 원주민들이 풍부하였다. 과이라 지방의 정복자였던 루이 디아스 구즈만(Ruy Días Guzman)은 1612년에 파라과이와 리오 데 라 플라타의 정복 역사에 관해 서술한 『라 아르헨티나(*La Argentina*)』에서 비야리카 인근에 200,000만 명의 인디오가 존재했었다고 밝히고 있다(Cardozo, 1938: 17). 그중에 레둑시온에 거주하는 원주민은 약 8만 5천 명으로 추산하였다.

포르투갈계 정복자들 중에서도 파울리스타들이 수시로 과이라 지방을 침범하여 원주민을 잡아갔다.40) 이러한 상황이 지속되면서 과이라 지방의 세 도시 중 상파울루와 가장 근접한 곳에 위치했던 비야리카는 파울리스타의 공격을 피해 도시를 옮기게 된다. 파울리스타들이 노리는 것은 과이라 지방의 영토가 아니라 원주민 노동력이었기 때문에 피난하던 도시를 따라 계속 추격하였다.

다음의 지도는 비야리카가 파울리스타들의 침입을 피해 이동한 도시 이주 과정을 나타낸 것이다.

---

39) 레둑시온(Reducción)은 예수회 선교사들이 원주민들을 선교하기 위해 만든 마을로서 일종의 공동체적인 성격을 띠고 있다. 이들은 마을 안에서 농장과 교회, 학교를 지었고 농장에서 키운 작물을 바탕으로 자급자족적인 경제를 유지하였다.

40) 이 당시 비야리카와 레둑시온을 포함한 주변 지역에 약 300,000명의 원주민이 있었다. 그중에서 60,000명의 인디오가 상파울로에 노예로 끌려갔다는 통계가 있다.

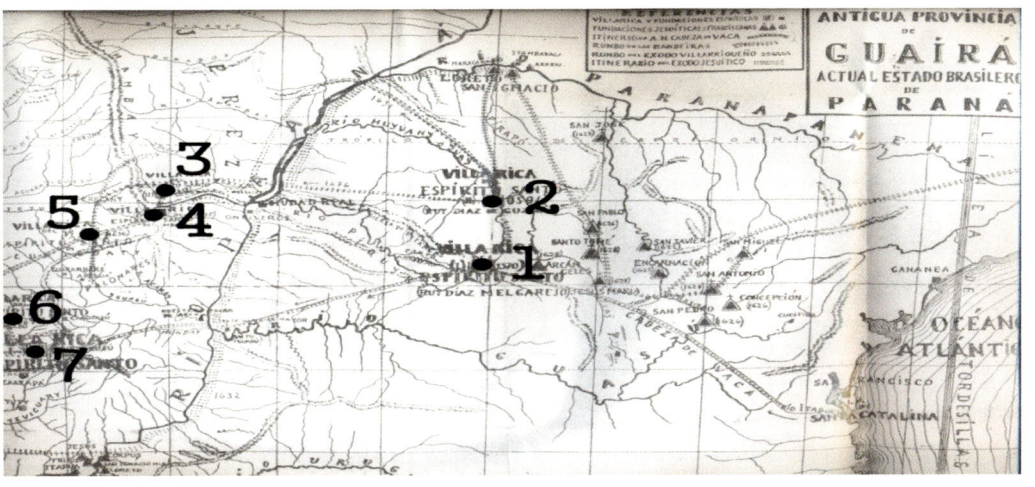

지도 3-9. 비야리카 이주 지도[41]

　　비야리카를 처음 세운 장소는 지도 중앙에 가장 큰 글씨로 비야리카 에스피리투 산토(Villarrica del Espíritu Santo)라 쓰인 부분으로 그 글씨 아래에 루이 디아스 멜가레호(Ruy Díaz Melgarejo)라고 적힌 부분이다.

　　비야리카는 파울리스타의 침입을 피해 1592년에 첫 번째로 도시를 옮긴다. 이때는 비야리카를 처음으로 건설했던 루이 디아스 멜가레호는 부에노스아이레스로 떠나고 루이 디아스 데 구스만이 비야리카를 통치하고 있을 무렵이었다. 루이 디아스 데 구스만은 비야리카를 세운 곳에서 북쪽으로 약 20레구아 떨어진 카림바타으(Carimbatay) 강 입구에 도시를 세웠다.

---

41) 위의 지도의 숫자는 비야리카 시가 이동한 경로를 나타낸 것이다. 1번의 위치는 1570년 비야리카를 처음 설립한 곳이며, 2번은 1592년에, 3번은 1634년, 4번은 1642년, 5번은 1662년, 6번은 1676년, 7번은 1701년에 마지막으로 정착한 곳으로 지금의 비야리카 시이다. 출처는 Velilla, 2005, *Aportes de Benjamín Velilla a la Historia del Paraguay*, Asunción: Edicione y Arte, p.65~66.

안토니오 라포소 타바레(Antonio Laposo Tabare)와 마누엘 프레토 (Manuel Preto)를 대장으로 한 반데이란테[42])는 1629년과 1632년 두 번에 걸쳐 다시 과이라 지방을 침입하였다. 그래서 비야리카의 주민들은 1634년에 두 번째로 도시를 옮기게 된다. 이때는 시우다드 레알의 주민들과 함께 동쪽의 파라나 강과 마라카주(Maracayu) 산맥을 건너 헤후이(Jejui) 강 상류에 도시를 건설하였다. 두 도시가 합쳐졌지만 도시의 이름은 비야리카를 유지하였다. 이는 시우다드 레알의 주민들 수가 적어 비야리카가 그 주민들을 흡수하는 형태를 취했기 때문이었다. 도시의 이름은 비야리카를 유지했지만 사람들은 과이레뇨라 불렀다. 왜냐하면 과이라 지방에 있던 두 도시의 사람들이 합쳐졌기 때문이다.

그리고 8년 후인 1642년에 다시 반데이란테가 침입하여 과이레뇨들은 세 번째 이주를 하였고 쿠르과트(Curyguaty) 인근에 도시를 세웠다. 이때에 내부 분열로 인해 과이레뇨는 두 집단으로 나뉘게 된다. 한 집단은 헤후이에 정착하였고, 다른 집단은 으파네 강 인근에 터를 잡았다.

이들 두 집단은 1662년 프란시스코 데 페드로소(Francisco de Pedroso)를 대장으로 한 반데이란테의 공격을 받아 다시 연합하게 된다. 1676년 동안 반데이란테들은 비야리카를 공격을 하였고, 이타페(Itape)로 4번째 도시를 옮기게 된다.

반데이란테의 공격이 끝나고, 파라과이 지방 정부에서는 비야리카를 에스피니요(Espinillo)에 건설하라는 명령을 내린다. 에스피니요는

---

42) 이 침입은 78명의 포르투갈계 정복자와 900명의 포르투갈계 혼혈인, 2,000명의 원주민으로 구성되었다.

현재의 코로넬 오비에도(Coronel Oviedo) 시로 비야리카에서 북쪽으로 약 40㎞ 떨어진 곳에 있다. 그래서 비야리카는 파라과이 식민 정부의 지시에 따라 다섯 번째로 도시를 옮기게 된다.

그러나 과이레뇨들은 에스피니요 부근의 토지가 비옥하지 않아 으브트루수(Ybytyrusu) 산 근처로 도시를 옮기기를 원했고 파라과이 지방 정부의 승인을 받아 지금의 비야리카 시가 있는 자리에 터를 잡았다. 이것이 6번째로 마지막 이주였다. 과이레뇨들은 1701년 스페인 국왕으로부터 으브트루수 지역에 정착할 것을 허가받아 현재까지 이르고 있다.

즉, 과이레뇨는 원래 과이라 지방에 살고 있는 세 도시의 사람들을 의미했다. 그러나 과이라 지방의 세 도시의 사람들은 포르투갈계 정복자들을 피해 이주하면서 가장 큰 도시였던 비야리카로 통합되었다. 이때부터 비야리카의 주민들은 과이라 지방의 세 도시 사람들이 모여 있다는 의미에서 과이레뇨라 칭하기 시작했다. 이러한 역사적 과정으로 인해 비야리카에 살고 있는 사람들은 여전히 과이레뇨로 불리고 있다.

3. '토착 과이레뇨'의 형성

'토착 과이레뇨'는 1870년에 종전된 삼국동맹전쟁 이후 유럽계 이주민들이 유입되기 이전에 비야리카에 살았던 과이레뇨들을 말한다. '토착 과이레뇨'가 구성된 과정을 살펴보기 위해서는 비야리카가 현재의 지역으로 도시를 옮기기 이전에 과이라 지방을 설립했던 정복자들부터 살펴봐야 할 것이다. 파라과이의 역사학자이며 과이레뇨 출신인 라몬 카르도소(Ramon Cardozo)가 1938년에 저술한 『구(舊)과이라 지방과 비야리카(*La Antigua Provincia de Guairá y la Villarrica del Espíritu Santo*)』라는 책을 살펴보면, 과이라 지방에는 86명의 정복자[43]들이 존재한 것으로 나타난다.

과이라 지방의 예수회 선교사인 몬토자(Montoya)가 1637년경에 저술한 『파라과이의 영혼정복(*La Conquista Espíritual del Paraguay*)』이라는 책에 따르면, 17세기 초 무렵 과이라 지방에 있었던 유럽계 정복자들은 약 50~100명 정도였다고 한다. 이러한 사실로 미루어보아, 카르도소가 말한 과이라 지방 정복자들의 명단은 어느 정도 신뢰성을 가지고 있다고 볼 수 있다.

이 당시 스페인계 정복자들은 스페인 국왕의 명령에 의거하여 그들이 정복한 지역에 엔코미엔다(Encomienda)[44]를 불하받는다. 이는 과이라 지방의 정복자들도 마찬가지였다. 그러나 정복자에 대한 엔코미엔다의 불하가 엔코미엔다를 받은 지역에 정복자들이 거주한다는 것을 의미하지 않는다. 과이라 지방에 엔코미엔다를 불하받았다 하더라도 정복자들은 또 다른 곳으로 정복을 하러 가는 경우가 허다했으며, 일부 정복자들은 다른 식민지방에 거주하면서 과이라 지방에 엔코미엔다를 소유한 경우도 있었다. 예를 들어 비야리카를 설립한 루이 디아스 멜가레호와 루이 디아스 구즈만은 비야리카를 설립하여 엔코미엔다를 불하받은 후 지금의 아르헨티나 지역 식민 도시에서

---

43) 식민지 시기 과이라 지방의 정복자들 명단은 부록을 참조.

44) 엔코미엔다는 스페인어로 '위탁'이라는 뜻을 가지고 있다. 이것은 당시 스페인이 식민지를 통치하는 하나의 사회·경제적인 제도였다. 이것은 스페인계 정복자들이 스페인 국왕으로부터 식민지의 땅과 원주민 노동력을 경영할 권한을 일정 기간 위탁받는 대신에 그 대가로 원주민들을 '문명인'으로 개화해야 할 의무를 부여받는 것을 말한다.

거주하였다. 이러한 사실로 미루어 볼 때, '토착 과이레뇨'들은 과이라 지방을 개척한 정복자들의 후손으로 구성되어 있다고 보기는 어렵다.

'토착 과이레뇨'들은 비야리카가 과이라 지방에서 현재 위치한 곳에 마지막으로 도시를 옮긴 무렵인 18세기 초부터 형성된 것으로 보인다. 그러나 삼국동맹전쟁의 영향으로 1870년 이전의 비야리카에 관한 자료는 찾아보기 힘들어 이 시기에 명확하게 어떠한 성씨와 가문들이 비야리카에 세거(世居)하기 시작했는지를 밝히기는 어렵다. 단지 유럽계 이주민들이 이주하기 이전에 비야리카에 살았던 성씨를 살펴봄으로써 '토착 과이레뇨'들의 형성 시기를 추론해 볼 수 있다.

이를 위해 1870년 삼국동맹전쟁이전부터 존재했던 대표적인 과이레뇨 성씨를 추출하였다. 향토 사학자인 그레고리오 길츠 페르난데스(Gregorio Giltz Fernández)는 1970년에 발간된 『리브로 데 오로(*Libro de Oro*)』라는 책에서 삼국동맹전쟁 이전에 비야리카에서 세거했던 전통적인 성씨 31개를 열거하였다. 이들 성씨 중에는 '큰 전쟁' 이후에 이주한 유럽계 이주민들의 성씨, 특히 스페인계 출신들과 겹치는 부분이 있어 비야리카에서 전통적으로 유명했다는 3개의 성씨를 살펴보았다.

과이레뇨 출신의 저명한 역사학자인 라미로 도밍게스(Ramiro Dominguez)와 계보학을 연구하는 우고 피가리 애플자이드(Hugo Figari Appleyade)는 아리아스(Arias)와 보르돈(Bordon), 코다스(Codas)가 비야리카를 대표하는 가장 전통적이고 오래된 가문이라고 증언하였다. 그래서 과이레뇨들은 비야리카를 대표하는 가문에 대해 언급할 때 흔히들 '아베세(ABC)'로 줄여서 말한다고 한다.

이들 성씨 중 18세기 말에 이주한 이탈리아계 성씨인 코다스가 과이레뇨의 대표적인 세 가문 안에 포함된다는 것은, 소수이지만 이미 유럽계 이주민이 과이레뇨 사회에서 입지를 다지고 있었음을 보여주고 있다. 다음은 에두아르도 코다스(Eduardo Codas)가 찾아낸 입향조인 산티아고 코다(Santiago Coda)의 유서[45])로서 코다스가 어떻게 비야리카에 세거하였는지에 관한 증거를 제공하고 있다.

> 나의 이름은 산티아고 코다(Santiago Coda)로 제노바 공화국에서 태어났다. 나의 아버지는 후안 코다이며, 나의 어머니는 파블라 삼브레이다. (중략) 나는 페트로나 레가라다 카시시모와 법적인 부부이며, 우리는 마리아 파블라와 호세 시프리아노, 호세 코스메 다미안, 마리아 에스타니스라다, 후안 바우티스타 데 벨렌, 호세파 라파에라, 마리아 에우세비아, 호세 마리아, 후아나 이노센시아, 마리아 나티비다드를 자녀로 두었다.(중략) 나의 농장은 팔마이며, 비야리카 에스피리투 산토에 있다.[46])

산티아고 코다의 유서는 그가 죽기 직전인 1843년에 작성된 것이다. 이 유서를 발견한 에두아르도 코다스는 산티아고 코다의 7대손이다. 그는 코다스의 가문에 대해서 관심이 많아 길이가 수십 미터나 되는 종이에 코다스의 가계도를 수년간에 걸쳐 제작하였다. 그에 따르면 코다스(Codas)의 원래 성은 코다(Coda)라고 하였다. 위의 유서에도 보면 그의 입향조 산티아고 코다는 성을 '코다'로 표기하고 있다. 코다라는 성이 어떻게 '코다스'로 변했는지 알 수 없으나 코다의 후손들이 비야리카에 세거하면서 자연스럽게 바뀐 것으로 보인다.

---

45) 이 유서는 산티아고 코다의 유언을 대필한 것이다.

46) 출처: 아순시온 국립아카이브(Vol. 541 S.C. Nro. 10 - A.N.A).

산티아고 코다는 1770년 제노바 공화국[47])에서 아버지인 후안 꼬다와 프랑스계 어머니인 파블라 삼브레이다 사이에서 태어났다. 그는 20대 중반에 남미에서 장사를 하기 위해 부에노스아이레스에 도착하여 정보를 수집했다고 한다. 그러나 사업이 여의치 않자 그는 제노바에서 가져온 자본을 바탕으로 비야리카에서 농장을 구입하여 운영하였다고 한다. 산티아고 코다는 과이레뇨인 페트로나 레가라다 카리시모와 결혼하여 3남 7녀를 두었다. 현재 비야리카에 사는 산티아고 코다의 후손은 총 3명으로 모두 모측이다. 에두아르도 코다스를 비롯한 부측 후손들은 아순시온과 기타 지역에 살고 있다.

코다스처럼 18세기 말~19세기 초 무렵에 정착한 이탈리아계가 비야리카를 대표하는 전통적인 세 가문에 포함된 것은 비야리카의 주요 가문들의 형성 시기가 그렇게 오래되지 않았음을 보여준다. 코다스보다 늦게 정착한 이탈리아계 데카미리(Decamilli)가 비야리카의 전통적인 가문에 속한 것은 위의 사실을 강하게 반증하고 있다.

비야리카를 계승하고 있는 전통적인 성씨와 식민시기 과이라 지방의 정복자들 성씨를 비교해보면, 정복자들의 성씨는 비야리카 전통적인 성씨 집단으로 계승되지 않았음을 알 수 있었다. 그리고 비야리카의 전통적인 성씨 집단은 18세기 후반~19세기 사이, 즉 삼국동맹전쟁이 일어나기 불과 100여 년 전에 형성된 것으로 보인다.

---

47) 이 당시에 이탈리아는 여러 나라로 분리되어 있었고, 제노바 공화국은 그중의 하나였다.

PART Ⅳ
삼국동맹전쟁과 유럽계
이민자의 유입

파라과이 사람들로부터 과이레뇨가 특별한 집단으로 인식되기 시작한 것은 유럽계 이주민들이 비야리카에 정착하면서였다. 유럽계 백인이 이주하기 이전에 과이레뇨의 주요 인종은 메스티소였다. 1870년 삼국동맹전쟁의 영향으로 과이레뇨의 수는 급감하였다. 이때 파라과이 정부는 국가재건사업을 펼쳤고, 줄어든 인구를 회복하기 위해 외국인에 관대한 이민정책을 폈다. 이 시기에 비야리카에는 철도 공사로 참여했던 이탈리아계 노동자들이 정착하였다. 그리고 철도가 개통되면서 비야리카는 물류 중심지로 성장하였고, 유럽계 이주민이 대거 유입되었다. 전쟁 후 남성이 절대적으로 부족했던 시기에 유럽계 이주민 남성들은 비야리까 거주 여성들에게 훌륭한 신랑감이었다. 특히 '토착 과이레뇨'들에게 있어서 백인은 인종적으로 선망의 대상이었다.

유럽계 이주민들과 그들의 후손은 경제와 문화적 자본을 바탕으로 비야리카의 정치 · 경제를 좌지우지하였다. 이때부터 파라과이 사람들은 비야리카를 '외국인 도시'라 부르면서 과이레뇨를 다른 인종 집단으로 구분하기 시작하였다.

상기의 내용을 바탕으로 본 장에서는 비야리카에 사는 사람들을 지칭하던 과이레뇨가 파라과이 사람들로부터 인종적으로 특별한 집단으로 인식되기 시작한 과정을 서술하고자 한다. 이를 위해 삼국동맹전쟁을 이후 과이레뇨가 어떻게 유럽계 이주민으로 재편되었는지를 과이레뇨의 인구와 성씨 분석, 유럽계 이주민의 수를 통해 분석할 것이다. 그리고 과이레뇨의 인종 구성의 변화에 따른 외부인의 인식도 함께 검토할 것이다.

1. 삼국동맹전쟁에 따른 인구감소와 사회 변화

삼국동맹전쟁은 1865년부터 1870년까지 벌어졌으며, 때로는 '큰 전쟁(Guerra Grande)'이라 불리기도 한다.[48] 이 전쟁은 브라질과 아르헨티나, 우루과이 등 삼국이 연합하여 파라과이와 전쟁을 벌였다. 그 결과 파라과이는 처참하게 패배하였고, 파라과이 사회는 큰 변화를 맞게 된다.

전쟁으로 인한 인구감소는 정부 정책에 큰 영향을 미쳤다. 전쟁이 발발하기 전 파라과이의 인구는 아르헨티나 인구와 맞먹을 정도였다. 그러나 전쟁이 끝난 1870년에는 전체 인구의 6분의 1에도 못 미치는 250,000명 정도만 남았다(Galeano, 1974). 전쟁 이후 사망자 수와 생존자 수에 관한 통계는 각 학자들마다 의견이 분분하여 서로 일치하지 않으나, 각 주장들의 공통점은 발견할 수 있다. 그 공통점은 엄청난 수의 파라과이 사람들이 죽었다는 것과 성인 남성의 생존자가 여성 생존자 수에 비해 아주 적었다는 것이다.

---

48) 이후부터는 문맥에 따라 삼국동맹전쟁과 '큰 전쟁'을 혼용해서 사용하고자 한다

아르헨티나 출신의 인류학자인 아레야노(Arellano, 2005: 39)는 전쟁 후 파라과이 인구가 전쟁 직전에 비해 약 10분의 1 정도만 남았다고 언급하고 있다. 그녀는 전체 생존자수가 221,349명이며, 그중에 아이들이 86,079명, 여성이 106,524명, 남성이 28,746명이라고 밝히고 있다. 아이들을 제외한 남·여 성비는 약 1 대 4로 전쟁 후 성비 불균형이 심각했음을 보여준다.

브라질 출신의 기자인 치아베나토(Chiavenato, 1984)는 '큰 전쟁'을 파라과이에서 일어난 대학살(genocide)로 규정하면서 전쟁에서 생존한 남성을 연령대로 구분하여 아래와 같이 분석하였다.

표 4-1. '큰 전쟁'으로 인한 학살자 수

구 분	인구수(명)	비율(백분율)
전쟁 직전의 인구	800,000	100.0000
사망자	606,000	75.7500
생존자	194,000	24.2500
여성생존자	180,000	22.500
남성생존자	14,000	1.7500
10세 미만의 남성 생존자	9,800	1.2250
20세 이하의 남성 생존자	2,100	0.2625
20세 이상의 남성 생존자	2,100	0.2625

참조: Chiavenato(1984: 170)

그는 파라과이 전체 인구의 4분의 1인 194,000명이 생존하였다고 보았다. 여기서 주목할 만한 것은 성인 남성의 생존율이다. 남성 생존자는 전체 생존자 190,000명 가운데 14,000명이며, 남·여의 성비는 약 1 대 13으로 전쟁 후 성비 불균형이 심각한 수준에 도달한 것으로 보인다. 더구나 성인이라 할 수 있는 20세 이상의 남성은 고작 2,100

명에 불과하였다.

전쟁으로 인한 인구감소는 비야리카도 예외일 수 없었다. 비야리카 출신의 향토사학자인 프랑코(Franco, 2003: 281)는 '큰 전쟁'이 끝난 후 비야리카에 약 550명의 주민만이 남았다고 밝히고 있다. 충격적인 것은 대다수의 생존자가 아이와 여성, 그리고 노인들이었다는 것이다.

'큰 전쟁'으로 인한 과이레뇨의 사망자 수는 정확히 알 수 없다. 그러나 1799년도에 조사된 파라과이의 인구 자료는 '큰 전쟁'이 일어나기 직전의 인구를 추측할 수 있다. 아르헨티나의 역사학자인 마에데르(Maeder, 1975: 67~68)에 따르면, 그 당시 비야리카의 인구는 2,956명이었고, 파라과이 전체 인구는 108,070명이었다. 앞서 본 것처럼 '큰 전쟁'이 일어날 당시 파라과이 인구는 학자마다 그 편차가 심하지만 약 100만 명 정도로 추산할 수 있다. 그렇다면 파라과이 인구는 약 70년 사이에 약 10배가량의 인구가 증가한 것이 된다. 이것을 비야리카에 적용하면 '큰 전쟁'이 일어날 당시 비야리카의 주민은 약 3만 명에 육박할 것으로 보인다. 이런 결과를 토대로 계산한다면 과이레뇨의 생존자 비율은 60분의 1이다. 이는 파라과이의 평균적인 생존율에 비해서 엄청나게 낮은 수치이다. 과이레뇨의 생존율이 턱없이 낮은 이유는 비야리카 인근에서 큰 전투가 많이 벌어져 대다수의 주민이 전쟁에 차출되어 사망했기 때문으로 보인다.

과이레뇨의 엄청난 전쟁 사망률은 비야리카의 유일한 학교였던 에스쿠엘라 라 파트리아(Escuela la Patria)의 학생들이 참가한 전쟁 일화를 통해서도 짐작할 수 있다. '큰 전쟁'이 막바지에 이르렀을 무렵인 1869년 8월 12일, 이 학교의 교사였던 페르민 로페스(Fermín López)와 그의 학생들은 비야리카에서 약 50여 ㎞ 떨어진 피리베부으(Piribebuy) 전투에 참가하여 모두 전사했다고 한다.

과이레뇨들은 파라과이의 다른 지역과 마찬가지로 '큰 전쟁'으로 인한 인구 감소와 성비 불균형을 겪었지만, 그 정도가 더 심하였다. 이는 과이레뇨가 외부인의 유입을 쉽게 받아들인 원인이 되었고, 이로 인해 과이레뇨의 인종 변화를 가져왔다.

2. 유럽계 이주민의 유입에 따른 인종 변화

1) 도시정비와 유럽계 이주민의 유입

삼국동맹국의 관리 하에 파라과이 과도 정부[49]는 전쟁으로 황폐화된 행정체계를 정비하기 위해, 수도인 아순시온을 시작으로 주요 도시에 경제 · 행정 위원회[50]를 설립하였다. 1871년에는 6개의 지방 거점 도시를 선정하여 경제 · 행정 위원회를 전국적으로 확대하였다. 그 여섯 도시에는 비야리카, 람바레, 엥카르나시온, 루께, 콘셉시온, 주트가 포함되었다.

정부와 각 지방의 행정조직들은 흩어진 주민들을 거점도시에 집중시키고 복구하는 데 온 힘을 기울여야 했다. 그러나 엄청난 수의 전쟁 사망자는 사회를 재건하는 데 있어 큰 걸림돌로 작용했다. 인구의 대다수가 노동 생산력이 떨어지는 여성과 아이들이 차지하고 있었다

---

49) 과도정부는 전쟁이 막바지에 이르렀을 무렵인 1869년 아르헨티나와 브라질 정부의 허가 아래 시릴로 리바로라, 카를로스 로이사가, 호세 베도자에 의해 구성되었다. 전쟁이 끝난 그 이듬해 시릴로 리바로라를 수반으로 한 정부가 출범되었다.

50) 경제 행정 위원회(Junta Economico-Administrativa)는 시의회의 모태가 된다.

는 점은 국가 체계를 정비하는 데 큰 어려움을 겪게 한 요인이었다. 이를 해결하기 위해 주민을 거점 도시로 모으고 인구를 늘리는 것이 파라과이 정부의 최우선과제가 되었다.

다음 문서는 국회가 수도와 비야리카를 포함한 지방 거점도시의 경제·행정위원회에 보낸 지침서로서 도시를 복구하고 정비하기 위한 정부의 노력이 잘 드러난다.[51]

Ley del 28 de Mayo 1872[52]
(1872년 5월 25일)

Del Senado y Cámara de Diputado del la Nación Reunidas en Congreso Sancionan en Valor y Fuerza del Ley
(국회의 상·하의원으로부터)

Act 1° A todo los individuos nacionales y extranjeros que soliciten terreno para edificar casas en los pueblos, de la campaña el gobierno cederá gratis los terrenos fiscales en la forma que establece en la punte ley.
(제1조 지방정부는 법률에 의거하여 각 마을에 집을 짓기 위해 땅을 청구하는 모든 내국인과 외국인에게 무상으로 토지를 제공한다.)

Act 2° Los terreno de que trata artículo anterior son los comprendidos hasta setecientos cicuenta varas de radio medidos de la Capilla de cada pueblo hasta los cuatro viento cardinales.
(제2조 앞의 조항에서 다룬 토지는 각 마을의 성당을 기준으로 동서남북으로 750바라[53]까지로 한정한다.)

---

51) 출처: 비야리카 시청 문서보관소(1872년 수령 공문).

52) 이 문서는 국회가 1872년 5월 28일 비야리카의 경제·행정위원회로 보낸 것으로 비야리카 시청 문서자료실에 보관되어 있다. 문서는 총 12항으로 구성되어 있다. 생략된 3조부터 11조는 2조의 내용과 관련하여 도시 정비의 구체적인 지침이 기록되어 있다. 그 내용은 정방형 도로의 너비, 도로에 둘러싸인 주거지의 규모, 주거지 내에 들어설 집의 입지와 규격 및 재질, 우물의 수와 위치가 상세히 나열되어 있다. 마지막 12조는 상기 내용에 대해 준수하라는 내용이다.

53) 1바라(vara)는 0.425m이다. 따라서 750바라는 318.75m이다. 사방 750바라는 비야리카 시의 센트로 면적과 일치한다. 비야리카시의 중심인 센트로는 이 당시부터 모습을 갖춰 나간 것이다. 센트로를 시작으로 그 이후에 바리오들이 생겨나면서 지금의 비야리카 시가 되었다.

내·외국인에게 동일한 조건으로 땅을 제공한 것은 전쟁으로 피해 받은 내국인의 거주를 활성화하고 외국인의 정착을 도와 인구를 늘리기 위한 시도이다. 그러나 법의 세부 조항을 살펴보면 전쟁의 고통에서 막 벗어난 대다수의 파라과이 사람들이 거금을 들여 위의 규정에 맞는 집을 건축한다는 것은 불가능하였다. 결과적으로 토지를 무상으로 증여받아 상기의 거주 규정에 의거하여 건축을 할 수 있었던 사람들은 승전국 사람들과 유럽계 이주민, 그리고 어느 정도 부를 지닌 파라과이 사람들이었다.

특히 전쟁 중 파라과이에 주둔하였던 승전국의 군인과 주민들 가운데 일부는 종전 후에도 상기의 정책에 의하여 파라과이 정부의 지원을 받아 정착하였다. 이들은 토지를 무상으로 불하받거나 싼값에 매입하여 농장을 일구었다. 한 사례로서 아르헨티나에서 온 카를로스 카사도(Carlos Casado) 가족은 차코 지방에 750만 헥타르의 대지에 케브라초(Quebracho) 대농장을 세워 오늘날까지 막대한 이익을 취하고 있다(Arellano, 2005: 39). 이와 같은 대농장은 주로 승전국의 국경과 인접한 지역에 분포하였으며, 여전히 그 후손들이 농장을 소유하고 있는 경우가 허다하다.

> 전쟁이 끝난 뒤 아르헨티나의 코리엔테스에서 많은 사람들이 파라과이로 넘어왔다. 약 2,000명 정도의 코리엔테스 사람들이 파라과이의 미시온(Misión) 지역에 정착하였다. 며칠전에 미시온 지역에 살고 있는 친구가 나에게 말하기로는 코리엔테스 출신들끼리 곧 축제를 열 것이라 했다. 그는 "어림잡아 6,000명의 코리엔테스 출신들 축제에 참가할 것 이다"라고 말했다. 그리고 축제에서 송아지 30마리를 잡아 아사도(Asado)를 할 것이라고 어제 나에게 말했다.
> 레이날도 알데레테(Reinaldo Alderete, 74세)

코리엔테스(Corrientes)는 파라과이의 남쪽 국경과 맞닿은 지역이다. 레이날도의 증언을 보면, 코리엔테스 사람들은 전쟁 후 아르헨티나와 지리적으로 가까운 미션지역에 이주하여 여전히 그 명맥을 유지하고 있다. 그 일부는 알데레테 가문처럼 미시온보다 북쪽에 위치한 카아사파와 비야리카에도 정착하였다.

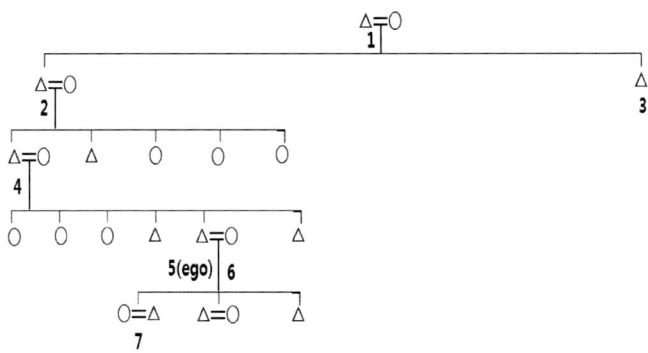

1. 디에고(Diego) 2. 페드로(Pedro) 3. 로그로뇨(Logroño) 4. 훌리오(Julio)
5. 레이날도(Reinaldo) 6. 블랑카 구지아리(Blanca Guggiari) 7. 페데리코(Federico)

도표 4-1. 알데레테 가문의 계보도

레이날도 알데레테(Reinaldo Aldelete)는 비야리카에 정착한 대표적인 코리엔테스 출신 가운데 한 명이다. 알데레테 가문의 입향조는 레이날도의 증조부인 디에고 알데레테(Diego Alderete)이다. 디에고는 '큰 전쟁'이 막 끝난 1870년대 초반에 비야리카에 정착하였다. 그는 비야리카에서 동쪽으로 약 10㎞에 떨어진 으브트루수 산 일대의 거의 모든 땅을 소유하였다고 한다. 디에고는 두 아들을 두었는데 장남은 증언자의 조부인 페드로(Pedro)이며, 차남은 로고로뇨(Logroño)이다. 로그로뇨는 비야리카에서 아순시온 쪽으로 약 1시간 30분 정도 떨어진 산 호세(San José)에 대농장을 마련하여 분가하였다. 산 호세에 있는 알데레테는 홍색당 지지자들로 그 후손 호세 알베르토(Jose Alberto)는 국회의장을 역임하였고, 2008년 홍색당 대통령 후보 경선에 출마하였다.

페드로는 아버지의 대농장을 기반으로 비야리카에서 상업에 종사하였고 오캄포(Ocampo)와 스페니치(Spezzini) 가문과 더불어 비야리카의 3대 거상 가문을 이루었다 한다. 이러한 부를 이어받은 레이날도는 비야리카의 경제발전위원회장을 역임하였다. 그는 '골수 자유당' 지지자인 구지아리(Guggiari) 가문의 딸인 블랑카(Blanca)와 혼인하였다. 구지아리 가문의 영향으로 그의 아들인 페데리코(Federico)는 자유당 정치인으로 활동하고 있으며 비야리카 시장54)을 역임하였다.

이 무렵 승전국 주민들 이외의 다수의 유럽계 이주민들도 비야리카에 정착하기 시작하였는데, 이들은 주로 상인들이었다. 이들의 대부분은 장사와 교역을 위해 아르헨티나에 일정 기간 머물렀다가 파라과이에 관한 정보를 듣고 이주하였다.

지역유지들에 의해 결성된 파라과이의 첫 사교친목조직인 '포르베니르 과이레뇨'의 창립구성원들을 살펴보면, 이때 유럽계 이주민들이 비야리카 지역사회에서 어느 정도 입지를 다졌음을 알 수 있다. '포르베니르 과이레뇨'의 창립 구성원들은 모두 스물일곱 명으로 같은 성씨가 중복되는 다섯 명을 제외하면 총 스물두 개의 성씨로 추려낼수 있다. '토착 성씨'는 17개이고 '유럽계 이주민 성씨'는 5개이다.

---

54) 페데리코는 필자가 현지조사를 할 당시에 시장을 역임하였고, 2011년에 임기가 만료되었다.

표 4-2. 포르베니르 과이레뇨 창립 구성원들의 성씨

구 분	성 씨	비 고
토착 성씨	Codas, Decamilli	이탈리아계
	Arias, Ortiz, López, Bordon, Martínez, Echauri, Rodas, Gorostiaga, Dominguez, Fernández, Toralez, Lataza, Maldonado, Aranda, Cabral	스페인계
비토착 성씨	Papaluca	그리스계
	Cohler	독일계
	Guggiari, Spezzini, Pettirossi	이탈리아계

'토착 성씨'와 '비토착 성씨'의 구분은 '큰 전쟁'을 기점으로 나눈 것이다. '토착 성씨'는 '큰 전쟁' 이전부터 존재했던 성씨를 말하며, '비토착 성씨'는 '큰 전쟁' 이후에 유입된 사람들의 성씨를 가르킨다. '토착 성씨'의 명단에서 아리아스와 보르돈, 코다스는 18세기부터 비야리카에 살았던 오래된 성씨에 속한다. 이탈리아계인 코다스와 테카미리는 '큰 전쟁' 이전인 18~19세기 무렵 이탈리아로부터 이주하였다. 소수이긴 하지만 '큰 전쟁' 이전에 이미 이탈리아계들이 비야리카에서 '터줏대감'으로 자리 잡고 있었다는 것은 다른 유럽계 이주민들이 비야리카에 정착하는 데 유리하였다. 이는 '큰 전쟁' 이후 이주한 유럽계 성씨들 불과 10여 년이라는 짧은 기간 안에 지역 유지로 성장하여 포르베니르 과이레뇨의 창립 구성원으로 가입한 것만 보아도 잘 알 수 있다.

창립 구성원들 중에서 5개 유럽계 성씨의 국적 분포는 이탈리아계가 셋, 독일계가 하나, 그리스계가 하나이다. 수치상으로 '토착 성씨'에 비해 '유럽계 이주민의 성씨' 비율이 낮지만, '큰 전쟁' 후 10여 년이라는 짧은 기간 동안에 다섯 성씨가 사교모임의 창립회원으로 가입했다는 자체가 비야리카에서 이민자들의 위상이 상당한 수준에 도달했음을 보여주고 있다. 특히 포르베니르 과이레뇨의 초대 회장이 독일계 이주민이라는 것도 이러한 정황을 증명한다.

유럽계 이주민들은 대자본을 바탕으로 각 업종과 사회 전반에서 선구적인 활동을 전개하였다. 초대 회장인 독일계 콜레르는 비야리카에서 처음으로 서점과 문구점을 열었다. 이탈리아계인 구지아리와 에스페치니는 대농장과 잡화점을 소유하였다. 페티로시는 대농장을 소유하였고, 그 가문에서 라틴아메리리카 최초의 비행사가 배출되었다. 그리스계인 파파루까는 아바노식55)의 담배 공장을 처음으로 비야리카에 설립하였다.

이 다섯 유럽계 가문들 중에 이탈리아에서 이주한 구지아리(Guggiari) 형제들은 비야리카를 대표하는 가문으로 성장한 경우이다. 구지아리는 이탈리아와 스위스 국경부근에 살던 가문이다. 구지아리 3형제는 남미에서 사업을 하기 위해 고향에서 마련한 스위스 자본을 가지고 아르헨티나의 부에노스아이레스에 도착하였다. 그들은 아르헨티나로부터 수입된 유럽의 제품들을 파라과이에서 팔기 위해 1870년대에 비야리카에 '구지아리 형제(Hermano Guggiari)'라는 이름의 잡화점을 열었다. 그 후에는 수출입 상품을 모두 취급하였다. 다음은 구지아리 가문의 가계도이다.

---

55) 아바노(Habano)식 담배는 쿠바산 시가를 말한다.

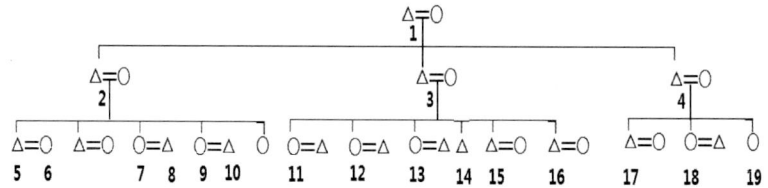

1. 페드로(Pedro) 2. 페드로(Pedro) 3. 아구스틴(Agustín) 4. 호세(José) 5. 호세 파트리시오(José Patricio) 6. 브루노(Bruno) 7. 에르미나(Hermina) 8. 도밍고(Domingo) 9. 클로틸데(Clotilde) 10. 페드로(Pedro) 11. 벨렌(Belén) 12. 아벨리나(Abelina) 13. 소피아(Sofía) 14. 라울(Raúl) 15. 라몬(Ramón) 16. 모데스토(Modesto) 17. 레오니시오(Leonicio) 18. 프란시스카(Francisca) 19. 콘스탄시아(Constancia)

도표 4-2. 구지아리(Guggiari) 가문의 가계도

가계도에서 보이는 1세대는 비야리카에 정착한 구지아리 3형제의 부모들로서 라틴아메리카로 이주하지 않고 이탈리아와 국경을 마주하고 있는 스위스에서 거주하였다. 스위스에서 비야리카로 이주한 구지아리는 바로 2세대의 3형제들이다. 2세대의 왼쪽에서부터 첫째가 페드로이며 둘째가 아구스틴, 셋째가 호세이다. 다른 형제들은 고향에 남고 이 세 명의 형제만이 비야리카로 이주하였다.[56]

첫째인 페드로는 비야리카에서 페트로나 코르니글리오니(Petrona Corniglioni)와 결혼하였다. 이들 부부는 슬하에 차례대로 2명의 아들과 3명의 딸을 두었다. 첫째 아들인 호세 파트리시오는 1904년 자유당이 정권을 잡을 때 가담하여 정부의 행정관으로 일을 시작하였다. 1913년에는 하원의원에 당선되었고, 1918년에는 국회의장에 당선되었다. 1920년에는 내무부 장관으로 임명되었고, 1928년부터 4년간 대통령을 역임하였다. 1932년 차코 전쟁의 발발과 함께 대통령직에서 물러났으며, 그 후 '47년 내전'으로 인해 아르헨티나의 부에노스아이

---

56) 비야리카에 있는 구지아리의 후손들은 비야리카에 입향한 구지아리 3형제 이외의 형제가 누구였으며, 몇 명이 고향에 남았는지 알지 못하였다.

레스로 망명을 떠나 돌아오지 않았다. 둘째 아들인 브루노는 조각가로 아순시온의 시장을 역임하였고, 아순시온에 있는 과이레뇨들의 모임인 '센트로 과이레뇨'를 주도적으로 이끌었다. 그는 비야리카 시 입구에 있는 루이 디아스 멜가레호의 동상을 조각하였다. 셋째인 에르미나와 넷째인 클로틸데는 그녀들의 남자 사촌과 결혼하였다. 에르미나는 도밍고와 결혼하였고, 클로틸데는 페드로와 결혼하였다. 에르미나와 클로틸데의 사촌인 도밍고와 페드로는 비야리카에 정착한 3형제 이외에 이탈리아에 남아 있던 구지아리 형제들의 아들이다. 이 둘은 비야리카에 이주한 구지아리 3형제, 즉 세 명의 삼촌의 권유로 비야리카에 이주하였다. 호세 도밍고와 페드로는 구지아리의 3형제의 조카로서 명목상 '구지아리 형제' 사업을 돕기 위해서 1900년대 초에 비야리카로 왔다고 한다. 그러나 구지아리 3형제가 두 명의 조카를 비야리카로 부른 이유는 자유당 일을 맡기기 위해서였다. 두 명의 조카는 페드로의 딸들과 결혼하여 자유당 세력을 확장하기 위해 콘셉시온으로 이주하게 된다.

구지아리 3형제의 둘째인 아구스틴은 슬하에 딸 셋과 아들 셋을 두었다. 첫째는 벨렌이며 둘째는 아벨리나, 셋째는 소피아, 넷째는 라울, 다섯째는 라몬, 여섯째는 모데스토이다. 이들 중 넷째인 아들 라울은 1911년 자유당이 일으킨 혁명에 연루되어 일찍 죽었다. 그리고 다섯째인 아들 라몬은 '47년 내전'에 혁명군으로 참여하였고, 내전이 끝난 후 아르헨티나 부에노스아이레스로 망명을 떠났다.

구지아리 3형제의 셋째인 호세는 에우헤니오 보가도(Eugenio Bogado)와 혼인하였고 슬하에 1남 2녀를 두었다. 아들은 장남인 레오니시오와 두 딸인 프란시스카와 콘스탄시아를 두었다. 호세는 여러 명의 첩을 두었고 그 슬하에 6명의 자녀57)를 더 두었다. 호세의 자녀들은 페드로와 아우구스틴의 자녀들과 달리 비야리카에서 '구지아리 형제'라는 가게를 이어받아 사업을 하였다. 현재 비야리카 시장인 페데리코 알데레테 구지아리(Federico Alderete Guggiari)의 어머니가 호세의 손녀이다.

구지아리가 비야리카에서 대표적인 성씨가 된 것은 유럽계 이주민들 중 가장 오래된 성씨이기 때문이기도 하지만 과이레뇨로 표상되는 자유당(Partido Liberal)을 이끈 주역으로 대통령과 시장, 상·하원의원 등 수많은 정치인을 배출했기 때문이다. 현재 구지아리 가문에서 부계 혈통은 구지아리 형제의 셋째인 호세의 증손자로 시청에서 기획재정관으로 일하고 있는 카를로스 루벤(Carlos Rubén)과 그의 어린 아들인 카를로스 아구스틴(Carlos Agustín)이 유일하다. '47년 내전'과 '5월 14일 운동'의 영향으로 대부분의 구지아리 후손들은 아순시온과 아르헨티나의 부에노스아이레스에 거주하고 있다.

2) 철도건설에 따른 유럽계 노동자들의 정착

'큰 전쟁' 후, 유럽계 이주민들이 비야리카에 정착하기 시작했으나 그 수가 '토착 과이레뇨'에 비하면 일부에 불과하였다. 더구나 이들은 거상이거나 대농장 지주로서 폐쇄적이었으며, 주로 상류층 과이레뇨와 어울리거나 유럽계 이주민끼리 어울렸다. 앞서 본 구지아리 가문의 경우 호세의 두 딸이 토착 과이레뇨와 결혼하지 않고 그들의 사촌

---

57) 호세와 첩 사이에서 태어난 6명의 자녀는 상기의 계보도에 표기하지 않았다.

과 결혼한 것을 보아도 잘 알 수 있다. 유럽계 이주민들이 지역사회에서 수적으로 늘어나고 '토착 과이레뇨'들과 혈통적으로 섞이기 시작한 때는 파라과리(Paraguari)와 비야리카 간의 철도 노선 건설이 끝날 무렵이었다.

파라과이에서 철도가 처음으로 건설된 것은 1857년이었다.[58] 당시 통치자였던 카를로스 안토니오 로페스(Carlos Antonio López)는 1854년에 영국에서 유학한 그의 두 아들과 영국의 기술자들을 데려와 철도 건설을 준비하였다. 철도 건설에는 정부의 기술 고문이었던 존 화이트헤드(John Whitehead)와 조지 패디슨(George Paddison), 조지 톰슨(George Thompson), 에빌 부르넬(Evil Burnell), 헨리 발피(Henry Valpy)의 지휘 아래 파라과이 공병대가 노동력으로 투입되었으며 유럽에서 유학한 파라과이 청년들도 참여하였다. 1857년 6월 제철소와 아순시온항 간의 철도 노선이 처음으로 개통되었고, 1859년에는 아순시온에 중앙역이 건설되었다. 1864년 10월에는 파라과리(Paraguari)까지 철도가 개통되었다. 원래 철도 건설 계획은 파라과이 수도인 아순시온(Asunción)에서 비야리카(Villarrica)까지였으나, 1865년에 '큰 전쟁'이 발발하면서 백지화되었다. 철도 노선 건설이 재개된 것은 '큰 전쟁'이 끝난 10여 년 뒤에 이루어졌다.

파라과이 정부는 전쟁으로 파괴된 철도 노선을 복구하기 위해 브라질로부터 20,000달러를 차관하였다. 전쟁 배상금과 전후 복구비용으로 재정난에 허덕이던 파라과이 정부는 차관을 갚지 못해 1,000,000페소(peso)에 철도 운영권 매각을 시도하였다. 정부는 1877년 3월 27일 이

---

58) 라틴아메리카에서 국가별로 철도가 도입된 순서는 쿠바(1831년), 멕시코(1834년), 칠레(1850년), 파라과이(1857년), 아르헨티나(1857년) 순이다.

탈리아인으로 아르헨티나 점령군의 일원으로 참가한 루이스 파트리(Luis Patri)가 경영하는 트라바소 파트리 회사(Travasso Patri y Cia)에 철도 운영권을 매각하였다. 매각 조건은 전쟁으로 건설하지 못한 파라과리와 비야리카 구간의 건설이었다. 트리바소 파트리 회사가 10년이 지나도록 매각조건을 이행하지 못하자 1886년 1월 10일 베르나르디노 카바예로(Bernardino Caballero) 정부는 트리바소 파트리 회사로부터 철도 운영권을 1,200,000페소에 매입하여 행정부의 주도하에 파라과리와 비야리카 구간 공사를 재개하였다.

그러나 전쟁으로 인한 파라과이 정부의 만성적인 재정 적자문제는 철도 운영을 어렵게 하였다. 특히 영국 자본이 남아메리카 내륙의 지배권을 확대하기 위해 파라과이 철도 운영권 매입에 열을 올리고 있던 차에 파트리시오 에스코바르(Patricio Escobar) 정부는 아순시온과 비야리카 구간의 철도 운영권 판매를 결정하였다. 영국 측은 기예르모 스튜어트(Guillermo Stewart)[59]를 통해 철도 운영권에 대한 권한을 위임받고 파라과이 철도협회(Ferrocarril Central del Paraguay)를 창설하였다. 파라과이 철도협회는 1889년 2월 5일 영국에 회사 등록을 마친 후 1889년 6월 12일 철도 운영권을 인수하였다. 이미 아르헨티나와 우루과이의 경제를 좌지우지하고 있던 영국은 파라과이의 철도 노선에 대한 권리를 장악함으로써 파라과이에 산재한 자원을 확보할 근거를 마련하였다.[60] 이 무렵 파라과리와 비야리카의 철도 노선이 완공되었고, 1889년 12월 처음으로 철도가 운행되었다. 앞서 언급했

---

59) 기예르모 스튜어트는 영국 태생으로 1858년에 파라과이로 이주하였다. 그는 파라과이의 통치자였던 안토니오 로페스와 그의 아들 프란시스코 로페스의 주치의였다.

60) 에두아르도 갈레아노는 영국의 자본에 의해 '큰 전쟁'이 일어났다고 분석하고 있다.

다시피 '큰 전쟁'으로 인한 성인 남성의 감소는 노동력 부족을 초래하였고, 이로 인해 노동력을 외부에서 구해야 했다. 이탈리아계 사람으로 철도 공사에 참여한 페드로 보지노(Pedro Boggino)의 아들인 루이스 보지노(Luis Boggino)의 증언에 따르면, 많은 외국인 노동자들이 파라과리와 비야리카 구간의 철도 공사에 참여한 것을 알 수 있다.

> 나의 아버지는 이탈리아 사람이다. 당시에 이탈리아는 너무 가난했다고 한다. 1880년대에 아버지가 너무 가난해서 파라과이에 왔다. 여기서(비야리카) 철도 공사를 했다. 1870년대 전쟁 끝나고 파라과이에 남자가 없어 영국회사에서 외국인 노동자를 많이 데려왔다. 당시에는 '나무 몽둥이'를 사용하여 철도를 놓았다. 그때 아르헨티나에 온 이탈리아 사람들은 돈을 벌어서 다시 이탈리아로 가는 것이 목표였다. 그래 많은 이탈리아의 젊은이들이 철도 공사에 참여했다.
>
> 루이스 보지노(Luis Boggino, 82세)

루이스에 따르면 200~300명가량의 철도 관련 외국인 노동자가 파라과리와 비야리카 철도 노선 건설에 투입되었다고 한다. 소수의 영국계와 독일계 사람을 제외한 철도 관련 외국인 노동자들의 대다수는 루이스의 아버지와 같은 이탈리아계 사람들이었다. 철도 건설을 전후하여 이탈리아계 이민자들이 비야리카에 정착한 증거는 다음의 문서에서 잘 드러난다.[61]

---

61) 출처: 비야리카 시청 문서보관소.

비야리카 1888년 11월 29일

시장님께

엘레우테리오 히메네스(Eleuterio Giménez)

기혼이며 이웃인 이탈리아 국적의 후안 팜부티(Juan Fambuti)가 자격을 갖고 정중하게 요청한다.

공화국의 헌법에서 특히 1872년 5월 25일 법령 6조에 의거하여 시청 소유의 대지를 청구한다. 그는 아래에서 설명하는 곳 근처의 20년 된 집에서 살고 있다. 그의 집은 정면에서 대략 비야리카 거리 방향의 12월 15일 광장에서 1,000바라 떨어진 곳에 있다. 청구자의 거주지에서 80바라 떨어진 지점에 으쿠아-앙과[62]라 불리는 샘이 있으며, 북쪽으로 60바라 떨어진 곳에 펠파 오레고(Felpa Orrego) 여사가 거주하고 있다.

요청자는 위에서 설명한 토지를 청구하며, 관련 문서는 세르데 후스티나 그라우 람베르토(Cerde Justina Grau Lamberto)가 준비하고 있다.

같은 날 오후 4시에 비서에게 전달됨.

접수

리벨리(Livelli)

이 문서는 이탈리아계인 후안 팜부티가 1888년 11월 29일 시청소유의 토지를 청구한 것이다. 엘레우테리오 히메네스는 스페인어를 쓸 수 없는 후안 팜부티를 대신하여 대필한 사람이다. 문서의 내용을 보면, 그는 1872년 제정된 법령에서 외국인 정착을 위한 토지 무료 제공 조항에 의거하여 그가 살고 있던 시청소유의 땅을 청구하였다. 이 문서는 내·외국인을 차별하지 않았던 정부의 이민 정책이 실효성을 거두고 있음을 증명하고 있다. 특히 이 업무의 담당자가 이탈리아계 인 리벨리라는 것은 이미 이탈리아계 이민자들이 비야리카에 성공적으로 정착했음을 보여준다.[63] 이들 중 몇 명이 비야리카에 정착했는

---

62) Ycuá-Anguá(donde sale el agua)는 과라니어로서 물이 나오는 곳, 즉 샘을 말한다.

지 정확히 알 수 없으나 당시 이탈리아계 이민자들의 명단을 통해 그 수를 추측할 수 있다.

비야리카에서 철물점을 운영하고 있는 베르톨로(Bertolo) 씨의 어머니는 1987년에 직접 비야리카에 정착한 이탈리아계 이주민의 명단을 조사하였다. 다음은 비야리카에 정착한 이탈리아 이주민 명단이다.

표 4-3. 이탈리아 이주민의 성씨

Bianchi	Lombardi
Camperi	Giovanelli
Boggino	Simonelli
Vachetta	Juan Grasi
Fussini	Balvieri
Paoli	Olivio
Ciotti	Gallati
Verdechia	Nicolichea
Ferrari	Brambilla
Distacio	Pedotti
Belua	Spezzini
Battochhi	Cerfolio
Manzoni	Garelli
Sixto	Broggini
Montalbetti	Barbatto
Belilenzier	Benturini
Faraone	Massuli
Davit	Octavio
Rivelli	Pompa
Brunato	Claridge
Rufinelli	Burzio
Levi	Nardelli

---

63) 위의 문서와 문서를 설명한 내용은 '구경모, 2010a, 이민과 위생 정책을 통해 본 근대도시의 형성: 파라과이 비야리카시의 사례'를 인용한 것임을 밝혀둔다.

Virgili	Marmori
Civio	Bertolo
Ruggero	Vezzeti
Mastrassi	Luiggi

출처: 베르톨로 보가도(Bertolo Bogado).

 이탈리아 이주민 명단을 조사한 베르톨로의 어머니는 이들의 이주 시기를 한 세기로 잡고 있지만, 이들은 1870년 '큰 전쟁' 이후에 비야 리카로 들어온 사람들이다. 이 성씨 명단에 표기된 사람들은 주로 철 도 노동자로서 비야리카에 정착한 사람들이다. 이 성씨 명단에는 포 르베니르 과이레뇨의 창립 구성원에 포함된 3개의 이탈리아계 성씨 중에서 '에스페치니'만 포함되어 있다. 구지아리가 빠진 것은 명단을 작성한 사람들이 구지아리를 '완전한' 이탈리아계로 인식하지 않았 기 때문으로 보인다. 앞서 살펴보았듯이 구지아리는 이탈리아 국경 근처의 스위스 출신이기 때문이다. 그래서 과이레뇨들은 구지아리를 스위스·이탈리아계로 인식한다. 페티로시는 그의 후손들이 비야리 카에 없기 때문에 누락된 것으로 보인다. 이 성씨 명단에는 이탈리아 이주민들의 성씨가 54개가 있지만 철도공사가 시작된 후 약 100년이 지나서 조사되었다는 점에서 더 많은 수의 이탈리아계 사람들이 정 착한 것으로 보인다. 게다가 다른 도시나 아르헨티나, 이탈리아로 떠 난 사람들의 수까지 포함한다면 더 많았을 것이다. 이 성씨 명단에서 는 철도 건설 노동자로 온 피치오타(Pichiota)와 1900년대 이후에 정 착한 셀라노(Celano)와 트라베르시(Traverssi), 스카보네(Scavone), 스 카로네(Scarone), 오래전에 비야리카를 떠나 명단에서 누락된 페티로 시와 같은 성씨를 포함하면 이탈리아계 이주민 성씨는 약 70여 개에

이를 것으로 보인다. 현재도 이탈리아계 후손들의 모임은 지속되고 있으며, 비야리카에서 그 세력이 탄탄하게 유지되고 있다.

철도 건설과 관련하여 적지 않은 노동자들이 정착한 것은 비야리카가 철도 건설의 마지막 공사지였고, 이미 몇몇의 이탈리아인들과 유럽계 사람들이 이미 지역사회에 기반을 잡고 있어 정착에 유리했기 때문이다. 또한 이들은 혈혈단신으로 온 경우가 많아 '토착 과이레뇨'들과의 혼인을 통하여 지역사회에 머무는 사례가 빈번하였다. 물론 구지아리와 같은 가문은 근친상간을 감수하면서까지 배타적으로 혼인을 한 경우도 있지만 대부분의 유럽계 이주민들은 '토착 과이레뇨'와의 혼인을 꺼리지는 않았다. 특히 지역적 기반이 있는 '토착 과이레뇨'와의 혼인은 유럽계 이주 노동자들이 비야리카에 정착할 수 있는 기반을 마련할 수 있는 좋은 기회가 되었다. 이는 보지노 가문도 마찬가지였다.

> 아버지가 외롭다고 그의 친구인 후안(Juán)에게 처녀를 소개해 달라고 부탁하였다. 그러자 후안은 소개시켜 줄 사촌이 있다고 말했다. 아버지의 친구는 이타페(Itape)에 있는 성당으로 아버지를 데려가 그의 사촌인 루피나 두아르테(Rufina Duarte)를 소개해줬고, 아버지가 그 처녀를 마음에 들어 했다. 그리고 아버지는 곧장 처녀의 어머니인 바르바라(Bárbara)에게 가서 당신의 딸과 결혼 하고 싶다고 이야기했다고 한다. 그러자 외조모(바르바라)는 그녀의 어머니인 세바스티아나(Sevastiana)와 상의해야 한다고 아버지에게 말했다고 한다. 외조모는 그녀의 어머니에게 한 청년(루이스의 아버지)이 나의 딸과 결혼하고 싶어 한다고 전했다. 그러자 세바스티아나가 청년을 한 번 만나보고 싶다고 했고, 만난 뒤 그 청년이 괜찮아 보인다고 외조모에게 이야기를 했다. 세바스티아나가 외조모에게 말하기를 "이 청년은 일을 하고 있어 양식 걱정은 하지 않아도 될 것 같다"라며 마음에 들어 했다고 한다. 왜냐하면 그때는 전쟁이

막 끝난 상태여서 남아 있는 것이 없었다. 모두들 굶주리고 있어 양식이 중요하였다. 그래서 세바스티아나는 아버지와 어머니의 결혼을 허락했다. 그 당시 어머니는 아주 어려서 아버지와 스무 살 이상 차이가 났다.

루이스 보지노(Luis Boggino, 82세)

페드로 보지노와 결혼한 두아르테(Duarte) 가문은 비야리카에서 '지역 유지'에 속하였다. 두아르테는 비야리카에서 북쪽으로 약 7㎞ 정도 떨어진 디스트리토인 보카자트(Mbocayaty)에 대토지를 소유하면서 성장한 가문이다. 루피나 두아르테 가족은 비야리카의 외곽지에 속하는 카로베니(Caroveni)에 토지를 소유하고 있었다. 그래서 페드로는 처가인 카로베니에 정착하여 농장을 경영하면서 벽돌 공장을 열었다.

전쟁 직후에 남자가 부족한 상태에서 '토착 과이레뇨'들에게 유럽계 이주 노동자들은 상당히 매력적인 신랑감이었다. 비록 그들이 유럽에서는 가난한 사람들일지라도 비야리카 주민들에 있어 그들은 선진 문물을 체득한 '앞선 사람들'이었다. 체질적 측면에서도 하얀 피부와 푸른 눈을 가진 유럽계 백인과의 혼인은 메스티소(Mestizo)인 '토착 과이레뇨'들에게 있어 선망의 대상이었다. 이러한 점에서 나이도 어리고 지역에서 경제적 기반이 있는 가문의 딸인 루피나 두아르테(Rufina Duarte)는 증언자의 아버지인 페드로가 재혼임에도 불구하고 별 무리 없이 결혼을 하였다.

이렇게 유럽계 이주 노동자들은 지역 유지에 속하는 '토착 과이레뇨'와의 혼인을 통해 비야리카에서 유력한 집단으로 성장한다. 페드로는 14명의 자녀를 두었는데 모두들 전문직에 종사하거나 농장을 경영하고 있다. 그의 자녀들 중에 일곱째인 후안(Juán)은 의사이자 문학가로서 비야리카를 대표하는 지식인에 속하여 그의 이름을 딴 거리가 비야리카에 있다. 열두째인 피에리나(Fierrina)는 교육부 차관을 역임하였다. 제보자인 루이스(Luis)는 농업 교사로서 많은 나이에도 불구하고 현재 주청사 농업과 고문으로 자리하고 있다. 보지노처럼 '토착 과이레뇨'와의 혼인을 통해 비야리카에서 유력한 가문으로 성장한 성씨는 캄페리(Camperi), 몬탈베티(Montalvetti), 루제로(Ruggero), 바토치(Vatochi), 루피넬리(Ruffinelli), 베르데치아(Verdechia), 파올리(Paoli), 바체타(Vachetta) 등이 있다.

3) 철도 개통과 유럽계 이주민의 물결

비야리카에 유럽계 이주민들이 정착한 것은 비단 지리적 조건에 의한 것만은 아니었다. 비야리카에는 이미 다수 유럽계 이주민들이 사회적 기반을 확보한 상태여서 새로이 이주하는 유럽계 백인들이 적응하기에 유리하였다. 이민자들은 앞선 기술력과 자본을 바탕으로 비야리카의 상공업을 이끌었으며, 그 경제력과 유럽계 백인이라는 이미지를 바탕으로 정치, 문화, 예술 분야를 선도하였다.

비야리카시 중심부에서 남서쪽으로 1.5㎞ 떨어진 곳의 철도역 주변에는 아르헨티나와 파라과이 각지에서 온 물건들과 사람들, 그와 관련된 상인과 유동인구가 증가함에 따라 에스타시온이라는 새로운 바리오가 형성되었다. 물류수송이 용이한 바리오 에스타시온에는 유럽계 이주민들이 설립한 다양한 공장들이 들어섰다. 그중 대표적인 곳이 헝가리계 유대인 하코보 프리에드만(Jacobo Friedman)이 설립한 설탕 공장이 있었다.

> 나의 할아버지인 하코보 프리에드만은 오스트리아 출신인 엠마 헬만과 헝가리에서 결혼했다. 그들이 살았던 마을 이름이 프리에드 만이었다. 하코보는 거기서 설탕공장과 제분소를 운영했다. 하코보 와 엠마 헬마는 슬하에 8명의 자녀를 두었다. 8명의 자녀는 알베르 토, 에곤, 이레네, 올가, 에르네스토, 에디드(Ediht), 에우헤니오, 아 랑카이다. 100년 전의 일이라 누가 맏이인지 막내인지는 모르겠다. 그들은 제1차 세계 대전에 일어나기 전에 아르헨티나로 왔다. 아르 헨티나에 아주 조금 머물렀다. 약 일주일 부에노스아이레스에 머무 르는 동안 파라과이에 금이 있다는 소문을 듣고 곧바로 파라과이 로 왔다. 그때가 1905년이었다. 파라과이에서 식용유(올레오) 공장 과 얼음, 탄산음료 공장을 운영했다. 그 후에 파라과이에서 처음으 로 알코올 공장을 카라과타으(Caraguatay)에서 만들었다. 그 당시에 파라과이에서는 알코올이 생산되지 않았다. 1910년 프리에드만 가 족들은 비야리카의 바리오 에스타시온에 설탕공장과 알코올 공장 을 설립하여 지금까지 운영하고 있다. 그 당시 비야리카는 모든 물 류가 거치는 부유한 도시였기 때문에 할아버지 가족들이 여기에 정착하였다.
>
> 알프레도 프리에드만(Alfredo Friedman, 80세)

프리에드만 가문은 비야리카에 철도가 개통된 이후 이주한 대표적 인 유럽계 성씨로 유대인으로서는 처음으로 비야리카에 정착하였다. 프리에드만 가문과 그 이후에 비야리카에 정착한 유대인들은 제1차 세계 대전을 전후로 하여 급변하던 유럽을 떠나 부와 자유를 찾아 남 미 경제의 중심이었던 아르헨티나를 거쳐 파라과이로 이주하였다. 하 코보 프리에드만은 다른 유럽계 이주민들처럼 자신의 고향에서 축적 한 기술과 자본을 바탕으로 제조업에 진출하였다. 설탕공장과 알코올 공장은 파라과이에서 처음 설립된 것으로, 이를 바탕으로 프리에드만 가문은 비야리카에서 가장 유력한 성씨집단으로 성장하였다.

설탕공장 이외에 빵과 국수, 비누공장이 레바논계 출신의 이주민인 무시(Mussi)와 히랄라(Girala) 가문에 의해 설립되었다. 원래 두 가문은 무시 히랄라(Mussi Girala)의 자손들로서 모두 히랄라를 성씨로 가지고 있었으나, 비야리카에 입향한 시몬 무시(Simon Mussi)에 의해 분리되었다. 아랍인들은 두 개의 이름을 가지는데 첫 번째는 자신의 이름이고 두 번째 이름은 자신의 아버지 이름에서 가져온다. 즉 시몬은 자신의 이름이고 무시는 시몬의 아버지 이름인 것이다. 무시가 히랄라에서 분리되어 새로운 성씨가 된 것은 시몬 무시의 서툰 스페인어 실력 때문이었다. 시몬이 비야리카에 도착했을 무렵 스페인어에 능숙하지 못하여 자신을 소개할 때 시몬 히랄라가 아닌 시몬 무시로 말하였고, 이에 사람들은 시몬을 이름으로, 무시를 성으로 착각하였다. 그 이후에 시몬 무시의 3형제들이 비야리카에 정착하였고, 이들은 모두 무시 가문으로 인식되었다.

무시 가문이 비야리카에서 세(勢)를 형성했을 무렵 무시 형제의 막내 여동생인 하스민의 세 아들은 시몬을 비롯한 외삼촌들의 초청으로 비야리카로 이주하였다. 여동생 하스민의 남편은 만술 히랄라(Manzul Girala)로 그들은 사촌간이었다. 부부의 세 아들은 비야리카에 정착하면서 그들의 원래 성씨인 히랄라를 사용하였고, 이때부터 시몬의 형제들과 세 조카들이 각각 무시와 히랄라로 나누어졌다. 다음은 무시와 히랄라 가문의 가계도이다. 2세대의 시몬과 그의 형제들(아래 계보도의 2, 3, 4, 5)은 무시 가문이며, 여형제 부부의 자녀들(아래 계보도의 8, 9, 10, 11)은 히랄라 가문이다.

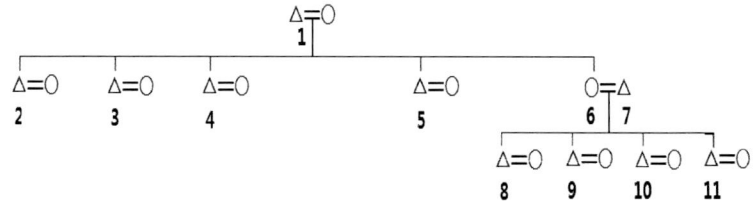

1. 무시 히랄라(Mussi Girala) 2. 시몬 무시(Simon Mussi) 3. 호세 무시(José Mussi) 4. 다비드 무시(David Mussi) 5. 페데리꼬 무시(Federico Mussi) 6. 하스민 무시 히랄라(Jasmin Mussi Girala) 7. 만술 히랄라(Manzul Girala) 8. 아사드 히랄라(Asad Girala) 9. 살린 히랄라(Salin Girala) 10. 밀레드 히랄라(Miled Girala) 11. 아드마 히랄라(Adma Girala)

도표 4-3. 무시(Mussi)와 히랄라(Girala) 가문의 가계도

위의 가계도의 1세대는 무시 히랄라와 그의 아내인 에르스티나 사아박(Erstina Saabac)이다. 이들 부부의 네 아들이 레바논을 떠난 것은 마론파[64) 기독교인과 이슬람교도 간의 갈등 때문이었다. 오스만 투르크제국의 이슬람 세력으로부터 박해를 피해 마론교도들은 미국과 호주, 아프리카, 남아메리카로 이주하였다. 히랄라 가문이 살고 있던 엘벤타인(Elventain)은 산악지대에 위치한 마론교도들의 집단거주지로, 무시 히랄라의 4명의 아들은 이곳의 주민들과 함께 1890년경에 이슬람교도들의 탄압을 피해 배를 타고 부에노스아이레스에 도착하였다. 이들은 마을에서 모은 기금을 통해 이주를 했으며, 그 자본을 바탕으로 아르헨티나와 브라질, 파라과이로 흩어져 정착하였다.

무시 히랄라의 큰아들인 시몬 무시는 파라과이 국경과 인접한 아르헨티나의 코리엔테스에 정착하였고, 그곳에서 프랑스계 이주민인 엘리사 쿠초날과 혼인하였다. 그 당시 시몬 무시의 장인은 비야리카에 상점과 대농장을 가지고 있었고, 장인과 함께 일을 하기 위해 1892년 시

---

64) 마론파는 동방정교회에 소속된 한 종파로 레바논에서 가장 유력한 종교 집단의 하나이다. 세계적으로 마론파는 150만 명으로 추산되며, 레바논에만 85만 명이 있다.

몬 무시는 그의 부인과 비야리카로 이주하였다. 시몬 무시가 비야리카에 성공적으로 정착하면서 그의 동생들과 조카들이 차례대로 비야리카에 이주하였다. 페데리코 무시는 1900년에 비야리카에 정착하였고, 몇 년 뒤에 다비드 무시가 아르헨티나의 멘도사에서 비야리카로 이주하였다. 마지막으로 호세 무시가 정착하였다. 시몬 무시의 조카들은 그들의 형제들이 정착한 지 약 10여 년 뒤에 비야리카로 이주하였다.

시몬 무시는 비누공장을 경영하였고, 그 동생인 호세 무시와 다비드 무시는 아르헨티나로부터 천을 수입하여 판매하였다. 다비드 무시의 손자인 훌리오 무시는 여전히 비야리카 중심가에서 포목점을 운영하고 있다. 페데리코 무시는 결혼 후 사망하였다. 무시 가문의 조카인 아사드 히랄라와 살린 히랄라는 빵 공장과 국수 공장을 경영하였고, 밀레드 히랄라는 포도 농장을 운영하면서 1940년경에 비야리카에서 캄페리(Camperi), 지에볼트(Siebolds), 보지노(Boggino)와 함께 처음으로 포도주 공장을 열었다. 무시 히랄라가 운영하던 공장은 1960년대 철도가 폐쇄되면서 문을 닫았다. 현재 비야리카에 살고 있는 무시 가문과 히랄라 가문의 후손들은 주로 상업에 종사하고 있으며, 의사, 수의사, 선생님, 시인, 시의원 등 전문직과 정치인으로 활약하고 있기도 하다.

유럽계 이주민들은 공장 이외에도 교육과 의료, 상업, 건축 등 다양한 분야에서 두각을 보였다. 다음 표는 대표적인 유럽계 이주민의 직업별 분포이다.

표 4-4. 유럽계 이주민들의 직업군

직업군	유럽계 이주민
교육	발도메오 델 페레요(Baldomeo del Perelló), 루이스 페르난데스 프레스텔(Luis Fernández Prestel), 니콜라스 사르디(Nicolas Sardi)
의료	후안 길츠(Juán Glizt), 보트렐(Bottrell), 산토스 카니야스(Santos Canillas), 알프레도 브리스키(Alfredo Briskhi), 메리노 레제스(Merino Reyes), 칼스 시에라(Kals Sierra), 찰레스 차세(Charles Chase)
건축	다비드 브로지니(David Broggini), 후안 롬바르디(Juan Lombardi), 페드로 보지노(Pedro Boggino)
언론	루페르토 갈린도(Ruperto Galindo), 엔리케 트라베르시(Enrique Traversi), 후안 길츠(Juan Glizt), 델핀 차모로(Delfin Chamorro), 카를로스 챠세(Carlos Chase), 프란시스코 루피네리(Farancisco Ruffinelli)
식물학자	호르헤 발란사(Jorge Balanza)
담배공장	안토니오 파팔루까(Antonio Papaluca)
주점	세실리오 보네데르(Cecilio Boneder)
채굴·광산	비센테 사푸토비치(Vicente Saputovich)
과수농업	시에볼스(Siebols), 페드로 보지노(Pedro Boggino), 마아옥스(Maaox)
기술자	레돈도(Redondo), 라파룰라(Laparula), 감바(Gamba), 페라리(Ferarri), 에레테르(Heréter)
잡화점	루피네리(Ruffinelli), 알바레스(Alvarez), 마스뜨라치(Mastrazzi), 구지아리(Guggiari), 에이센레오르(Eisenlehor), 스카나타(Skanata), 늄베르(Número), 무시(Mussi), 부사르키스(Buzarquis), 보이그(Voig), 브람비야(Brambilla), 사푸토비치(Zaputovich), 리비에치(Riviezzi), 레딘(Redín), 모자(Moya), 베르데치아(Berdecchia)

출처: Glizt, 1970, *Libro de Oro: IV Centenrio de Villarrica*.

교육 부분에서는 발도메오 델 페레요가 공식고등교육기관이 부족하던 당시에 개인적으로 청소년들을 위한 학교를 운영하였다. 루이스 페르난데스 프레스텔은 1890년에 설립된 국립고등학교장을 처음으로 역임하였다. 니콜라스 사르디는 자연 과학을 가르쳤다.

1900년대 초반 비야리카에는 많은 의사들이 아르헨티나에서 이주하였다. 특히 폐를 전문으로 하는 내과의사가 많이 있었다고 한다. 그 대표적인 의사가 바로 후안 길츠와 보트렐, 카니야스였다. 폐 질환 전문의사가 많았던 것은 비야리카가 공기가 좋아서 폐와 관련된 환자들이 많았기 때문이다. 남미에서는 코르도바와 비야리카가 폐를 치료하는 데 가장 좋은 곳으로 각광받았다고 한다. 내과의사 이외에도 알프레도 브리스키와 메리노 레제스, 칼스 시에라는 치과 의사로 유명했으며, 칼레스 차세는 비야리카에서 처음으로 약국을 열었다. 그 후로 쿠초날과 부사르스키도 약국을 운영하였다.

건축 부분은 시청과 대성당을 건축한 이탈리아계 이주민인 다비드 브로지니, 후안 롬바르디가 있다. 이들은 시청과 대성당 이외에 비야리카의 주요한 건물을 설계하고 건축하였다. 페드로 보지노는 비야리카에서 처음으로 벽돌 공장을 시작하였다. 그 이후에 많은 유럽계 이주민들이 벽돌 공장을 시작했다고 한다. 그의 벽돌이 쓰인 대표적인 건물은 으바로트에 있는 프란시스코 성당이 있다.

언론 부분에서는 루페르토 갈린도가 처음으로 인쇄소를 시작하면서 신문이 간행되기 시작하였다. 델핀 차모로는 수도가 아닌 지방에서 최초로 '엘 과이라(El Guairá)'라는 신문을 1901년에 발간하였다. 그 후에 후안 길츠는 '리브레(Libre)'라는 신문을 1902년 8월 2일에 창간하였고, 카를로스 차세는 '라 베르다드(La Verdad)'를 1904년에 발간하였다. 프란시스코 루피네리는 1910년 국립고등학생들과 함께 '엘 데스페르타르(El Despertar)'를 간행하였다. 라디오 방송은 엔리케 트라베르시가 비야리카에서 처음 시작하였다. 그는 이탈리아계 이주민인 프란시스코 트라베르시의 아들로서 1930년에 라디오에 대해서 공부를 하였다. 1944년에 비야리카에 라디오 방송을 시작하였고, 5년 뒤에 '라디오 과이라(Radio Guairá)'라는 라디오 방송국을 설립하였다.

이 외에도 호르헤 발란사는 영국에서 온 식물학자로 페티 그란인[65]을 추출하는 공장을 만들어 수출하였다. 안토니오 파팔루까(Antonio

Papaluca)는 아바노식 담배를 처음으로 만들기 시작하였다. 세실리오 보네델은 주점을 경영하였고, 페르난도 파가노는 얼음을 제조하였다. 비센테 사푸토비치는 광산을 개발하였다. 독일계 시에볼스는 보지노, 마아옥스와 함께 바나나와 포도 등의 과수를 도입하여 농장을 경영하였다. 후안 롬바르디(Juán Lombardi)는 호텔을 경영하였고, 레돈도와 라파루라, 감바, 페라리, 에레테르는 기술자들이었다.

'큰 전쟁' 후, 비야리카에서 다양한 분야의 상업이 성장할 수 있었던 것은 철도의 영향이 가장 크다. 철도를 통한 교역의 증가로 비야리카 시청 앞의 시장 주변은 각종 상점과 호텔로 가득 찼으며, 철도역 근처에는 설탕, 포도주, 국수, 빵, 비누공장 등이 들어섰다. 물론 이와 같은 교역의 중심에는 아르헨티나와 우루과이를 거쳐 이주한 유럽계 이민자들이 있었다.

앞서 언급했다시피 유럽계 이주민의 대부분은 남성 혼자서 왔으며, 부부가 같이 온 경우는 매우 드물었다. 간혹 남자 형제 중 한 명이 먼저 도착해 현지에 적응한 후 그들의 형제를 초대하는 경우는 있었다. 이들은 '토착 과이레뇨'와의 혼인을 통해 비야리카에서 중심세력으로 성장하였다. 보지노의 사례처럼 유럽계 백인남성은 체질적, 경제적 측면에서 '토착 과이레뇨'들이 선호하는 신랑감이었다. 특히 철도 개통 후 이주한 유럽계 백인들은 의사, 건축가, 식물학자 등 전문직 종사자나 상당한 자본을 가진 상인들의 경우는 '토착 과이레뇨'들 중 유명한 가문들과 혼맥을 맺었다. '토착 과이레뇨'들은 유럽계 이주민과의 결합으로 인종적, 관념적인 측면에서 유럽인의 후손이라는 인식

---

65) 페티 그라인(pettit grain)은 오렌지 잎에서 추출한 진액이다.

을 갖게 되었고, 이것이 파라과이 사람들로부터 과이레뇨가 특별한 집단이라는 인식을 가지게 하였다.

이러한 성향은 지금도 지속되고 있다. 이미 유럽계 이주민의 후손들이 3세대까지 내려왔지만 그들은 여전히 유럽계 성씨를 가지고 있다는 것에 대해 자부심을 가지고 있다. 이들은 자신이 성씨가 이탈리아계인지, 독일계인지, 다른 유럽계인지를 확실하게 인지하고 있으며 그것을 드러내는 것을 자랑스러워한다. 파라과이는 성명이 두 개의 이름과 두 개의 성, 즉 아버지와 어머니의 성으로 구성되어 있는데, 보통 자신을 소개할 때면 이름이 너무 길어 자신의 첫 번째 이름과 아버지의 성을 말한다. 그러나 아버지 성이 유럽계가 아니고 어머니 성이 유럽계인 사람들은 어머니의 성으로 자신을 소개한다.

3. '외국인 도시'로서의 비야리카

파라과이 사람들이 과이레뇨들을 특수한 집단으로 인식하기 시작한 것은 유럽계 이주민과 큰 관련이 있다. 그 이전의 과이레뇨는 단순히 비야리카에 사는 사람들을 뜻하는 말이었으나, 유럽계 이주민의 유입 이후 그러한 시각은 변화되었다.

유럽계 이주민들은 '큰 전쟁'이 끝나고 아르헨티나와 철도노선이 개통된 1900년대 초반 무렵에 비야리카로 급속히 유입되었다. 비야리카의 향토사학자인 프랑코(Franco, 1984: 9~12)는 1870년과 1930년경 사이에 비야리카에 정착한 유럽계 이주민의 성씨를 조사하였다. 그는 조사 결과에서 총 212개의 성씨가 비야리카에 정착했다고 밝히고 있다. 다음은 그가 조사한 성씨를 국적별로 재분류한 것이다.

표 4-5. 비야리카에 정착한 유럽계 이주민들의 성씨

국적	성씨
프랑스계	Brouchon, Balanza, Gautier, Naville, Rivet, Couchonnal, Poisson, Spezzini
우루과이계	Glizt, Civils, Galindo, Casañas, Arrascaeta, Alvariza, Fontanella, Mármol, Perdomo
영국계	Bottrell, Taylor, Morgan, Riot, Canninhngaan, Cadogann
아르헨티나계	Cantilo, Cariboni, Ruiz, Vico, Peña, Scarone, Rodríguez, Soza, Trulls, Prado, Trespalié, Real, Amadeo, Lagos, Figún
스페인계	Canillas, Prestel, Perelló, Alvarez, Gómez, Rodín, Redondo, Rodríguez, Vélez, Pagano, Herrero, Fernández, Heréter, Martín, Quintana
이탈리아계	Martín, Broggini, Galli, Ruffinelli, Levi, Raviezzi, Vaccheta, Sonetti, Bellenzier, Volte, Bizzosero, Trallversi, Ghezzi, Verdecchia, Mastrazzi, Pettirossi, Boggino, Lombardi, Pirotta, Camperi, Bertolo, Laparula, Pichiota, Rivelli, Filipo, Faraone, Pompa, Brabilla, Fiori, Skanata, Vezzetti, Montalvetti, Barbieri, Paganetti, Lubiani, Sonetti, Manzoni, Barbieri, Pirrota
미국계	Harrison, Chase, Davidson, Briks
독일계	Von Wald, Voig, Nill, Clebsch, Salmahnn, Fett, Ghere, Arens, Number, Storm, Klanner, Siébols, Strubing, Mohor, Eiselhor, Heim, Cohler
오스트리아－헝가리계	Vicente, Cristóbal, Miljan, Zaputovich, Khon, Friedman
스위스계	Guggiari, Gamba
핀란드계	Solbheri
그리스계	Papalucá, Boneder, Apostalaquis
벨기에계	Maaox, Servio, Tilcich
호주계	Briskhi
레바논계	Mussi, Girala, Haiter, Fadul, Buzarquis, Ray, Yaryes
브라질계	Canto, Viera
칠레계	Reyes
페루계	Sierra
국적 미확인	Bieber, Holl, Moreira, Bregains, Garcia, Cordero, Maffei, Pretel, Silvin, Citris, Perepa, Goncalvez, Gliz, Wemdling, Perez, Arrasgaeta, Cantilo, Peña, Sosa, Prado, Amadeo, Real, Figun, Prestel, Canata, Canilla, Pagano, Alvarez, Martin, Sardi, Boltes, Number, Mohor, Eiselhor, Jose ,Nace,r Rabi, Briskhi, Boneder, Noce, Beltran, Pratte, Riera, Sovert, Milgan, Weimbert, Berni, Mico, Ayala, Dreise, Devegue, Vasconsellos, Tornaria, Vaquero, Constans, Roberto Reibuart, Angus, Pafaur, Faradella, Meza, Oca, Vico, Laturrete, Ahumada, Macias, Mainer, Pons, Daney, Yale

출처: Franco, 1984.

프랑코의 자료에는 국적별로 분류되어 있지 않아, 본 연구자가 주요 제보자와의 인터뷰를 통해 국적을 확인하였다. 212개의 성씨들 중 142개의 성씨는 국적별로 분류가 되었고, 나머지 70개 성씨의 국적은 미확인되었다. 더불어 프랑코가 쓴 책에서 발견되지 않는 성씨인 에스카보네와 크로아티아계인 시술(Sisul) 등 상당히 유명한 성씨가 빠진 것이 조사과정에서 확인되어 실제로는 이보다 더 많은 수의 유럽계 성씨들이 존재했던 것으로 보인다. 성씨 조사는 성이 같은 형제와 친척들은 누락되어 있다. 이들을 합산한다면 훨씬 많은 수의 유럽계 이민자가 비야리카로 유입된 것으로 보인다.

1935년 비야리카의 인구는 총 9,576명이었다. 단순하게 계산해서 212개의 성씨가 각각 하나의 가족이라고 추정한다면, 총 4인 가족을 기준으로 848명의 유럽계 이주민과 후손들이 살았다는 결과가 나온다. 그러나 이 당시에는 한 가족이 4인 이상으로 구성된 가정이 훨씬 많았다. 그리고 '큰 전쟁' 이후에는 남자가 부족하여 대부분의 유럽계 남성들이 다수의 부인과 첩을 두었기 때문에 유럽계 이주민과 그의 후손의 비율은 훨씬 많았을 것으로 추정된다. 뿐만 아니라 유럽계 이주민들은 1870년대부터 꾸준히 이주하였고, 1935년은 유럽계 이주민 3세대가 있을 무렵이다. 이렇게 본다면 실제로 과이레뇨들 중에서 유럽계 이주민의 피가 섞이지 않은 사람들은 거의 없었을 것으로 보인다. 다음 증언은 현재도 유럽계 이민자들의 후손들의 명맥이 그대로 이어져 오고 있는 것을 보여준다.

  도청이나 시청에 일하는 사람들 중에 유럽계 피가 안 섞인 사람들이 없어요. 여기에(도청) 일하는 사람들 쭉 둘러보세요. 이 사람들 중에서 아버지나 어머니 중 어느 한쪽은 외국인이지요. 저만 빼고 말이에요.

구스타보(Gustavo, 34세)

증언자가 말한 것은 정말 일하고 있는 사람들의 아버지나 어머니가 외국인이라는 뜻은 아니라 유럽계 이민자 후손이라는 것을 표현한 것이다. 도청이나 시청에서 일하는 사람들 중 대부분은 이탈리아나 스페인, 독일,[66] 기타 유럽계 성씨를 가지고 있다. 유럽계 이주민이 많았다는 것은 비야리카에 다양한 국적의 영사관이 있었다는 것으로 잘 알 수 있다. 스페인 영사관과 문화원은 여전히 비야리카에 남아 있으며, 지금은 없지만 20세기 중반까지 이탈리아와 독일 영사관이 비야리카에 있었다.

그리고 그중에서 이탈리아계 이주민들은 그 수와 사회활동에서 있어서 다른 유럽계 성씨들보다 두드러지고 있다. 비야리카에서 이탈리아계 이주민들의 모임은 유럽계 이주민이 봇물 터지듯이 몰려든 20세기 초반부터 시작된 것으로 보인다. 다음은 당시에 이탈리아계 이민자들이 모임이 있었음을 보여주는 사진으로 본 연구의 주요 제보자인 루이스 보지노의 누나인 길레르미나(Guillermina) 보지노가 소장하고 있던 것이다.

---

66) 독일계 이주민은 비야리카에서 동쪽으로 약 15㎞ 떨어진 인데펜덴시아에 많이 살고 있다. 인덴펜덴시아는 1919년에 설립된 디스트리토이다. 독일계 이주민들은 주로 포도주를 생산했으나, 남미경제공동체인 메르코수르(MERCOSUR)가 1995년에 결성된 후 값싼 아르헨티나 포도주가 수입되어 포도주 생산이 많이 쇠퇴한 상태이다.

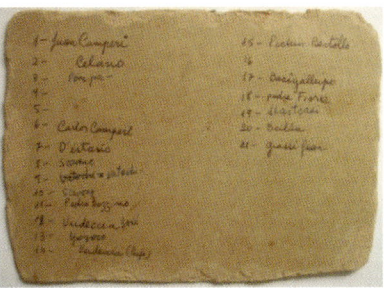

사진 4-1. 이탈리아 이주민 모임 사진   사진 4-2. 사진 뒷면에 기재된 명단

'사진 4-1'의 총 21명의 이탈리아인과 "1922년 9월 22일을 기억하며-비야리카"라는 문구에서 20세기 초 무렵에 비야리카에서 이탈리아인들의 모임이 활발했음을 알 수 있다. 사진의 중앙에 이탈리아 신부가 있는 것을 보면 일회적인 모임이 아니라 정기적으로 모여 간단한 예배와 함께 모임이 진행된 것으로 보인다. '사진 4-2'는 소장자인 길레르미나가 자신의 기억을 토대로 사진 속의 인물의 이름을 순서대로 적어 놓은 것이다. 소장자는 사진 속 인물의 이름을 표시하기 위해 푸른색 펜으로 왼쪽 가장자리 사람을 1번으로 시작하여 오른편 가장자리에 앉아 있는 사람까지 번호를 매겨놓았다.[67]

사진의 명단과 앞서 살펴본 베르톨로 어머니가 작성한 이탈리아인 명단과 중복되는 성씨들은 캄페리 디스타시오, 바토치, 보지노, 베르데치아, 루제로, 베르톨로, 마스트라시, 벨루아, 그라시가 있으며, 중복되지 않은 성씨는 셀라노, 에스카로네, 비치갈예르포, 피오레가 있

---

67) 소장자가 매긴 번호와 이름은 다음과 같다. 1. 후안 캄페리(Juán Camperi), 2 셀라노(Celano), 3. 폼파(Pompa), 6. 카를로스 캄페리(Carlos Camperi), 7. 디스타시오(Distacio), 8. 에스카로네(Scarone), 9. 바토치(Vatochi), 10. 에스카보네(Scavone), 11. 페드로 보지노(Pedro Boggino), 12. 호세 베르데치아(José Verdechia), 13. 루제로(Ruggero), 14. 베르데치아의 아들(Verdechia hijo), 15. 피친 베르톨로(Pichin Bertolo), 17. 바치갈예르포(Bacigallerpo), 18. 피오레 신부(Pader Fiore), 19. 마스트라시(Mastrasi), 20. 벨루아(Belúa), 21. 후안 그라시(Juán Grassi)이다. 4번과 5번, 16번은 소장자가 이름을 미기입하였다.

다. 중복되지 않은 성씨들은 비야리카에 철도가 개통된 후에 이주한 사람들이다.

사진의 소장자인 길레르미나는 어렸을 적에 이들이 모여서 사회주의와 관련된 노래를 부르고 구호를 외쳤다고 이야기하였다. 그 증언을 토대로 봤을 때 이 모임은 단순한 친목 도모를 넘어 어떤 정치적 성향을 띠고 있었던 것으로 보인다. 길레르미나는 본 연구자가 녹음하는 것을 모른 채 증언한 후 매우 놀라더니 그녀가 이야기한 부분을 삭제하라고 요구하였다. 그녀의 과민 반응은 과이레뇨들의 정치적 피해 의식을 보여주는 사례라 할 수 있겠다.

이러한 이탈리아 이주민의 모임은 해체와 반복을 거듭하면서 1987년 베르톨로의 어머니가 이탈리아인 이주민 명단을 작성하면서 다시 모였고, 그 후로 모임이 결성되지 않다가 파라과이에 있는 이탈리아 이주민에 대한 조사를 이탈리아 대사관에서 실시하면서 그 사업의 일환으로 몇 년 전부터 비야리카에 이탈리아 후손들의 모임이 재결성되었다.

이탈리아 이주민들의 모임뿐만 아니라 독일계 이주민들의 사교 모임도 있었다. 루이스 보지노의 동거녀인 74세의 에디트 지에볼트(Edit Siebold)는 사교모임을 하던 당시 사용했던 현악기를 보여주면서 그녀가 어렸을 적에 매달 독일인들의 모임이 있었다고 증언하였다. 사교 모임이 있는 날에는 20~30여 명의 사람들이 음식을 나누고 춤과 노래를 불렀다고 한다.

이렇게 비야리카에 정착한 외국인의 수와 활동이 활발해진 20세기 초·중반 무렵부터 파라과이 사람들은 과이레뇨를 유럽계 이주민 집단으로 인식하기 시작하였다. 이 시기 비야리카에는 정치적으로 자유당 세력들이 주를 이루고 있었다. 이 세력에는 구지아리를 비롯한 유럽계 이주민들이 주축이 되었다. 특히 많은 자유당 출신의 유명 인사가 배출된 구지아리 가문은 비야리카에서도 '골수' 자유당 집단이라고 한다. 그 대표적인 구지아리 가문의 인사는 1928년부터 1932년까지 4년 동안 대통령을 지낸 호세 파트리시오(José Patricio)이다. 그는 비야리카에 정착한 구지아리 가문의 3형제 중에 첫째인 페드로(Pedro)의 장남이었다. 그는 대통령직에서 물러난 뒤 '47 내전'에 연루되어 파라과이를 떠나 아르헨티나에서 세상을 떠났다. 페드로의 둘째 아들인 브루노(Bruno)는 그의 형인 호세 파트리시오가 대통령을 했던 1928년에 아순시온의 시장을 역임하였다. 브루노는 아순시온의 과이레뇨들의 모임인 '센트로 과이레뇨'를 1945년에 결성하여 정치적으로 비야리카를 지원하였다. 페드로의 두 딸인 에르미나(Hermina), 프레데빈다(Fredevinda)와 결혼한―페페와 도밍고[68]는 콘셉시온에서 각각 상·하의원으로 활동하였다. 이러한 내용을 증언했던 마리아 레갈(María Legal)[69]은 이들이 사촌 간에 근친혼을 한 것은 자유당 활동을 서로 잘 이해하고 도울 수 있었기 때문이라고 증언하였다. 당시의 유럽계 이주민들이 '토착 과이레뇨'와 혼인하는 것이 관례인 데 반하여 근친혼을 하면서까지 자유당 활동을 전개한 것은 구지아리가 과이레뇨의 대표적인 가문이자 자유당을 표상하는 가문으로 인식된 원인이기도 하다.

---

68) 페페의 본명은 페드로이나, 삼촌의 이름과 혼동되어서 그의 애칭으로 쓰고자 한다. 페페와 도밍고는 비야리카에 이주한 3형제의 조카들이다.

69) 마리아 레갈은 비야리카에 이주한 구지아리 3형제의 셋째인 호세(José) 손자의 부인이다. 그녀는 올해 87세로 비야리카에 거주하고 있다. 그의 아들은 비야리카 시청에서 국장으로 근무하고 있으며 유일하게 비야리카에 남아 있는 구지아리의 부계 혈족이다.

이 당시는 구지아리뿐만 아니라 대부분의 유럽계 이주민들이 자유당을 지지하였다. 반면 그의 아버지가 이 시기에 홍색당 활동을 했다고 한 페피토 알데레테(Pepito Alderete)에 따르면, 1940년경에 유럽계 이주민들 중 홍색당을 지지한 유럽계 성씨는 호주에서 이주한 카도간(Cadogan)과 이탈리아계인 베르데치아(Verdecchia)뿐이었다고 한다.

이렇게 대다수의 유럽계 이주민들이 자유당을 지지한 것은 1904년에 자유당이 집권 세력인 홍색당을 몰아내고 정권을 잡은 것도 큰 요인으로 작용하였다. 외국인들은 그들이 사업을 위해 그들을 보호해줄 정치 세력이 필요했고, 사상적·시기적인 측면에서 유럽계 이주민들이 정치적으로 의지하기에 적절했던 자유당의 집권은 더 많은 외국인을 비야리카로 불러들인 원인이 되었다.

이 당시 비야리카는 경제적 수준과 규모가 파라과이에서 아순시온 다음으로 컸기 때문에, 정치적으로 반대편이었던 홍색당에게 있어 비야리카는 수도 이상으로 중요한 곳이었다. 이러한 이유에서 홍색당의 정치인들은 비야리카에서 정치활동을 하기 위해 끊임없이 노력하였다.

다음은 이 시기에 홍색당의 조직원이 정치 세력을 키우기 위해 비야리카에 들어오는 과정에서 느낀 과이레뇨에 대한 이미지를 증언한 것이다. 그녀의 증언은 그 당시 비야리카에 대한 파라과이 사람들의 인식을 잘 보여준다.

연구자: 여기에(비야리카) 외국인들이 많았는가?
증언자: 철도가 건설된 후로 아주 번성하여 비야리카를 '피르마 데 엑스트란헤라(Firma de la Extranjera)'라 불렀다.
연구자: 왜 여기가 '피르마 데 엑스트란헤라'로 불렸나?
증언자: 여기를 '피르마 데 엑스트란헤라'이라 불렀던 것은 다른

나라에서 온 외국인들이 여기의 주인이었기 때문이다. 여
기에 이민자들이 많았는데 대부분이 이탈리아인이었다.
그리고 영국인과 프랑스인, 독일인, 아랍인도 있었다.
아우로라 멜가레호(Aurora Melgarejo), 84세

'큰 전쟁' 이전에 과이레뇨는 아순시온에 사는 사람들을 '아순세
뇨'라고 말하는 것처럼 단순히 지역에 사는 사람을 뜻하는 말이었다.
이는 서울에 사는 사람을 '서울사람'이라 부르고 부산에 사는 사람을
'부산사람'이라고 부르는 것과 같은 맥락이다. '외국인의 땅'이라는
의미의 '피르마 데 엑스트라헤라'는 외국인이 아니면 비야리카에 들
어가 살기 어렵다는 점을 파라과이 사람들이 우회적으로 표현한 것
이다. 이것은 파라과이 사람들이 비야리카에 사는 사람을 그들과 다
른 인종 집단으로 범주화했다는 사실을 보여주며, 더불어 파라과이
사람들이 이 시기부터 과이레뇨들을 타자화하기 시작했다는 것을 알
수 있다.

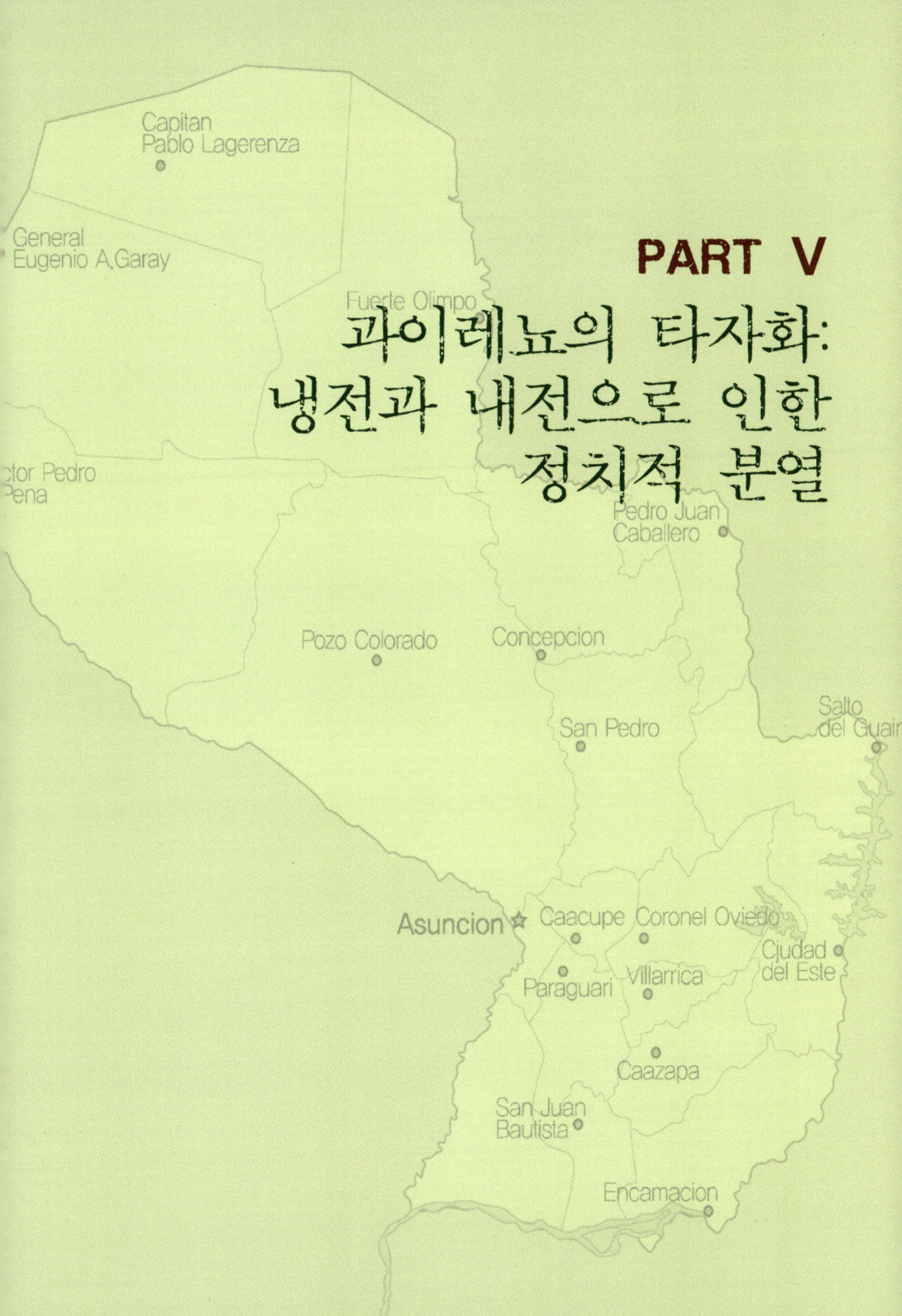

PART V

과이레뇨의 타자화:
냉전과 내전으로 인한
정치적 분열

앞선 장에서 보았듯이 비야리카에 사는 사람들을 의미하던 과이레뇨는 유럽계 이주민의 유입에 따라 점차 특별한 사람들로 비춰졌다. 대다수의 국민이 메스티소인 파라과이에서 과이레뇨는 이국적인 집단이라는 인식이 생겨났고 그 결과 비야리카는 '외국인 도시'로 불리기 시작했다. 하지만 과이레뇨가 특수한 집단으로 인식된 것은 인종적 요인에 의해서만은 아니다. '큰 전쟁' 이후 비야리카에서는 집권세력에 대항하기 위해 자유주의 사상70)을 기반으로 한 정치조직이 구성되었고 이 시기에 정착한 유럽계 이민자들이 자유주의 사상을 지지71)하면서 과이레뇨는 자유당을 표상하는 사람들이라는 이미지까지 겹쳐게 되었다. 이는 과이레뇨가 홍색당 세력과 정치적으로 갈등을 겪은 원인이라 할 수 있다.

이러한 갈등이 본격화된 것은 자유주의 세력에 의해 주도된 두 번

---

70) 여기서 자유주의는 유럽에서 발생한 것으로 봉건제에 반대하는 신흥 부르주아의 정치적 이해를 관철시키기 위한 사상을 말한다. 파라과이에서 자유주의는 '큰 전쟁'을 전후로 독재 정권에 대한 비판 세력으로서 등장했다.

71) 유럽계 이주민들은 이미 유럽에서 자유주의 사상을 체득하였기 때문에 쉽게 자유주의 사상에 동화되었으며, 정치적 측면에서도 자유당이 정권을 잡고 있어 자유주의적 정치색채를 분명히 하였다.

의 내전 때문이다. 그 하나가 1947년에 일어난 '47년 내전(Guerra Civil)'이며, 다른 하나는 1959년에 발생한 '5월 14일 운동(Movimiento del 14 de Mayo)'이다. 이 두 사건을 주도한 정치 세력의 중심에 과이레뇨가 있었다. 이러한 정치적 과정은 파라과이 사람들이 과이레뇨를 반골 기질이 있는 집단으로 인식하게 되었다.

본 장에서는 인종적으로 특수한 집단으로 인식되었던 과이레뇨가 어떤 정치적 과정에서 타자화가 이루어졌는지를 과이레뇨가 겪었던 두 번의 내전을 중심으로 서술하고자 한다.

1. 과이레뇨와 자유당

1) 두 정치 집단의 등장

'큰 전쟁' 이전의 파라과이는 스페인 식민지배로부터 벗어난 1810년부터 호세 가스파르 프란시아의 장기 독재체제를 시작으로 카를로스 안토니오 로페스와 프란시스코 솔라노 로페스로 이어지는 로페스 부자의 세습까지 3명의 독재자들에 의해 통치되었다.

'큰 전쟁'이 끝나고 비야리카에 철도 건설 마무리될 무렵인 1887년 2월, 제헌 국회의 출범을 앞두고 파라과이에서는 두 개의 정치 집단이 등장하게 된다. 그 하나는 민족주의를 표방한 정치집단으로 '큰 전쟁' 이전부터 정권을 잡고 있던 카우디요(Caudillo) 세력이다. 카우디요는 식민시기 파라과이 지방을 장악하고 있던 세력들이며, 인종적으로는 메스티소이거나 크리오요들로 이루어져 있다. 하원의원인 호세 마리아 프레테스는 아순시온의 카우디요들을 중심으로 1886년 12

월 23일 클럽 코무날(Club Comunal)이라는 정치 조직을 결성한다.

다른 하나는 유럽의 자유주의를 계승한 집단으로 안토니오 타보아다 (Antonio Taboada)에 의해 주도되었다. 안토니오 타보아다는 비야리카 출신으로 지역의 '토착세력'들을 중심으로 정권을 장악하고 있던 카우디요들에게 대항하고자 1886년 12월 19일 클럽 포풀랄(Club Popular)[72] 을 발기한다.

카우디요는 식민시기 파라과이 지방의 헤게모니를 장악하고 있던 세력들로 스페인으로부터 독립을 이끈 세력들이었다. '큰 전쟁' 이전의 세 명의 통치자들은 모두 카우디요였다. 특히 호세 가스파르 프란시아는 36년간 독재와 쇄국정치를 했으며, 로페스 부자도 그 맥을 이어 민족주의 정책을 실행하였다. 이들은 '큰 전쟁' 이후에도 정권을 잡으면서 오피시알리스타(Oficialista)로 불렸다.

이에 비해 비야리카를 중심으로 한 자유주의 세력들은 카우디요들의 독재에 반대하는 자들로서 18세기와 19세기 초 유럽이나 다른 라틴아메리카 지역에서 넘어온 정복자들과 성직자, 상인들이었다. 아리아스를 제외한 안토니오 타보아다,[73] 에스테반 고로스티아가, 세군도

---

72) 클럽 포풀랄의 회원은 에스테반 고로스티아가(Esteban Gorostiaga), 마르셀리노 로다(Marcelino Rodas), 안토니오 페르난데스(Antonio Fernandez), 로물로 데카밀리(Romulo Decamili), 에바리스토 페르난데스(Evaristo Fernández), 루이스 카미노스(Luis Caminos), 파트리시오 라라멘디(Patricio Larramendi), 안토니오 페랄타(Antonio Peralta), 세군도 보르돈(Segundo Bordon), 마누엘 피레스(Manuel Pires), 코스메 코다스(Cosme Codas), 마누엘 고로스티아가(Manuel Gorostiaga), 이노센시오 알라르콘(Inocencio Alarcon), 모데스토 소리야(Modesto Zorrilla), 플로렌시오 로페스(Florencio Lopez), 파브리시아노 베니테스(Fabriciano Benitez), 호세 델 로사리오 아리아스(Jose del Rosario Arias), 칸디도 아리아스(Candido Arias), 호세 사르사(Jose Zarza), 호세 가비란(Jose Gavilan), 코스메 곤살레스(Cosme Gonzalez), 페드로 아르게요(Pedro Aeguello), 로케 브리테스(Roque Britez), 플라시도 마르티네스(Placido Martinez), 산티아고 다발로스(Santiago Davalos), 호세 알마다(José Almada), 바시요 피게레도(Basilio Figueredo), 일라리오 오루에(Hilario Orue), 세쿤디도 로만(Secundido Roman)으로 총 29명이다. 회원에 비야리카의 주요 3대 토착 성씨인 아리아스와 보르돈, 코다스가 포함되어 있으며, 포르베니르 과이레뇨의 창립멤버 중에서는 세군도 보르돈, 코스메 코다스, 마르셀리노 로다스, 로물로 데카밀리, 에비리스토 페르난데스, 고로스티아가, 플로렌시오 로페스 등이 클럽 포풀랄에 포함되어 있다.

73) 타보아다(Taboada) 가문은 18세기 중반 스페인에서 파라과이로 정착하였다. 파라과이 입항조인 에르세

보르돈, 코스메 코다스, 로몰로 데카미리, 에바리스토 페르난데스, 플라시도 마르티네스 등의 클럽 포풀랄 구성원들은 18세기 이후에 비야리카로 들어온 사람들이다. 18세기부터 새로운 세력들이 유입된 비야리카에는 '큰 전쟁' 이후 이주한 유럽계 이주민들이 정치·경제적 기반을 확보하기에 수월하였다. 왜냐하면 비야리카는 한 세기 동안 도시를 옮기면서 기존의 정복자들과 메스티소들이 뿔뿔이 흩어져 그 세력이 약화되었기 때문이다. 이러한 비(非)카우디요 세력들은 파라과이 민족주의로 대변되는 카우디요 세력과 달리 유럽의 사상을 쉽게 받아들였으며 외국인에게 호의적이었다.

이 두 정치 집단이 본격적으로 맞서게 된 것은 1887년 6월 비야리카에서 실시된 의회선거 때문이다. 클럽 포풀랄은 에스테반 고로스티아가(Esteban Gorostiaga)와 안토니오 타보아다가 상·하의원 후보로 추대되었고, 클럽 코뮤날은 베르나르디노 카바예로(Bernardino Caballero)와 씨프리아노 고로스티아가(Cipriano Gorostiaga)를 상·하의원 후보로 추대하였다. 이 당시 비야리카는 파라과이 제2의 도시로서 두 정치 진영에 있어 중요한 곳이었다. 자유주의 세력은 비야리카를 바탕으로 그들의 정치세력을 파라과이 전역으로 확대시켜야 했고, 이와 반대로 오피시알리스타들은 비야리카를 차지함으로써 확실한 독재체제를 유지시켜야 했다.

이러한 첨예한 대립은 두 정치 진영 간의 유혈사태로 이어졌으며, 그 결과 12명의 클럽 포풀랄의 구성원들이 구속되어 수도인 아순시온으로 압송되었다. 이에 1887년 7월 2일 약 121명의 자유주의 지지

타보아다(Herse Taboada)는 파라과이 지방정부의 행정관을 수행하였다. 에르세 타보아다와 그의 부인 마리아 페소아(María Pesoa)는 여러 명의 자녀를 두었는데, 6번째 아들이 바로 안토니오 타보아다였다.

자들이 수도에 모여 언론의 자유와 선거법 준수를 주장하면서 센트로 데모크라디코(Centro Democrático)라는 자유주의자들의 모임을 재조직하였다. 그리고 이들은 안토니오 타보아다를 수장으로 내세워 1887년 8월 25일 자유당(Partido Liberal)을 출범하였다.

자유당 출범에 자극을 받은 오피시알리스타들은 베르나르디도 카바예로를 대표로 하여 1887년 9월 11일 홍색당(Partido Colorado)을 설립한다. 여기에는 대통령인 파트리시오 에스코바르(Patricio Escobar)와 젊은 카우디요들이 참여하였다.

이때부터 두 정치 집단의 대립이 본격화된다. 홍색당은 카우디요의 정치를 계승하면서 1904년까지 정권을 유지하였으나 아르헨티나로부터 지원을 받은 자유당이 1904년 혁명에서 성공을 거두면서 홍색당을 물리치고 정권을 장악하였다(Gonzalez Delvalle, 2007: 31). 이러한 두 정당의 대립구도에 과이레뇨가 주도적으로 개입되었고, 이에 파라과이 사람들은 과이레뇨를 정치적으로 특수한 집단으로 인식하게 된다.

2) '자유당 도시'

비야리카는 초대 자유당 대표인 안토니오 타보아다의 고향이며, 자유당의 전신이라 할 수 있는 클럽 포풀랄이 결성된 곳이다. 비단 이러한 이유 때문에 비야리카가 '자유당 도시'로 불린 것은 아니다. 비야리카가 파라과이 사람들로부터 '자유당의 도시'라는 이미지를 가지게 된 것은 과이레뇨의 대다수가 자유당 지지자였기 때문이다.

파라과이에서 대표적으로 홍색당을 지지하는 세력인 멜가레호 가문이 비야리카에서 정치 활동을 한 사례는 비야리카가 왜 자유당의 도시로 각인되었는가를 여실히 보여준다. 현재 비야리카에 살고 있는 아우로라 멜가레호는 그녀의 가족들이 비야리카로 온 과정을 통해 외부인들이 왜 비야리카를 '자유당 도시'로 불렀는지 증언하였다. 멜가레호 가족이 비야리카에 온 계기는 자유당이 정권을 잡으면서였다. 멜가레호 가족은 비야리카에서 서쪽으로 약 180㎞ 떨어진 곳인 크크오(Quyquyo) 강 인근에서 아시엔다[74]를 운영하면서 살았다. 자유당은 1904년에 일어난 혁명으로 정권을 장악해 반대세력인 홍색당을 탄압하였고 이 과정에서 그녀의 할아버지가 죽었다. 이로 인해 그녀의 아버지와 삼촌은 모계 친척이며 홍색당 초대대표인 베르나르디노 카바예로가 있는 아순시온으로 몸을 피한다. 이들은 베르나르디노의 명령하에 정치 활동을 하기 위해서 비야리카로 들어간다. 그녀의 아버지와 삼촌이 홍색당임에도 불구하고 손쉽게 비야리카로 이주할 수 있었던 것은 여형제가 살고 있었기 때문이었다.

다음의 증언은 아우로라 멜가레호의 아버지와 삼촌이 비야리카에서 어떻게 정치활동을 했는가에 대한 내용으로 비야리카에 자유당 세력이 얼마나 많았는가를 짐작할 수 있다.

> 연구자: 언제 당신의 아버지가 여기에(비야리카) 왔는가?
> 증언자: 확실히 알 수는 없으나 1904년 이후에 여기에 왔다.
> 연구자: 그 당시 자유당이 정권을 잡아서 비야리카에 자유당을 지지하는 사람이 많지 않았나?
> 증언자: 그렇다. 완전하게 자유당이 잡고 있었다. 홍색당을 지지하면서 여기에 온 사람은 삼촌과 나의 아버지가 처음이었다. 그들이 홍색당의 사상을 퍼뜨렸다.

---

74) 아시엔다(hacienda)는 식민시기에 나타난 것으로 개인 소유의 대농장으로 이해할 수 있다.

연구자: 그 당시 자유당이 비야리카를 장악하고 있어 그들이 여기
　　　　오는 것에 대해 두려워하지 않았나?

증언자: 어떻게 겁을 먹지 않았겠는가. (홍색당의 지지자를 모으기
　　　　위해서) 그들은 몰래 아주 조심스럽게 일했다.

연구자: 당신의 고모가 그들이 여기에 살도록 초대했나?

증언자: 아니다. 장군 베르나르디노 카바예로가 나의 '티아(tia)'[75]
　　　　들과 연락해서 나의 아버지와 삼촌을 여기에 정착하게 했
　　　　다. 장군 카바예로가 여기에다 그들을 정착하게 했다. 내
　　　　가 생각하기로 카바예로가 정치인이었고 여기에서 정치를
　　　　하려 했으나 홍색당을 지지하는 사람이 아무도 없었고 그
　　　　래서 여기에 보낸 것 같다. ……(중략)…… 여기는 모두 자
　　　　유당이었다.

연구자: 여기는 모두 자유당 지지자들만 있었음에도 불구하고 그
　　　　들이 여기에 온 것을 보면 정말 용감했던 것 같다.

증언자: 아버지가 나에게 말하기를 첫해에 일할 때는 도시(비야리
　　　　카)에서 하지 않고 인근의 시골에서 일했다고 했다. 그나
　　　　마 자유당의 기운이 덜 느껴지는 곳에서 일했다고 했다.
　　　　그래서 첫해에 홍색당 지지자 600명을 모았다고 나에게 이
　　　　야기했었다.

연구자: 그게 정확하게 언제쯤인가?

증언자: 1910년에서 1912년 사이인 것으로 기억한다.

　　　　　　　　　　　　　아우로라 멜가레호(Aurora Melgarejo), 84세

　　증언자의 아버지가 비야리카 시가 아닌 인근 시골에서 정치 활동
을 했다는 것은 비야리카 시에서 자유당 외에 다른 정당 활동이 쉽지
않았음을 짐작케 한다. 비야리카 시내에는 자유당 지지자들이 많았으
며, 시 외곽의 시골에는 자유당 지지자들이 비교적 적었다. 시외곽지역
은 가난한 농민과 서민들이 주로 살았으며, 이들은 시내의 상류층이 주
도하는 자유당 대신에 자연스럽게 홍색당을 지지하였다. 증언자에 따르
면, 비야리카 시내에 있는 사람들 중 홍색당 지지자는 그녀의 아버지와

---

75) 티아는 이모나 숙모, 고모를 지칭한다. 여기서 티아는 고모이다.

삼촌, 프랑스계 이주민인 미겔 차세(Miguel Chase), 앙헬 에스피놀라(Angel Espinola), 안토니오 산체스(Antonio Sánchez)뿐이었다고 한다.

비야리카의 경우 계층적으로 상위에 있는 사람들은 자유당 지지자들 주류를 이루었다. 여기에는 유럽계 이민자들이 많이 포함되어 있었고, 이러한 지지 세력의 계층적·인종적 차이로 인해 비야리카는 다른 지역 사람들에게 유별나게 인식되었다.

3) 유럽계 이주민들의 자유당 지지

유럽계 이주민들이 비야리카에 본격적으로 이주한 것은 철도가 완성된 후인 1889년부터였다. 이 시기는 비야리카에서 자유주의 세력들이 클럽 포풀랄과 자유당을 통해 활동하고 있을 무렵이었다. 대다수의 유럽계 이주민들은 상인 집단으로 민족주의를 지지하는 카우디요가 장악하고 있는 아순시온보다 자유주의 사상을 지지하며 외국인에 호의적인 비야리카에 정착하는 것이 유리하였다. 즉, 철도의 개통과 함께 경제 중심지로의 성장은 유럽계 이주민들의 정착을 가속화하였고, 자유주의라는 정치·사상적인 측면도 유럽계 이주민들이 비야리카에 쉽게 정착한 요인이 되었다. 자유당 세력들은 민족적 정체성을 강조하는 카우디요와 달리 외국의 사상과 문물에 대해 호의적이었다. 유럽계 이주민들의 자유당 지지는 1904년 자유당이 정권을 잡으면서 가속화되었다.

> 1904년에 자유당이 정권을 잡으면서 모든 이민자들이 자유주의를 지지했고 정당에 가입했다. 자유당은 스페인과 유럽에서 온 후

손들이 만든 당이고, 홍색당은 파라과이의 메스티소들이 만들었기
때문이다.

홀리오 무시(Julio Mussi, 74세)

자유당에 가입한 유럽계 이주민들의 대부분은 상인이거나 대농장
지주로서 경제적으로 풍족하였다. 그래서 이들은 자유당이 정권을 유
지할 수 있도록 당비 등의 물질적 지원을 아끼지 않았다. 한 사례로
다비드 무시는 무시의 입향조인 시몬 무시(Simon Mussi)가 홍색당을
견제하고 자유당 정권을 유지하도록 자금을 대줬다고 증언하였다. 그
당시에 무시 가문과 그들의 형제들인 히랄라 가문은 모두 자유당을
지지했다고 한다. 그의 가족만이 유일하게 홍색당을 지지했다고 하
다. 그 이유는 다비드 무시의 어머니가 '골수' 홍색당 가문인 멜가레
호 사람이었기 때문이다. 이로 인해 다비드 무시 가족은 다른 무시
가문의 사람들로부터 천대와 멸시를 받았다고 한다.

극소수의 유럽계 성씨를 제외한 나머지 유럽계 이주민들은 모두
자유당을 지지했다. 이 당시 홍색당을 지지한 유럽계 이주민은 호주
에서 이주한 카도간(Cadogan)과 프랑스계인 차세(Chase), 이탈리아계
인 베르데치아(Verdecchia)를 들 수 있다. 그들 중 어떤 사람이 정치적
취향에 따라 홍색당을 지지하면 그들 가족 구성원으로부터 비난을
받아야 했다. 심지어는 일자리를 구하거나 사업을 하는 데 있어 여러
가지 불이익을 감수하여야 했다. 이는 이탈리아계인 보지노 가문의
루이스가 잠깐 홍색당에 가입했다가 고통을 겪은 사례를 통해서 잘
알 수 있다.

1946년의 파라과이는 '민주주의 봄'이라 불렸다. 모든 정당은 만

세를 외치며 모였고 나는 그것을 보기 위해 갔었다. 자유당원들은 시청 앞에 있는 시장인 메르카도 과수에 모여 있었다. 자유당원들은 그들의 음악(자유당을 상징하는 음악)과 함께 모였다. 그들은 다른 사람들과 구별되었다(경제적으로 부유한 사람들이었다). 조금 후에 그 옆에 있던 홍색당의 모임을 보러 갔는데 모두들 시골사람으로 신발도 없는 가난한 자들이었다. 모두들 맨발로 모여 있는 것을 보는 순간 동정심이 생겨 홍색당에 가입하였다. 홍색당에 가입한 이후에 일을 하고 싶었지만 일을 구할 수 없었다. 난 정치에 관심이 없었지만 자유당원이었던 형은 나를 구박하였고 사람들도 나를 함부로 대하였다.

루이스 보지노(Luis Boggino, 82세)

자유당이 집권한 이후 크고 작은 혁명이 끊이지 않던 가운데 1946년은 정당별로 큰 사건이 없이 평온했다는 의미에서 '민주주의 봄(primavera democrática)'이라 불렸다. 이 당시 의회 선거를 앞두고 각 정당들은 지지자들을 모으기 위해 비야리카의 시청 앞 광장과 도청 앞 광장에서 집회를 자주 개최하였다. 자유당 지지자들은 비야리카에서 가장 번화한 시청 앞 시장에서 모였다. 이들의 대부분은 유럽계 이주민들과 그들의 후손이었다. 이와 달리 홍색당 지지자들은 도청과 대성당 사이의 광장에서 모였다. 거기에 모인 사람들은 비야리카 시내에 사는 사람들이 아닌 주변의 시골에서 올라온 사람들이었다. 홍색당 지지자들은 신발을 살 형편도 안 되는 가난한 사람들로서 모두 맨발로 다녔다고 한다. 그들은 맨발로 다녔기 때문에 바닥의 돌이나 나뭇가지, 뾰족한 물건을 밟지 않기 위해서 발을 질질 끌면서 구부정하게 걸어 다녔다고 한다. 그래서 사람들은 홍색당 지지자들을 쁘난디(Pynandi)[76]

---

76) 쁘난디(Pynandi)는 파라과이의 원주민 언어인 과라니(Guarani)어이다. 스페인어로는 '삐에 데스깔소(pie descalzo)'이다. 쁘난디는 홍색당 지지자들, 혹은 내전 당시의 민병대를 상징하는 말이 되었다.

라 불렸는데, 쁘난디는 원주민 언어로서 '맨발'이라는 뜻이다.

비야리카에서 홍색당은 가난한 메스티소와 농민의 당으로 상징되었고, 자유당은 부자, 유럽계 이주민들의 당이라는 공식이 사람들의 머리에 각인되었다. 이는 다음의 증언자가 홍색당에 가입했을 무렵에도, 유럽계 이주민의 후손이라는 이미지 때문에 자유당으로 오인받은 사례에서도 잘 나타난다.

> 여기 자유당 대표는 과이라 주에서 가장 부자였다. 내가 직업을 구하려고 자유당 대표의 비서와 함께 사무실에 있을 때였다. 잠시 후 대표와 비서가 이야기하는 것을 들었는데 자유당 대표가 말하기를 저 자유당원에게 무슨 일을 줄까라고 했다. 그 자유당 대표는 나를 자유당원으로 알고 있었다. 그래서 나는 그냥 거기서 나와 버렸다.
>
> 루이스 보지노(Luis Boggino, 84세)

증언자는 비야리카에서 자유당원이면 사는 것이 문제가 없었다고 한다. 일반적으로 홍색당이 정권을 잡으면 사람들은 일자리를 구하기 위해 홍색당에 가입한다고 한다. 그러나 비야리카에서는 홍색당에 가입해도 일자리를 구할 수가 없었다는 것이다. 왜냐하면 자유당을 지지하는 유럽계 이민자의 후손들이 공장이나 상점, 농장을 소유하고 있어 그들 뜻대로 노동자를 고용하였기 때문이었다.

2. 두 번의 내전과 정치적 갈등의 극대화

1) 홍색당과 반홍색당 세력의 대립

홍색당과 자유당이라는 양대 정치 집단이 형성된 것은 1887년이었지만, 홍색당 세력이 실질적으로 파라과이를 지배한 것은 '큰 전쟁'이 끝난 1870년부터였다. 홍색당 세력은 1904년까지 정권을 잡고 있었으며, 그 이후부터는 자유당이 정권을 장악하였다. 1947년 홍색당이 다시 정권을 장악할 무렵은 새로 생긴 두 개의 정당, 2월 혁명당(Partido Revolucionario Febrerista)과 공산당(Partido Comunista), 그리고 기존의 두 정당인 홍색당과 자유당이 혼전양상을 벌였다.

새로운 정치집단이 등장한 것은 1932년부터 4년간 벌어진 '차코 전쟁(Guerra del Chaco)'[77]과 '냉전'이라는 세계사적 흐름에 의해서였다. 차코 전쟁은 파라과이 서북부지역의 차코 지방을 두고 볼리비아와 4년간 국경 분쟁을 벌인 것을 말한다. 차코 전쟁이 끝난 1936년 1월 전쟁에 참여한 군인들은 라파엘 프랑코(Rafael Franco) 장군을 중심으로 자유당에 대항하여 혁명을 준비하였다. 이들은 민족주의 사상을 토대로 소수의 부유한 집단과 외국계 이민자들에게 호의적인 자유당에 대항하였다.

그러나 그들의 모의가 정부에 의해 발각되면서 프랑코 장군이 우루과이 몬테비데오로 망명하였다. 프랑코를 피신시킨 뒤 그를 추종하는 차코 전쟁 참전자들은 곧바로 재결합하여 1936년 2월 캄포그란데

---

77) 차코 전쟁은 차코 지방을 둘러싼 파라과이와 볼리비아 간의 국경분쟁을 말한다.

(Campo Grande)에서 반란을 일으켜 대통령인 에우세비오 아얄라(Eusebio Ayala)를 몰아내고 프랑코 장군을 임시대통령으로 추대한 뒤 '2월 혁명당'이라는 정당을 결성하였다. 2월 혁명당으로 이름을 명명한 것은 2월에 혁명을 일으켜 정권을 잡았기 때문이다. 그래서 2월 혁명당 지지자들을 '페브레리스타'라 부르기도 하며, 프랑코를 지지하는 사람들이라는 의미에서 '프랑키스타(Franquista)'라 부르기도 한다.

하지만 프랑코 정부는 그 기반이 약하여 1937년 자유당을 지지하는 군부에 의해 무너지고 펠릭스 파이바(Felix Paiva)와 호세 펠릭스 에스티가리비아(José Felix Estigarribia)가 차례대로 정권을 장악하였다. 그러나 1940년 11월 호세 펠릭스 에스티가리비아가 비행기 사고로 급사하자, 군부를 장악하고 있던 국방장관 이히니오 모리니고 마르티네스(Higinio Moriningo Martínez)가 정권을 계승하게 된다. 이히니오 모리니고는 자유당 세력의 도움으로 정권을 잡았지만, 오히려 반자유당적인 성향으로 변하였다. 그는 정권 잡은 후 자유당 세력을 견제하기 위해 그가 정권에 오를 때 도움을 줬던 자유당 인사들을 체포하거나 몰아내었다.

이것은 당시 제2차 세계 대전이 끝난 후 '냉전'이라는 세계사적 흐름에서 좌파세력이 득세하고 있던 라틴아메리카에 친미정권을 세우기 위한 미국의 노력과 밀접한 관련을 가지고 있다. 미국은 특정 계층의 지지를 받고 있는 자유당과 2월 혁명당, 좌파 성향의 공산당 대신에 광범위한 민중적인 지지기반을 가지고 있는 홍색당을 지지하였고, 이에 이히니오 모리니고 홍색당 세력과 결합하게 된다. 이히니오 모리니고가 홍색당을 전면에 내세우자 여기에 반발한 2월 혁명당이 자유당과 공산당과 연합하게 된다. 이때부터 파라과이의 정치구도는 홍색당 세력과 그에 대항한 자유당과 2월 혁명당, 공산당이 연합한 반홍색당 세력으로 갈라지게 되며 두 번의 내전이 일어난 원인으로 작용하였다.

2) '47년 내전'

① 내전의 전개와 정치적 구도

홍색당 세력의 타도라는 공동의 목적은 호세 파트리시오 구지아리가 이끄는 자유당과 라파엘 프랑코(Rafael Franco)가 이끄는 2월 혁명당, 그리고 오스카르 크레디트(Oscar Credit)가 이끄는 공산당이 연합하는 계기가 되었다. 이러한 정치 구도 속에서 2월 혁명당을 지지한 청년들은 1947년 3월 7일 아순시온에 있는 경찰청을 습격하였고 이에 시민전쟁이 시작되었다. 이틀 후 정부와 홍색당 세력은 자유당과 2월 혁명당을 지지하는 젊은 군인들을 투옥함과 동시에 2월 혁명당의 수장인 라파엘 프랑코도 체포하였다.

이때까지 혁명군들은 제대로 조직되지 않은 상태에서 정부군과 '쁘난디'의 공격을 받아 아순시온에서 빠져나갔다. 그들은 해군 함정을 탈취해 파라과이 강 사이로 아순시온과 마주 보고 있는 아르헨티나의 클로린다(Clorinda)에서 집결하여 콘셉시온(Concepción)으로 도주하였다. 혁명군들은 이동 과정에서 정부군의 추격을 늦추기 위해 무기를 탈취하였다. 이들이 자유당의 본거지인 비야리카가 아닌 콘셉시온으로 이동한 것은 내륙보다는 강으로 이동하는 것이 도주하기에 훨씬 용이했기 때문이다. 뿐만 아니라 콘셉시온은 비야리카와 마찬가지로 자유당 세력들이 기반을 잡고 있었기 때문에 혁명군들이 그들의 조직을 재정비하기에 유리하였다.

콘셉시온은 파라과이 강을 끼고 있는 도시로 아순시온에서 북쪽으로 약 543㎞ 떨어져 있으며, 비야리카와는 약 600㎞ 떨어져 있다. 콘셉시온은 콘셉시온 주(Departamento de Concepción)의 주도로서 이 도시가 본격적으로 성장을 한 것은 비야리카와 철도가 연결되면서부터였다. 콘셉시온 주는 브라질과 인접해 있는 밀림지역으로 나무 생산을 많이 하였고, 이렇게 생산된 나무는 비야리카로 수송되었다.

콘셉시온에는 비야리카에 있던 상인들이 이주하였는데, 그 대표적인 상인이 구지아리(Guggiari) 가문이다. 구지아리 가문 중에 일부가 콘셉시온에 정착한 것은 단순히 경제적인 측면이 아닌 정치 세력을 확장시키기 위한 것이었다. 비야리카에 거주하고 있는 구지아리 가문의 외척 후손인 우고 피가리(Hugo Figari)[78]에 따르면, 구지아리가 콘셉시온으로 이주한 것이 표면적으로는 상업을 위한 것이었지만 그 실제 목적은 정치 활동을 하기 위한 것이었다고 증언하였다.

즉 혁명군들이 정부군의 공격을 뚫고 육로를 통해 비야리카로 도주하는 것이 불가능하였다. 더구나 이들이 도주할 시점에 이미 정부군과 경찰, 홍색당 민병대인 쁘난디에 의해 비야리카 도시 전체가 장악된 상태였으며, 아순시온과 지리적으로 가까워 언제든지 추가 병력이 비야리카에 도착할 수 있었다. 이에 비해 콘셉시온은 강으로 이동하기 때문에 추격의 위험이 적고, 수도와 거리가 멀어 홍색당의 지원이 원활하지 못하여 혁명군들이 조직을 재정비하기에 적절하였다.

혁명군들은 콘셉시온에 있는 군부대와 연합하여 약 3,000명의 무

---

78) 우고 피가리는 변호사로 그의 어머니가 구지아리 가문 출신이다. 그는 현재 구지아리 가문의 계보와 가문의 역사에 대해서 연구하고 있다.

장병력을 재조직하여 아순시온으로 진격하였다. 그러나 미국의 지원을 받은 홍색당 세력들이 혁명군을 격파함으로써 내전은 막을 내리게 된다.

② 내전 당시 비야리카의 상황

아순시온에서 3월 7일 내전이 시작됨과 동시에 비야리카에서는 홍색당과 경찰, '쁘난디'들이 반홍색당 세력에 대한 색출 작업을 시작하였다. 이 과정에서 홍색당 세력에 대항하는 혁명군이 조직되었고, 이 혁명군에 참여했던 페드로 보지노(Pedro Boggino)에 따르면, 자유당 세력들은 4월 15일에 혁명군을 조직하여 비야리카에서 동쪽으로 약 10㎞ 정도 떨어진 으브트루스 산에 진지를 구축하였다고 한다. 이들 혁명군은 산에 있었다고 해서 '몬토네로(Montonero)'라 불렸다.

두 정치세력으로 나뉜 시대적인 상황은 각 정치 세력과 직접적인 관련이 없는 사람들도 그들이 처한 환경에 따라 내전의 소용돌이에 휘말릴 수밖에 없었다. 혁명군의 일원으로 어린 나이에 시민전쟁에 연루된 페드로 보지노의 사연은 정치적 성향과 상관없이 개인적 상황에 따라 홍색당 세력과 반홍색당 세력이라는 정치적 구도 속에 포함될 수 있음을 보여준다.

> 내가 열일곱 살 때 시민전쟁에 참여했다. 그 당시 나는 아순시온에 있는 농업학교에 다녔다. 어느 날, 그러니까 3월 7일에 혁명이 시작됐다. 이때는 아직 방학이라서 비야리카에 있었다. 나도 잘 모르겠는데, 내 이웃이 나를 싫어했다. 나는 그 이유가 내가 자기 딸에게 관심 있기 때문이라고 생각했다. 근데 이 남자는 이상한 증상이 있었는데 자기 딸을 자신의 애인처럼 생각하며 질투를 하였다. 상상해 봐라. 그건 조금 심각한 상황이었다. 2월 혁명당이 3월 7일

에 경찰을 습격해서 장악하려던 때의 혼란을 틈타 자기가 싫어하는 사람이 있으면 혁명군으로 뒤집어씌워 경찰에 밀고하였다. 그래서 이 남자도 나를 2월 혁명당원이라고 신고하였다. 그 당시 나는 열여섯 살 먹은 학생[79]에 불과했다. 그리고 저녁에 나는 나의 이웃에 사는 몇몇 2월 혁명당원과 함께 경찰서로 끌려갔다. 나는 아무 이유 없이 그 남자의 실수 때문에 경찰서에서 구타를 당하였다. 그러니까 내가 자기 딸과 어떤 관계를 가졌다고 생각해서 복수한 것이다. 4월 한 달 동안 경찰서에서 엄청 고통을 당하고 탈출해서 아순시온으로 도망갔다. 이때 콘셉시온에서 혁명군들이 내려와서 아순시온은 시민전쟁 중이었다. 나는 나의 삼촌댁으로 갔고 삼촌이 나에게 권총을 주면서 말하기를 혁명군에 들어가라고 했다. 나는 너무 어렸고 그냥 시키는 대로 했다. 그 후에 다시 혁명군에서 도망쳤고 비야리카로 다시 와서 풀숲에 숨어 지냈다. 그 후에 비야리카의 으브트르수 산의 혁명군에 들어갔다. 그 대장은 후안 피오 아키노(Juan Pio Aquino)로 자유당원이었다.

페드로 보지노(Pedro Boggino, 78세)

이미 페드로는 이웃집 남자의 신고로 수배 명단에 포함되었기 때문에 그의 삼촌이 페드로를 보호해줄 유일한 방법은 혁명군에 들어가도록 하는 것이었다. 어쩔 수 없이 혁명군에 들어간 것은 어린 나이에 큰 부담으로 작용했고, 그는 가족들과 친척들이 있는 고향으로 도망쳤다. 하지만 가족과 친척들이 살고 있는 비야리카 시내도 이미 홍색당 세력에 의해 점거되어 그가 취할 수 있는 유일한 방법은 시내 인근의 풀숲에 숨어 있는 것이었다.

비야리카 시내에서 자유당을 지지하는 사람과 그들과 약간이라도 관련이 있는 자들은 경찰과 '쁘난디'로 구성된 홍색당 세력들에 의해 고통을 당하였다. '쁘난디'들은 가정에 침입하여 약탈을 일삼았고, 여

---

79) 이때 증언자가 열여섯 살이라고 말한 것은 아직 생일이 지나지 않았기 때문이다.

자들을 강간하였다. 마을 사람들은 '쁘난디'의 약탈을 빗대는 말로서 "털 없던 개가 털을 달고 나온다"라고 이야기할 정도였다. '쁘난디'의 만행에 못 견딘 사람들은 산이나 풀숲이나 우물, 사탕수수를 벤 공간에서 숨어 지냈다고 한다.

이렇게 홍색당 세력에 쫓기는 사람들이 그들의 동지를 불러 모으기 시작하면서 하나의 조직으로 구성되었고, 이것이 혁명군으로 발전되었다. 즉 혁명군은 정예화된 군대라기보다는 홍색당 세력에 의해 탄압받고 쫓기는 사람들로 이루어졌다. 이들은 약 700여 명으로 으브트루수에서 진지를 구축하였고, 각 소대는 30~40명으로 구성되었다. 이들의 대부분은 자유당과 관련이 있는 사람들이었으며, 2월 혁명당과 공산당은 소수에 불과하였다.

으브트루수 혁명군의 총책임자는 자유당원인 피오 아키노(Pio Aquino)였다. 페드로가 있던 소대장은 사무디오(Samudio)였다. 얼마 후 사무디오는 떠나고 다른 사람이 들어왔는데 그가 코뮤니스타인 토티 라미레스(Toti Ramírez)로 차코 전쟁 참전자였다. 페드로의 소대는 바이킹이 만들었다는 글자가 있는 유적지인, 이타 레트라(Ita Letra)가 있는 세르로 폴리야(Cerro Polilla)에 있었다.

페드로에 따르면, 으브트루수 진지 내부로 들어올 수 있는 유일한 길 입구에는 기관총을 비롯한 대부분의 무기가 배치되어 있었다고 한다. 이 무기들은 비야리카에 소재한 군부대에서 자유당을 지지하는 군인들이 탈영하면서 가져온 것이었다. 비야리카 시내에 있던 홍색당 세력들도 무장 상태가 좋지 않아 으브트루수로 들어오는 것을 두려워했다고 한다. 으브트루수의 혁명군은 경찰과 쁘난디의 공격을 한 번도 받지 않고 8월 15일까지 대치상태로 있었다고 한다. 그들은 야영을 하면서 인근 마을의 농장에서 키우는 소를 훔쳐 먹으면서 살았다고 한다. 그러나 홍색당 세력들처럼 마을 사람들을 강간하거나 공격하지 않았다고 한다.

대치상태 동안 혁명군은 별다른 명령체계가 없었다고 한다. 페드로가 애인을 만나기 위해 야영지를 이탈해 비야리카 시내로 다시 갈 수 있었던 것으로 보아 혁명군 내에 군율이 강하지 않았다는 것을 알 수 있다.

> 우리 그룹의 리더가 있었는데 우리는 아무런 명령 없이 그냥 지냈다. 그 후에 나는 애인을 만나기 위해 비야리카 시내로 다시 갔다. 어느 날 날이 밝고 나는 시내에 있는 집에서 잤다. 그 후에 홍색당 측 군인들이 각 집을 순찰하였다. 다행히도 베니테스(Benites)라는 이름의 주지사의 첩이 사는 집에 숨어들어갔고 그 여자가 날 숨겨줘서 살았다. 그리고 후에 경찰들이 가고 나는 루이스 보지노 삼촌의 농장에 가서 숨었다. 10명 정도 되는 홍색당 측 사람들이 나의 삼촌 집에 쳐들어왔고 잠시 숨은 뒤 도망쳤다. 그들은 나의 삼촌댁에 들어와서 나의 권총을 훔쳐갔고 몇몇 삼촌 물건을 가져갔다. 그래서 나는 다른 혁명군이 있던 이타페 후구아(Itape Jugua)[80]로 갔다.

> 페드로 보지노(Pedro Boggino, 78세)

비야리카 인근에는 으브트루수 이외에도 비야리카에 서쪽으로 약 20여 ㎞쯤 떨어진 이타페에도 약 500여 명의 혁명군들이 진을 치고 있었다. 이타페의 대장은 아스테리오 로만(Asterio Román)이었다. 여기도 적은 수의 혁명군이 있었던 것은 아니지만, 주요한 화력은 으브트루수에 배치되었다고 한다.

---

80) 이타페(Itape)는 비야리카에서 서쪽으로 약 10여 ㎞ 떨어진 곳에 위치한 디스트리토이다. 후구아(Jugua)는 원주민 언어인 과라니어로, 그 뜻은 '깊숙한 곳'이다.

페드로가 으브트루수로 다시 돌아가지 않고 이타페 후구아로 간
것은 삼촌인 루이스 보지노 집에서 이타페가 으브트루수보다 가까웠
기 때문이었다. 그는 루이스 집에 머문 지 이틀째만에 쁘난디가 침입
하였고, 7월 27일에 이타페 후구아 진영에 도착하였다. 이타페에 있
던 혁명군은 8월 1일 보르하라는 지역으로 이동하던 중 홍색당 세력
과 마주쳐 전투가 벌어졌고, 아스테리오 로만이 죽었다.

> 혁명군이 보르하로 공격을 갔으나 대장인 아스테리오 로만이 죽
> 어서 혁명군들이 해산하였다. 그때가 8월이었는데 콘셉시온에서
> 조직된 혁명군이 아순시온에 도착했으나 총알이 떨어져 패배했다.
> 그때 아르헨티나의 페론은 파라과이 정부와 대통령인 모리니고를
> 지원했다. 혁명군을 지원하던 브리수엘라(Brizuela) 장군이 우루과
> 이에서 비행기로 무기를 가져오다 플라타 강에 추락하여 그 후로
> 혁명군이 완전히 패배했다. 그 후에 엄청난 학살이 자행되었고 혁
> 명군도 많이 죽었다. 나도 많은 고통을 겪었다. 혁명이 끝난 후 모
> 든 혁명군들은 아르헨티나로 넘어갔다. 그러나 나는 아르헨티나로
> 곧바로 가지 않았다. 평소에 잘 알고 지낸 이웃이 이타페 산에 나
> 를 숨겨줬고, 그 이웃과 나는 한 달간 산에서 숨어 지냈다.
>
> 페드로 보지노(Pedro Boggino, 78세)

8월 15일 콘셉시온에서 아순시온으로 진격하던 혁명군이 패함에
따라 으브트루수와 이타페 후구아에 있던 혁명군들은 아르헨티나로
도망갔다. 한 자유당원과 혁명군들이 아르헨티나로 가기 위해 아바이
(Abai)를 지나가는 도중에 홍색당 세력과의 전투가 벌어졌고 많은 혁
명군들이 사살당하였다.

페드로는 혁명군과 함께 곧바로 아르헨티나로 향하지 않고 그의
이웃집에 살던 에프라인 발데스(Efrain Valdez)와 도망쳤다. 그들은 이
타페에서 다시 비야리카로 잠입해서 사탕수수밭에 잠깐 머물렀다. 그

후에 비야리카에 홍색당 세력의 탄압과 학살이 진행되면서 페드로는 할아버지 벽돌 공장에 숨어 지냈다. 페드로의 아버지는 그를 살리기 위해 이탈리아계인 베르데치아(Verdecchia)의 아들과 함께 홍색당에 가입시켰다. 그 후 페드로는 아버지가 구한 통행권으로 기차를 타고 아르헨티나로 갔다.

이 당시 비야리카에 있던 혁명군들은 아순시온으로 진격하는 것이 목적이 아니라 콘셉시온의 혁명군들이 아순시온을 장악하면 후방을 지원하는 것이 목표였다. 그러나 콘셉시온의 혁명군이 패했다는 소식과 함께 비야리카의 혁명군들은 전의를 상실하고 아르헨티나 국경으로 도망을 갔다.

③ 홍색당의 탄압으로 인한 과이레뇨의 도피

'쁘난디'로 대표되는 홍색당 세력은 내전이 끝난 후 반홍색당 세력에 대한 탄압을 대대적으로 실시하였다. '쁘난디'는 자유당 세력뿐만 아니라 그와 관련이 없는 사람들까지도 구실을 만들어 탄압하였다. 이는 비야리카에서 버스로 약 30분 거리인 코로넬 오비에도에 사는 한 할머니의 증언에서 잘 나타난다. 이 할머니는 당시의 공포를 못 잊어 여전히 자신의 이름을 밝히기 싫어하였다. 그녀는 어릴 적에 자유당을 지지하는 사람이 운영하는 가게에서 소금을 샀다는 이유만으로 '쁘난디'에게 잡혀서 경찰서에 끌려갔었다.

> 1947년은 시도 때도 없이 경찰들이 침입하고 훔쳐가고 강간을 해서 사람들 사는 게 말이 아닐 정도로 엉망이었고 무서웠다. 이때 나는 어린아이였는데, 나와 가족이 소금을 사러 갔다. 이때 경찰들이 우리를 보았고 소금을 살 때까지 따라오기 시작했다. 우리 집에

도착할 무렵 경찰들이 우리를 체포하였고, 경찰서로 데려갔다. 우리를 철창 안에 집어넣었다. 왜 우리가 여기 경찰서에 왔는지 이해되지 않았다. 경찰이 우리에게 소리를 지르기 시작했는데 그 이유가 우리가 자유당의 스파이로서 메시지를 전달했다는 것이었다. 그들은 우리에게 어떤 메시지를 전달했는지 추궁하였다. 우리는 아무것도 모르고 단지 소금만 사러 갔을 뿐이라고 대답했다. 그러자 그 사람들이 우리에게 소리를 쳤다. 그때 나는 교복을 입고 있었는데 그들이 팬티만 남기고 다 벗긴 뒤 우리에게 자백하기를 바라며 더 크게 고함을 질렀다. 그나마 다행히 그들은 우리를 때리지 않았다. 그 뒤에 잠깐 휴식을 취한 뒤, 나의 이모가 경찰서에 와서 한 군인과 이야기를 했고 이모의 도움으로 빠져나왔다. 거기서 나올 때는 깜깜한 밤으로 거의 새벽이었다. 거의 미친 것처럼 우리 집으로 내달렸으나 불행히도 풀숲으로 들어가 버렸다. 다행히도 가시에 찔리거나 뱀과 마주치지 않았다. 다시 정신을 차리고 집으로 돌아왔다.

이와 같은 홍색당 세력의 무자비한 정치적 탄압은 전국적으로 많은 수의 파라과이 사람들이 자국을 떠난 원인이 되었다. 정치적으로 자유당과 관련 있는 대다수의 민족 자본가와 외국계 이민자들이 경제적 활동의 제약으로 망명했으며(Bartomeu Meliá, 1997; Arellano, 2005), 위의 증언에서 보듯이 그들과 연루된 친척이나 이웃들도 대거 타국으로 떠났다. 아레야노(Arellano, 2005)는 '47년 내전'으로 약 1,500,000명의 전체 파라과이 인구 중 적게는 약 200,000만 명, 많게는 약 450,000명이 다른 나라로 떠났다고 추산하고 있다.[81] 주로 아르헨티나이며, 그 일부는 우루과이와 브라질로 도망을 갔다.

---

81) 노타리오(Notario, 1996)와 니에야(Niella, 2002)는 파라과이 전체 인구의 10분의 1인 약 200,000명의 파라과이 사람들이 아르헨티나로 넘어갔다고 추정하고 있으며, 카바예로(Caballero, 1986)는 400,000명에서 700,000명 사이로 추산하였다(Arellano, 2005: 46).

표 5-1. 아르헨티나로 이주한 파라과이인의 수

연도	아르헨티나의 파라과이 이주민 수	연도	아르헨티나의 파라과이 이주민의 수
1928	140	1947	2,989
1929	60	1948	6,461
1930	248	1949	4,249
1931	338	1950	6,949
1932	4,991	1951	9,473
1933	8,322	1952	10,029
1934	801	1953	7,053
1935	5991	1954	7,202
1936	49	1955	9,607
1937	513	1956	27,200
1938	792	1957	22,700
1939	1,026	1958	28,400
1940	599	1959	14,000
1941	833	1960	13,400
1942	1,087	1961	24,800
1943	177	1962	26,600
1944	570	1963	25,800
1945	1,898	1964	34,000
1946	642	1965	30,000

출처: 카바예로(Caballero, 1986; Arellano, 2005: 67 재인용).

1928년부터 1965년 사이 아르헨티나로 이주하여 거주한 파라과이 사람들은 총 334,597명이다. '47년 내전' 이전인 1932년과 1933년에 아르헨티나로 이주한 파라과이 사람들 수가 많은 것은 1932년에 벌어진 차코 전쟁 때문이다. 1947년에 일어난 '47년 내전'과 1959년에 발생한 '5월 14일 운동' 사이에 아르헨티나로 이주한 파라과이인 수는 156,312명이다. 이것은 부에노스아이레스의 통계로 파라과이의 국경과 인접한 아르헨티나의 클로린다와 미션지역에 이주한 파라과이인들 수를 합하면 아레야노가 추정한 수에 근접할 것으로 보인다. 1959년 '5월 14일 운동' 이후에도 여전히 이주민의 수가 154,600명이나 되는 것은 스트로에스네르 정권이 반홍색당 세력에 대한 탄압을 지속했음을 보여준다.

비야리카의 경우에는 자유당의 본거지였던 만큼 시민전쟁의 후유증이 다른 지역보다 심각하였다. 많은 과이레뇨들이 그들의 재산을 버리고 비야리카를 떠났다. 루이스 보지노는 '내전'에 직접 참여하지 않았지만 앞서 본 그의 조카인 페드로 보지노를 숨겨준 대가로 '쁘난디'의 공격을 받아 아르헨티나로 피했다가 2년 만에 비야리카로 돌아왔다.

다수의 과이레뇨 증언에 따르면, '47년 내전'은 비야리카를 급속히 쇠퇴시킨 원인이 되었다고 증언하고 있다. 그것은 비야리카의 성장을 주도했던 자유당 세력들이 아르헨티나로 떠났기 때문이며, 그나마 남아 있던 세력들은 자유당이 집권했을 때만큼 안정적으로 사업을 하기가 힘들었기 때문이다.

과이레뇨는 크게 두 지역으로 망명을 떠났다. 그 한 곳은 부에노스아이레스이며, 다른 곳은 미시온 지역이다. 혁명군에 참여하지 않은 사람들은 주로 부에노스아이레스에 피난을 갔다. 혁명군에 참여했던 대부분의 사람들은 육로나 기차를 이용해 강을 건너 파라과이 남쪽 국경과 맞닿은 미시온 지역으로 넘어갔다. 혁명군에 참여했던 페드로도 미션지역에 정착하였다. 망명을 떠난 사람들 중 일부는 루이스 보지노처럼 비야리카로 되돌아왔고, 나머지는 아르헨티나에서 정착하였다. 아르헨티나에 정착한 과이레뇨들은 1959년에 발생한 '5월 14일 운동'에 주도적으로 참여하였다.

3) '5월 14일 운동'

① '5월 14일 운동'의 배경

홍색당의 반홍색당 세력에 대한 탄압으로 인해 많은 과이레뇨들이 비야리카를 떠났지만 자유당 지지세력이 크게 약화되지는 않았다. 2월 혁명당원인 텔모 베라 아라곤(Telmo Vera Aragon, 72세)의 증언에 따르면, 시민전쟁에서 패해 홍색당의 독재체제가 완성되었음에도 불구하고 여전히 자유당을 중심으로 한 반홍색당 세력이 비야리카에서 주요한 세력으로 남아 있었음을 알 수 있다.

> 연구자: 시민전쟁이 끝난 후에도 자유당 세력이 계속 존재했었나?
> 증언자: 고등학교 1학년 때 시민전쟁이 끝났을 무렵에는 홍색당이 정권을 장악하고 있었다. 그 당시는 고등학교가 전국에 수도 아순시온과 비야리카 두 곳에만 있었다. 그때 고등학교에는 정치 성향을 조사하는 선거가 있었다. 그 조사에서 총 500명의 학생 중에서 약 400명의 학생은 자유당을 지지하였고, 약 50명의 학생은 사회주의를 지지(2월 혁명당)하였다. 그리고 약 30명의 학생들은 홍색당을 지지하였고, 나머지 약 20명의 학생들은 공산주의를 지지하였다.
> 연구자: 그때가 언제인가?
> 증언자: 56(1956)년이었다.
> 테르모 베라 아라곤(Telmo Vera Aragon), 67세

이 시기는 쿠바 혁명의 성공과 더불어 라틴아메리카의 좌파세력들이 본격적으로 활동하던 때였다. 미국은 이러한 좌파세력의 득세를 막기 위해 라틴아메리카에 친미 정권을 지원하는 데 공을 들이고 있었다. 파라과이도 예외가 아니어서 친미적 성향의 홍색당이 정권을 잡은 '47년 내전'을 기점으로 냉전의 소용돌이에 휘말리게 된다. 1954

년 공산주의 타도라는 명분하에 미국의 지지를 받은 홍색당의 알프레도 스트로에스네르(Alfredo Stroessner) 독재 정권이 들어서면서 파라과이에서의 좌·우 대립은 구체화된다.

미국은 라틴아메리카에 친미 정권을 세우기 위해 열을 올렸고, 이에 좌파 세력은 친미 정권을 붕괴시키기 위한 노력을 전개하였다. 이러한 냉전 구도는 파라과이에서도 마찬가지였는데 반홍색당 세력과 라틴아메리카의 좌파세력 간의 연대가 바로 그것이다. 반홍색당 세력의 중심이라 할 수 있는 자유당은 사회주의와 공산주의 사상을 계승하고 있지 않지만, 홍색당 축출이라는 목표를 바탕으로 좌파 계열과 연합하였다.

자유당을 중심으로 한 반홍색당 세력의 중심지인 비야리카는 파라과이에서 좌파세력들이 활동하기에 용이하였다. 비록 자유당이 이념적으로 좌파세력과 일치하지 않지만, 반홍색당이라는 정치적 목적은 전략적 연대를 가능하게 했다. 다음 사례에서 나오는 증언은 비야리카에서 라틴아메리카의 좌파세력들이 어떻게 활동했는가를 잘 보여준다.

> 증언자: 여기(도청) 길에 아르헨티나인이 운영하는 철공소가 있었다. 내가 거기에서 아르헨티나 청년 한 명을 만났다. 갈 때마다 항상 만나서 이야기했다. 나중에 갔는데 없어서 딴 곳으로 가버린 줄 알았다. 어느 날 카로베니(Caroveni)에 있는 우리 집에 가니 그 청년이 의자에 앉아서 나의 잡지를 읽고 있었다. 그가 어떻게 문을 열고 들어왔는지 알 수는 없었다. 그가 나에게 말하길 "루이스(증언자), 이제 도시(비야리카 시내)가 지겹다"고 나에게 이야기하면서 나의 집에 지낼 수 있도록 해주겠냐고 했다. 그래서 좋다고 했다.
> 연구자: 당신은 그를 제대로 알지 못했나?

증언자: 난 잘 몰랐다. 아르헨티나인이 운영하는 철공소에서만 잠
　　　 깐씩 이야기했다. 내가 그에게 이름을 물었다. 그가 말하길
　　　 "나의 이름은 페드로 카스트로 파소 오소르노 산타 마리아
　　　 (Pedro Castro Paso Osorno Santa María)이다"라고 했다.
연구자: 그것이 진짜 그의 이름인가?
증언자: 아니다. 자기 이름을 밝히기 싫어 그냥 만든 이름이다. 그
　　　 는 신분증도 아무것도 없었다. 단지 그는 옷만 가지고 있
　　　 었다. 멋진 파란색의 슈트 상의와 셔츠, 속옷, 구두만 있었
　　　 다. 저녁에 벌거벗고 옷을 빨았다. 그때 나의 부인이 있었
　　　 다. 우리가 '47년 내전'이 끝나고 여기로 다시 왔을 때다.
　　　 거기서 가져온 약이 있었다. 그는 우리가 가져온 약을 이
　　　 웃사람들을 치료하는 데 모두 사용했다. 그러면 치료받은
　　　 사람들이 음식을 그에게 주었다. 이웃이 그를 무척 좋아했
　　　 다. 그 후에 그와 함께 0.5ha의 땅에 바나나 농사를 같이
　　　 했다. 나의 동생이 우리 집에서 5㎞ 떨어진 곳에 바나나를
　　　 키우고 있었다. 그 청년과 소달구지를 타고 바나나 나무를
　　　 가지러 갔다. 우리가 바나나를 심을 때 그가 나에게 말하
　　　 기를 원래는 농업을 공부했는데 나중에 아버지가 의학을
　　　 하기 원해서 의학을 공부했다고 했다. 그는 자전거만 타고
　　　 아르헨티나, 칠레, 여러 지역을 돌면서 파라과이에 왔다고
　　　 했다. (중략) 그 후에 갑자기 사라졌다. 맑스와 레닌에 관
　　　 해 메모한 것을 아주 많이 남겨두고 떠났다. 그것들은 위
　　　 험하기 때문에 모두 태웠다. 그 시대에는 그런 것들이 매
　　　 우 위험했다.[루이스 보지노(Luis Boggino, 82세)]

　　아르헨티나 청년이 상기 증언자에게 접근한 것은 그가 사탕수수
노동조합장임과 동시에 공산당원이었기 때문이다. 그러나 증언자가
정치적 목표의식을 가지고 공산주의 사상에 심취했던 것은 아니었다.
그는 '47년 내전'이 일어나기 전에는 2월 혁명당에 가입했었고, '47년
내전' 때는 홍색당에 가입한 적도 있었다. 그러나 자유당의 도시인
비야리카에서 그의 직업을 구하기가 힘들자 다시 자유당으로 돌아섰
으며, 사탕수수 노동조합장을 하면서 공산당에 가입하였다. 그가 정

당에 가입한 것은 이념적 목표가 있어서라기보다 시대적 상황에 의한 생존전략이었던 것이다.

증언자는 '47년 내전' 당시 조카인 페드로 보지노를 이틀간 숨겨준 것 때문에 아르헨티나로 피해 있다가 2년 만에 다시 비야리카로 돌아왔다. 이 무렵은 증언자뿐만 아니라 내전 후 파라과이의 정치적 상황이 안정되면서 아르헨티나로 떠났던 파라과이 사람 중 일부가 다시 본국으로 돌아올 때였다.

그러나 스트로에스네르의 독재 체제의 강화에 따른 반홍색당 세력에 대한 탄압의 강도가 세짐과 동시에 라틴아메리카 좌파세력의 성장은 아르헨티나에 망명한 반홍색당 세력과 파라과이에 있는 반홍색당 세력 간의 유대를 강화시켰다. 다음은 라틴아메리카의 사회주의당 위원회 비서인 무니스(Muñiz)가 1959년 8월 12일 칠레에서 열릴 라틴아메리카 외무장관 회담에서 앞두고 선언한 내용이다. 이 선언문은 라틴아메리카의 좌파세력이 친미 성향의 스트로에스네르 독재 체제를 어느 정도로 심각하게 여기고 있는지를 잘 보여준다.

> 많은 라틴아메리카의 정부가 각 민족의 의지를 존중하지 않고 있다. 특별한 사례로서 니카라과와 파라과이는 미국의 군대와 경제적 도움이라는 야만적인 억압을 받고 있다. 그것은 미국인들의 이익을 증대시키기 위해 OEA[82]를 통해서 이루어지고 있다.[83]

이 선언은 8월 12일 열릴 라틴아메리카 외무장관 회의를 앞두고 발표된 것이다. 선언의 목적은 쿠바를 중심으로 만연하고 있는 사회

---

82) OEA는 Organización de los Estados Americanos의 약자로 1910년에 미국에서 창설되었다. 쿠바는 곧바로 탈퇴하였다.

83) 출처: 1959년 8월 10일자 아르헨티나의 라 나시온(La Nación) 신문.

주의와 공산주의를 경계한다는 내용의 외무장관 회담 의제에 대응하기 위한 것이었다.

파라과이를 둘러싼 친미와 반미 진영의 힘겨루기는 라틴아메리카에서 좌·우파의 헤게모니 장악에 있어 파라과이가 중요한 지역이라는 것을 알 수 있다. 특히 비야리카는 이러한 냉전의 소용돌이 중심에 있었는데, 그것은 비야리카가 반홍색당의 중심세력인 자유당의 본거지로 그 혁명을 지원할 수 있는 세력들이 풍부했기 때문이다. 이것은 '5월 14일 운동'의 첫 번째 진격 목적지가 비야리카로 결정된 이유라 할 수 있다. 이미 '5월 14일 운동'을 주도한 반홍색당 세력은 비야리카의 2군 보병단의 사령관을 이미 포섭한 상태였으며, 그 군대와 혁명군이 연합하여 수도로 진격하는 것이 그들의 목표였다.

② '5월 14일 운동'의 전개

'5월 14일 운동'[84]에 참여한 혁명군[85]들은 '47년 내전'과 달리 무장투쟁 방식이 조직적이었다. 라틴아메리카의 좌파세력들은 '5월 14일 운동'을 지원하였고, 그 조직에는 반홍색당 세력으로 구성된 파라과이 사람과 아르헨티나와 우루과이의 좌파세력들도 다수 포함되었다(Arellano, 2005). '5월 14일 운동'의 참여한 후안 벤트레 부사르키스는 혁명군들이 아르헨티나 국경에서 진격을 시작할 당시 라디오를 통해 다음과 같은 선전 내용을 들었다고 하였다.

---

84) 5월 14일은 파라과이 독립기념일로서 '5월 14일 운동'은 파라과이를 스트로에스네르로부터 해방시킨다는 의미를 가지고 있다.
85) '5월 14일 운동'의 무장투쟁 집단은 혁명군 혹은 게릴라, 반란군 등으로 언급된다. 여기서 반란군과 게릴라는 홍색당 측의 입장이 강하게 표현된 것으로 삼자적인 관점에서 쓰인 혁명군을 주로 사용하겠지만 문맥에 따라 게릴라와 반란군을 혼용하겠다.

여기 자유의 목소리는 우리의 형제인 농부와 노동자를 위해서 사랑하는 파라과이의 거대한 산 중턱에서 여기까지 오고 있다. 아름다운 우리 겨레를 위한 싸움이 시작되었다. 5월 14일 해방운동은 혁명군들과 함께 국경에 서 있다. 비겁한 스트로에스네르 정권을 끝낼 때까지 전쟁을 선포할 것이다.

후안 벤트레 부사르키스 가문은 레바논계로서 1900년 초에 비야리카에 이주하였다. 그는 아르헨티나에서 고등학교를 다니던 19세 때 '5월 14일 운동'의 혁명군으로 참여했다. 혁명군들은 파라과이 남쪽 국경에 인접한 아르헨티나 미션 지역에서 5개의 부대로 나뉘어서 진격하였다. 한 부대는 약 300명으로 구성되었다. 후안 벤트레 부사르키스에 따르면 게릴라군의 목적은 비야리카의 으브트루수를 점령하여 혁명군의 규모를 확대시켜 파라과이 동쪽 국경과 인접한 아르헨티나 클로린다에서 준비하고 있던 혁명군과 연합하여 아순시온으로 진격한다는 것이었다.

그러나 '5월 14일 운동'은 사전에 정보를 입수한 파라과이 정부에 의해 탄로 나고 말았다. 이 사실을 자유당 수뇌부들이 파악했으나 혁명군에게 알리지 않았고 혁명군들은 예정대로 파라과이 국경으로 진격하였다. 혁명군은 아르헨티나와 파라과이 간의 국경인 파라나(Parana) 강을 건넜고 미리 대기하고 있던 파라과이 군에 기습 공격을 당하였다. 혁명군은 제대로 싸워보지도 못하고 일부만이 국경을 넘어 파라과이 땅에 상륙하였다. 그러나 국경을 넘은 혁명군들도 미리 준비된 민병대와 경찰, 군인에 의해서 소탕되었다. 다음은 민병대[86]였던 로페스

---

[86] 민병대는 파라과이 국경지역의 주민들이 국경을 방어하기 위해 구성된 것으로 스트로에스네르 정권 때 구성되었다. 이들은 홍색당 지지자들로 '47년 내전' 때의 '쁘난디'와 그 성격이 유사하다. 민병대는 8~10명씩 조를 이루어 국경을 감시했다고 한다.

(López)가 자신이 살고 있던 동네에 혁명군들이 상륙하여 전투를 치른 상황을 증언한 것이다.

> 나의 집 아래쪽 30~40m가량은 모래사장이어서 게릴라[87])를 태운 배가 나의 집 있는 강변 쪽에 접근하지 못했다. 배를 정박할 수 있는 장소가 한 곳이 있었는데 그들은(게릴라들은) 알지 못했다. 그 배를 운전한 사람은 히메네스(Giménez)로 나의 친척이었고 나의 집도 잘 알고 있었다. 게릴라들은 어디든 정박하기를 원했다고 한다. 그들은(게릴라들은) 나의 집이 있는 강가에 정박할 수 있는지를 히메네스에게 물었다고 한다. 히메네스는 어디에서 배를 돌리면 우리 집 앞에 정박하는지를 알고 있었다. 그러나 히메네스는 나를 보호하기 위해 그 사실을 숨기고 게릴라들에게 알리지 않았다고 했다. 게릴라들은 히메네스에게 정박할 수 있는 다른 곳이 있는지를 물었고, 히메네스는 다른 곳을 가르쳐줬다고 했다. 그래서 히메네스는 나의 집에서 2㎞ 떨어진 곳에 게릴라를 내려주려고 했다고 한다. 그러나 치아까지도 무장한 게릴라들은 다른 곳을 원했고, 히메네스는 게릴라들이 원한 오타뇨(Otaño)와 로페스(López) 항 사이에 300명의 게릴라를 내려줬다고 한다. 그들은(게릴라들은) 경찰서로 향했는데, 그 경찰서는 우리 집에서 불과 400m 거리에 있었다. 게릴라는 경찰서에 불을 질렀고 건물은 오래 버티지 못하고 모두 타버렸다. 그래서 주민들은 도망을 갔고 게릴라들은 로페스 항으로 진격했다. 나는 총소리를 듣고 무서웠으나 매일 보초를 섰다. 더 이상 게릴라가 오지 않아 동료와 함께 보초를 쓴 것이 헛수고가 되었다. 게릴라들은 로페스 항까지 가서 경찰서를 불 지르고 거기에 있던 무기를 탈취했다. 거기 주민들은 고기 잡는 일을 멈추고 동원되어 경찰서에 난 불을 껐다.
>
> 로페스(López, 86세)

증언자인 로페스는 오전 5시에 게릴라들이 상륙하여 오전 8시까지 총격전이 벌어졌다고 한다. 혁명군들은 아순시온과 시우다드 델 에스테에서 온 군인들과 지역 주민으로 구성된 민병대들의 공격으로 로

---

87) 게릴라는 혁명군을 말한다.

페스 항을 점령하지 못했다. 수많은 사상자만 남긴 채 혁명군들은 전열을 상실하고 뿔뿔이 흩어졌다. 실제로 혁명군들이 파라과이 정부에 의해 소탕되었음에도 불구하고 아르헨티나의 소식통들은 혁명군들이 비야리카를 점령했다고 전하였다. 다음은 비야리카에 소재한 제2군단 보병대의 병사로 있던 오캄포의 증언을 통해 혁명군이 넘어오던 당시의 비야리카의 상황을 증언한 것이다.

> 증언자: 59년인가 60년인가쯤인데 오후 1시 반에, 어느 날, 확실하진
> 않지만 내 기억에 목요일이었다. 우리 제2보병대(Segundo
> division infantería)가 일을 나가려고 준비하고 있었다. 둑을
> 만들려고 호수가 있는 곳에 갔다. 이때 중위가 우리에게
> 갑자기 말하기를 두 명씩 전투대형으로 행진하라고 했다.
> 그리고 각 전투 조와 함께 두 명씩 전투태세를 갖추라고
> 해서 놀랐다. 왜냐하면 무슨 일이 일어났는지 몰랐기 때문
> 이다.
> 연구자: 당신들이 그들을(혁명군) 잡으러 간 것이냐?
> 증언자: 전투는 이미 이타푸아의 로페스 항(Puerto López), 오타뇨
> 항에서 이미 시작되었다. 오후에 지휘관이 말한 전투조로
> 게릴라를 잡기 위해 아바이(Avai)로 갔다. 라디오에서 말하
> 는 것을 우리가 들었는데 게릴라가 으브트루수(Ybytyrusu)
> 산을 장악했다고 이야기했다. 그러나 이것은 거짓말이었
> 다. 왜냐하면 이때는 아직까지 그들이 으브트루수에 도착
> 하지도 않았다. 그런 소문(게릴라가 으브트루수에 도달했
> 다는 것)은 모두 거짓이었다. 정말 앞뒤가 하나도 맞지 않
> 는 거짓말이었다. 그런데 우리가 읽었던 도라도 신문(Diario
> Dorado)[88])에서는 게릴라가 우리 부대를 장악했다고 나왔
> 다. 그러나 으브트루수도 지나가지 못했는데 어떻게 우리
> 부대를 장악할 수가 있겠는가?
> 연구자: 당신들은 게릴라가 여기를 점령하는 것이 목적이라는 것
> 을 알았나?

---

88) 도라도신문은 아르헨티나의 미션주에서 발간되는 신문이다.

증언자: 우리는 그 사실을 알았다. 도라도 신문에서 말했다. 그러나 그들은 오지도 않았다. 여기(비야리카)에서 먼 곳에 도착했다. 그들은 무기를 버리고 전부 정비가 안 된 상태로 있었다. 도망갈 사람은 도망가고.[오캄포(Ocampo), 77세][89]

혁명군의 침투에도 불구하고 파라과이 신문이나 언론들은 스트로에스네르의 지시로 그 소식을 파라과이 국내에 유포하지 않았다. 파라과이 사람들이 게릴라전에 대한 소식을 접할 수 있는 유일한 통로는 아르헨티나의 미션지역에서 흘러나오는 라디오 방송과 신문과 혁명군과의 전투를 목격한 사람들의 소문뿐이었다.

이 당시 파라과이의 스트로에스네르 정권은 브라질과 미국과 긴밀한 관계를 유지하고 있어, 아르헨티나와 우루과이 정부는 암묵적으로 반홍색당 세력인 혁명군을 지지하였다. 그래서 아르헨티나는 혁명군에게 무기를 제공하였고, 아르헨티나에 거주하고 있는 반홍색당 세력들이 '5월 14일 운동'을 수행할 수 있도록 혁명군의 진격로와 퇴격로를 보장하였다. 아르헨티나에 거주하던 반홍색당 세력들은 아르헨티나의 라디오 방송과 미션 지역에 발간되는 신문내용을 조작하여 혁명군에게 유리하게 보도함으로써 파라과이 내부에 혼란을 주고자 하였다. 바로 그 대표적인 신문이 도라도 신문[90]으로 혁명군이 비야리카의 제2군 보병대를 장악했다거나 으브트루수에 도착했다는 식의 기사를 유포하였다.

앞서 보았듯이 생존한 혁명군들은 아르헨티나 정부에서 망명을 허

---

89) 오캄포는 비야리카 출신으로 그의 아버지는 '47년 내전' 당시 '쁘난디'였다. 이 당시 그는 19세로 제대를 4개월 남겨두고 있었다고 한다.

90) 도라도 신문은 아르헨티나 미시온 주의 주도인 도라도 시에서 발간된 신문이다. 도라도 시는 '47년 내전'이 끝나고 많은 수의 파라과이 사람들이 이주한 곳이기도 하다.

용하여 아르헨티나로 넘어갔지만 일부 혁명군들은 파라과이에 남아 비야리카 쪽으로 진격하였다. 그들은 10~20명의 정도의 분대를 구성하여 비야리카로 진격하였으나 전열을 제대로 갖추지 못한 채 목적지로 향하는 도중에 거의 몰살당하였고, 소수의 생존자는 으브트루수 산과 비야리카에서 체포되거나 처형당하였다.

> 연구자: 게릴라가 비야리카에 오지 않았나?
> 증언자: 여기까지 오지 않았다. 사람들의 말에 따르면 바사리, 으브트루수, 만굴료, 파소 조바이, 아바이, 산 후안 포무세뇨까지 왔다고 한다. 그러나 전부 조직적이지 않은 상태였다. 우리부대에서는 전투로 한 명만 죽었다. 성이 로페스고 그의 나이는 열여덟 살이었다. 아바이에서 죽었다. 이 지역에서 전투가 많이 일어났다. 게릴라가 발견되면 추격하고 공격하고 잡고 많은 사람이 죽었고 매장되었다. 샤라라에서 많이 죽었다. 지금은 에우헤니오 아가라이로 지명이 바꼈다. 여기에 게릴라가 무척 많이 매장되었다.
> 증언자: 당신의 부대가 치른 마지막 전투는 어디였는가?
> 증언자: 에우에니오 아가라이에서의 전투가 마지막이었다.
> 연구자: 게릴라를 직접 봤는가?
> 증언자: 봤다. 모든 곳에서, 산에서, 들에서. 한번은 게릴라들을 600~700m 거리에서 쫓아가는데 산 입구에서 총격전이 있었다. 게릴라들이 나의 동료인 로페스에게 총을 쐈다. 마지막 날 게릴라들을 데려왔는데 그중에서 한 여자의 이름이 안토니아 미촐라비였던 것으로 기억한다. 그녀는 간호사였고, 같이 있었던 남자는 서른 살 정도였다. 그들을 아바이에서 인계해서 우리가 데려왔다. 우리 부대에서 와서 그다음에 에우헤니오 아가라이(임시수용소)로 갔다. 그 후에는 아무도 모른다. 죽어서 매장되었는지 아니면 다른 데로 끌려갔는지……[오깜뽀(Ocampo), 77세]

생존한 게릴라들은 비야리카 인근 지역까지 왔으나, 제2보병대에 의해 포로로 잡히거나 사살당하였다. 포로들은 비야리카에서 약 20㎞ 떨어진 에우헤니오 아가라이에 있는 임시 수용소에 감금되었다. 주민들의 증언에 의하면 이곳에서 많은 게릴라들과 그와 관련된 민간인들이 고문을 당하거나 총살을 당하였다고 한다. 여기서 풀려난 포로들은 아순시온의 북쪽에 있는 페나 에르모사라는 수용소로 이송되었다고 한다. 혁명군에 참여했던 후안 벤트레 부사르키도 여기에 감금되었다. 2제 보병대대의 수색으로 잡히지 않은 몇몇의 혁명군들은 비야리카에 도달하였다. 그들은 비야리카에 있던 '5월 14일 운동' 조직원들과 접선하기 위해 시내에 내려왔으나 모두 소탕되었다. 다음은 비야리카에 내려온 몇몇 혁명군들의 행적에 관한 증언이다.

> 연구자: 게릴라가 여기까지 왔다는 이야기를 들었는데 사실인가?
> 증언자: 여기까지 왔다. 여기서 다 죽였다. 한 명도 살지 못했다……. 내가 페레이라 쪽의 고로스티아가 농장에서 트랙터로 일을 하고 있을 때였다. 그때 두 명의 남자가 나타났는데 옷차림새가 엉망이었다. 그러나 겉모습은 촌놈이 아니었다. 밀짚모자도 없고. 그들은 나에게 약간의 음료와 음식을 먹고 싶다면서 어디에 알마센(구멍가게)이 있냐고 나에게 물었다. 바리오 산타 루시아에 알마센이 2~3군데가 있다고 가르쳐줬다. 구멍가게 주인은 그들을 의심하여 그들에게 누구냐고 물었다. 왜냐하면 주인이 대충 감을 잡아서……. 구멍가게 주인이 너희들은 무슨 일을 하는 사람들이냐고 물었다. 그 남자가 대답하기를 우리는 농장에 철조망을 치기 위해 나무 지지대를 박는 일을 한다고 말했다. 의심쩍어하던 주인이 경찰을 불렀다. 여기(도청) 앞[91]에 신형 트럭이 있었는데 헤네랄 콜만이 그 트럭 뒤에 둘을 잡아서 묶었다. 그들 중 한 명은 의사였다. 그들에게 무기가 어디 있는지 물었고 곧바로 거기에 구멍을 파서 그들

---

91) 지금은 도청이지만, 그 당시에는 경찰서였다.

을 바로 죽여서 묻었다.[루이스 보지노(Luis Boggino), 82세]

으브트루수에 있는 소수의 혁명군 잔당들은 목숨을 구하기 위해 비야리카에 있는 조직원들의 집에 숨기 위해 시내로 진출하였다. 그러나 그들의 행색은 너무나 눈에 띄었고 주민들에게 발각되기가 쉬웠다. 특히 주민들은 콜만 장군의 혁명군 색출 작업에 의해 겁에 질린 나머지 이상한 사람들만 보아도 경찰에 신고를 하여 혁명군들이 조직원의 집을 찾아 숨어 지내는 것은 거의 불가능하였다. 이러한 상황에서 혁명군들을 소탕하기 위해 아순시온에서 파견된 헤네랄 콜만은 혁명군들뿐만 아니라 그와 관련된 사람들을 잡히는 대로 무자비하게 고문하고 처형하였다. 심지어는 혁명군들을 비행기로 이송하면서 공중에서 혁명군들을 아래로 떨어뜨려 죽이기도 하였다고 한다. 이러한 상황은 주민들에게 엄청난 공포감을 심어주었다.

③ 과이레뇨에 대한 탄압

'5월 14일 운동'이 일어났던 당시에 혁명군의 침투를 돕기 위해 연락을 담당한 텔모 베라 아라곤(Telmo Vera Aragon)은 비야리카에 혁명군을 지원하기 위한 조직이 있었다고 증언하였다. 그 조직은 비밀스럽게 조직되어 연락하는 사람들 이외에 누가 그 조직에 있었으며 그 수가 얼마 정도인지는 자신도 모른다고 하였다.

혁명군의 지원을 약속했던 제2군 보병대장은 혁명군이 국경에서 패하면서 지지를 철회하였고, 이에 비야리카 시내에 있던 혁명군 지원 조직도 와해되었다. '5월 14일 운동'의 목적지가 비야리카라는 것을 간파한 정부는 '시민전쟁' 때와 마찬가지로 경찰을 동원하여 혁명군을 지원한 세력들인 자유당 지지자들과 좌파세력을 탄압하기 시작했다. 정부는 비야리카에 '5월 14일 운동' 관련자 색출 조직을 구성했으며, 헤네랄 콜만이 그 조직의 책임자로 선임되었다. 이들에게 있어 비야리카의 모든 주민들은 의심의 대상이었고 약간의 미심쩍은 부분이 발견되면 곧장 체포되었다. 심지어는 비야리카 출신의 혁명군이 사살되어 시신이 공개적으로 방치되었으나, 그의 부모는 가족들과 친척들이 해를 당할까 봐 그 시신이 자신의 아들이라는 것을 밝히지 못하였다. 그래서 그 사연을 들은 이웃들이 몰래 밤에 시신을 수습해 성당에 안치했다고 한다. 다음은 루이스 보지노의 친구가 '5월 14일' 운동과 아무런 관련이 없이 '5월 14일' 지원 세력으로 몰려 고문을 당한 사례를 증언한 것이다.

> 그렇다. 진짜 실화다. (꾸며낸) 이야기가 아니다. 라몬은 온몸이 철사에 묶여 끌려갔다. 왜냐하면 게릴라가 그 집 신발을 신고 있어서…… 그를 잡아서…… 가길 원하면 지금 가서 이야기하자. 여기서 (도청) 100m에 그의 집이 있다. 그 시대는 아무렇지도 않게 그렇게 싹 사라졌다.
>
> 루이스 보지노(Luis Boggino, 82세)

루이스가 증언한 이 당시 라몬은 신발점을 운영하였다. 혁명군들이 헤네랄 콜만에 의해 체포되었을 때 라몬의 신발점에서 산 구두를 신고 있었다. 이 일로 인해 라몬은 경찰의 의심을 받았고 콜만 장군이 라몬의 신발점에 들이닥쳤다고 한다. 콜만은 장롱과 서랍을 뒤졌고 라몬이 트럭을 사기 위해 모은 돈을 발견하였다고 한다. 콜만은 그 돈이 혁명군들을 위한 자금이라고 생각하여 라몬을 체포하였다고 한다. 라몬은 다른 과이레뇨와 함께 임시수용소 있던 에우헤니오 아가라이에 감금되었다. 다음의 증언은 포르베니르 과이레뇨 회장이 체포된 사연에 대해 라몬과 그의 친구인 루이스가 대화한 것이다.92)

> 증언자(루이스): (포르베니르 과이레뇨의) 회장이었지. 아주 좋은 사람이었고. 제기랄, 그 아들들이 자유당이었어.
> 증언자(라몬): 에바리스토 페르난데스도 잡혀왔어. 그가 어떤 여성에게 전화를 빌려줬고, 그 일로 여기로 체포되어 왔지.
> 증언자(루이스): 당시에는 전화국에서 모든 전화를 감시했지?
> 증언자(라몬): 그랬지. 에바리스토는 아무것도 몰랐어. 그 여자가 그녀의 장남에게 전화를 했는데 장남이 공산주의자들과 내통을 했었어. 그녀의 장남이 공산주의자 중에서 대장인 비히리오 마레코스라는 사람이었어. 그는 민간의료를 하는 사람인데 프리에드만 설탕공장에서 일했었지.[라몬 마이다나(Ramón Maidana), 83세; 루이스 보지노(Luis Boggino), 82세]

에바리스토는 전화를 빌려줬다는 이유만으로 라몬처럼 체포당하였다. 그러나 증언자들의 추측으로는 에바리스토는 포르베니르 과이레뇨 회장임과 동시에 자유당의 인사로서 경계인물이었고, 체포구실을 찾던 도중에 전화가 빌미가 되었다고 한다. 이들은 포박당한 채로 수용소까지 끌려갔고 20평 남짓 되는 방에 수용되었다고 한다. 거기에는 40명에서 50명 사이의 과이레뇨가 있었다고 한다. 증언자는 에바리스토 옆에서 나란히 같이 잤다고 한다. 그 방에는 양초나 전깃불도 없어 밤에는 칠흑같이 어두웠고 시간이 지날수록 고문당한 사람

---

92) 증언자인 라몬 마이다나는 그 상황에 대해 증언하는 것을 너무 두려워했다. 필자가 조사자라는 신분인 것을 알아서 여러 차례 방문에도 불구하고 인터뷰를 거절당하였다. 그래서 필자는 그의 가장 친한 친구인 루이스 보지노에게 부탁하여 수차례 방문 끝에 그와 인터뷰를 할 수 있었다. 그러나 필자는 그의 친구인 보지노가 자연스럽게 그때 상황을 물어보는 것이 대화를 이끌어내기 수월하다고 생각하였다. 이에 필자는 미리 루이스 보지노에게 궁금한 것을 미리 알려주었고, 루이스가 대신하여 궁금한 것을 물어보았다. 필자는 그 대화 현장에 참여만 하였다.

들의 피로 바닥이 흥건했다고 한다. 다음은 증언자가 도착하기 전에 임시수용소에 이송되어 고문을 당한 사람에 대해 묘사한 것이다.

> 에스피놀라는 시계수리공인데 처음으로 거기에 잡혀갔고 이틀 뒤에 우리가 들어갔지. 그를 봤는데 땅바닥에서 '쁘르아꾸아(Pyryacua)'라고 불리는 자세로 있었지. 그의 혀는 입 밖으로 나와 있었고 우리에게 물을 달라고 애원했었어.
>
> 라몬 마이다나(Ramón Maidana, 83세)

'쁘르아꾸아'는 파라과이의 원주민 언어인 과라니어로 움직이지 못하게 무엇인가로 묶는 것을 말하는 것으로 일종의 포박이라 할 수 있다. 라몬과 일행들도 포박을 당한 채로 임시수용소에 도착하였다. 라몬은 포박 때문에 땅바닥에 제대로 앉을 수 없어 손과 발이 없어진 느낌을 받을 정도로 감각을 잃었다고 한다.

수용소의 간수들은 감금된 사람들과 대면할 때 인사를 하는 것처럼 웃으면서 몽둥이로 머리를 때렸다고 한다. 이로 인해 라몬은 머리가 깨져 피를 많이 흘려 죽는다고 생각했다고 한다. 그러나 다행히도 홍색당의 당원인 파네고[93]가 라몬이 체포된 것을 알았고 도움을 주기 위해 임시수용소를 방문하였다고 한다. 라몬은 절친한 친구인 파네고의 도움으로 이틀 만에 풀려났다.

라몬이 임시수용소에서 풀려나 비야리카로 돌아왔을 때 경찰의 탄압 강도가 더욱 심해졌다. 콜만과 경찰은 약간의 의심이라도 가는 약국이나 상점이 있으면 허가 없이 침입하여 물건과 돈을 강탈하였다.

---

93) 파네고(Fanego) 가문은 1947년 이후에 홍색당에 가입한 후로 이 당시에 비야리카에서 홍색당 지지세력으로 이름을 떨치고 있었다.

그래서 대부분의 상점들은 문을 잠그고 영업을 하지 않았다고 한다. 이러한 상황 때문에 사람들은 후환을 두려워하여 아무도 라몬과 어울리지 않으려 했다. 라몬은 다친 머리를 치료하기 위해 병원에 갔으나, '뒷일'을 두려워한 의사가 진료를 거부했다고 한다. 그래서 라몬은 친척이 있는 아순시온에 가서 머리를 치료하였다고 한다.

혁명군들이 모두 소탕되고 콜만 장군이 철수한 뒤에도 정부에서는 비야리카를 특별히 관리하기 위해 스트로에스네르의 처남을 주지사로 파견하였다. 홍색당 이외의 정치적 모임은 금지되었으며, 노동조합과 같은 반정부적인 단체에 가담한 사람들은 곧바로 경찰서로 잡혀갔다. 가족이나 사람들이 모여서 정치적인 사안에 대해서 이야기하는 것도 금기시되었다.

3. 과이레뇨에 관한 비판적 담론의 형성

파라과이 사람들로부터 과이레뇨가 특별한 집단으로 각인된 것은 '외국인 도시'와 '자유당 도시'라는 인식에서 비롯된 것이다. 인종적·정치적 측면에서 파라과이 사람들의 과이레뇨에 관한 특별한 인식은 정치적 갈등이 결합되면서 한층 더 강화된다.

'47년 내전'과 '5월 14일 운동'은 파라과이 전체에서 일어난 사건이지만 유독 과이레뇨의 이미지만 극도로 나빠졌다. 그것은 앞서 언급한 것처럼 두 내전이 자유당을 중심으로 이루어졌기 때문이다. 특히 '5월 14일 운동'의 혁명군 목적지가 비야리카였다는 사실은 파라과이 사람들이 과이레뇨를 다른 집단으로 인식하는 결정적인 계기가 되었다.

특히 1954년에 정권을 잡은 스트로에스네르는 '5월 14일 운동'을 빌미로 반국가적인 집단행동이나 사상은 모두 공산주의로 몰아갔고 엄격하게 처단하였다. '5월 14일 운동'은 공산주자들의 국가 전복 운동으로 변질되었고, 이를 계기로 과이레뇨는 좌파세력집단이라는 이미지가 덧씌워졌다. 파라과이 사람들에게 과이레뇨는 국가를 전복하려는 불순 집단, 소위 '빨갱이'라는 인식이 자리 잡게 된다. 이는 냉전이라는 시대적 정치흐름과 무관하지 않을 것이다.

이러한 정치적 흐름 속에서 파라과이 사람들이 과이레뇨의 특성을 규정하는 세 가지 단어는 '외국인 · 자유당 · 반정부 집단'이며, 이것이 과이레뇨를 타자화하는 근거가 되었다. 이러한 논리는 홍색당을 미화하는 신문 등 언론의 정치사설에서 많이 드러난다. 그 주요 내용은 1811년 파라과이가 독립할 때 세 부류의 정치 집단이 있었다는 것이다. 첫 번째는 파라과이의 독립을 지지하는 부류이고, 두 번째는 아르헨티나와 합병을 주장하는 부류, 세 번째는 스페인 식민지 상태로 그대로 머물러 있기를 원하는 부류가 있었다는 것이다(Argaña, 1979: 93).

홍색당의 정치적 뿌리는 파라과이의 독립을 지지하는 부류에서 비롯되었고, 자유당의 정치적 뿌리는 아르헨티나와 합병을 하거나 스페인 식민지 상태로 머물러 있다고 주장한 부류에서 이어져 왔다는 것이다. 이러한 정치적 해석이 가능했던 것은 '47년 내전'이후 많은 자유당 인사들이 아르헨티나로 도피를 하였고, 그들이 아르헨티나로부터 암묵적으로 지원을 받아 '5월 14일 운동'을 계획했기 때문이다. 즉 두 번의 내전과 관련한 자유당과 아르헨티나와의 연관성은 파라과이 사람들로 하여금 예전부터 자유당 세력이 아르헨티나와 상당히 긴밀한 관계였다고 인식하게끔 하였다. 이로 인해 자유당은 유럽계 이민자를 대변하는 '외세정당', 홍색당은 메스티소를 대표하는 '민족정당'

이라는 대립적 이미지를 가지게 되었다.

　이런 자유당의 반민족적 이미지는 과이레뇨에 그대로 투영되었다. 현재 비야리카의 주재한 스페인 영사인 호세 곤살레스(José González)는 과이레뇨가 반민족적인 성향을 지녔다고 주장하는 담론에 관한 몇 가지 사례를 증언하였다. 그에 따르면 가톨릭대학 학장을 역임했던 라파엘 에라디오 벨라스케스(Rafael Eradio Velázquez)는 과이레뇨들이 파라과이 독립회의에 참가하여 파라과이와 별개의 국가로 독립하기를 주장한 전통 때문에 여전히 과이레뇨들의 독립성이 강하다고 말했다고 한다. 1960년대에 비야리카에서 주교를 했던 산티아고 베니테스(Santiago Benítez)는 비야리카가 반 정부세력 정치인들의 탈출지이며 도피처이기 때문에 지역성이 강하다고 말했다고 한다. 이 외에도 비야리카가 발전했던 것은 '큰 전쟁' 때 과이레뇨 남자들이 전쟁에 참가하지 않고, 으브트루수 산에 숨어 인구의 피해가 적었기 때문이라는 것이다. 일부 과이레뇨들은 이런 식의 소문과 담론을 언급하기도 하지만 대부분의 과이레뇨들은 정치적인 성향과 관련된 담론에 대해 아주 민감하며, 그에 관해 언급하는 것을 매우 싫어한다. 왜냐하면 과이레뇨가 반정부적이고 반민족적인 집단이라는 담론은 그 사실의 진위 여부를 떠나 과이레뇨들에게 피해의식을 심어 주었기 때문이다. 이와 같은 피해의식은 비야리카가 경제적으로 어려워지기 시작한 때부터 생겨나기 시작한다.

　많은 과이레뇨들은 '47년 내전'으로 수많은 자유당 인사와 그들과 직 · 간접적으로 관련된 사람들이 홍색당과 '쁘난디'의 탄압으로 인해 도시를 떠나서 비야리카가 침체하기 시작했다고 증언하였다.

나의 아버지가 말했는데, '47년 내전'이 일어나고 엄청나게 많은
과이레뇨들이 떠나면서 여기를 떠나면서 비야리카가 쇠퇴하기 시
작했다고. 그 당시에 사람이 줄어서 여기서 장사를 할 분위기가 안
됐다고. 지금과 그때의 시내와 비교하면 달라진 것도 없지. 요즘은
상점들이 더 줄어들었지.

훌리오 무시(Julio Mussi, 72세)

　　'47년 내전'으로 인해 비야리카가 경제적으로 침체된 것은 상권을
장악하고 있던 부유한 사람들의 대다수가 자유당원이었기 때문이다.
자유당원의 도피 이외에도 '47년 내전'이후 비야리카의 저성장이 가
속화된 것은 스트로에스네르의 정책과 관련이 있다.

　　스트로에스네르는 브라질에서 군사학교를 졸업한 인연 때문에 브
라질과 긴밀한 관계를 갖고 있었다. 스트로에스네르 정권이 들어서기
이전에 파라과이는 정치 · 경제 · 문화 등 모든 면에서 아르헨티나와
많은 교류를 하였다. 식민시기부터 파라과이는 아르헨티나를 통해 선
진 문물을 받아들였고, 파라과이 지도층들은 아르헨티나에서 유학하
였다. 경제적으로도 파라과이는 아르헨티나의 배후지로서 주요 생산
품인 목재와 마테 차와 같은 농산품을 부에노스아이레스로 수출하였
다. 이와 반대로 유럽의 물품과 사람들은 부에노스아이레스를 통해
파라과이로 유입되었다. 이러한 두 나라 간의 교류는 철도가 연결되
면서 확대되었고, 그러한 교역의 중심에 비야리카가 있었다.

　　양국 관계는 스트로에스네르가 집권하면서 경직되기 시작하였다.
스트로에스네르는 브라질과의 교역을 위해 1957년 파라나 강을 경계
로 브라질의 이과수 폭포 건너편 밀림지역에 자신의 이름을 딴 스트
로에스네르 항(Puerto Stroessner)이라는 마을을 건설94)하였다. 1961년
파라과이 정부는 국토의 동 · 서를 연결하기 위해 수도인 아순시온에

서 스트로에스네르 항까지 약 330km를 잇는 '코르디예라 국도 계획(Plan Nacional Camino a la Cordillera)'을 수립하여 도로를 건설하였다. 그 이후 이 계획은 '마르차 알 에스테(Marcha al Este)'[95]로 변경되었고 에스트로스에스네르 항의 이름도 시우다드 델 에스테(Ciudad del Este)로 변경되었다.

동·서를 잇는 국도의 건설이 1961년에 시급히 이루어진 것은 1959년과 1960년 사이에 일어난 '5월 14일 운동'과 관련이 있다. 파라과이 정부는 '5월 14일 운동'에 참여했던 혁명군의 진격과 후퇴를 아르헨티나 정부가 암묵적으로 용인한 것에 대해 유감을 표시하였다. 스트로에스네르 정권이 '5월 14일 운동'의 배후에 아르헨티나 정부가 존재했다는 것에 대해 불만을 가졌고, 이에 친브라질파인 스트로에스네르 정권은 브라질과의 교류를 증진하기 위해 국경 도시와 수도 간의 도로를 건설하였다. 다음은 그 당시 아르헨티나 주재 파라과이 대사관이 5월 14일 운동과 관련하여 아르헨티나 정부에 항의한 내용이다.[96]

파라과이 정부는 최근의 반란과 관련하여 아르헨티나에게 강력하게 항의하였다. 부에노스 아이레스의 파라과이 대사인 페도로 우고 페냐(Pedoro Hugo Peña)는 "아르헨티나에 거주한 파라과이 반란군의 길을 열어준 아르헨티나 정부에 공식적으로 항의한다. 파라과이 정부는 아르헨티나가 그 반란군을 지원한 것으로 결론을 내렸는데, 왜냐하면 아르헨티나 영토에서 반란군이 결성되어 무장하였고, 조직적으로 침입했기 때문이다"라고 밝혔다.

아르헨티나 주재 파라과이 대사의 대응은 '5월 14일 운동'의 구성

---

94) 이 마을은 인근 주민들이 '밍가(la minga)'라는 자발적인 협동노동체계를 통해 개척되었다.

95) 마르차 알 에스테는 '동쪽으로 행진'이라는 뜻을 가지고 있으며, 이 도로는 현재 '1번 국도(Ruta 1)'로 불리고 있다.

96) 출처: 1959년 12월 19일자 아르헨티나의 라 나시온(La Nación) 신문.

원들이 파라과이 영토를 넘은 지 일주일 만에 공식적으로 발표된 것이다. 스트로에스네르 정부는 '5월 14일 운동'이 아르헨티나 정부의 지지에 의해 조직되었다는 것을 전제로 아르헨티나 항공의 파라과이 운항을 불허하였다. 그 명목은 아르헨티나 내의 파라과이 반정부 인사의 방문을 막기 위한 것이었다. 파라과이와 아르헨티나 간의 냉각 관계로 인해 아르헨티나 정부는 파라과이 철도의 아르헨티나 통행료를 높게 책정하였고, 이에 파라과이 정부는 철도 운행을 중단하였다. 파라과이와 아르헨티나와의 교류에 있어 가장 중요했던 교통수단은 아순시온과 비야리카, 엥카르나시온을 남·북으로 연결한 철도였다. 그러나 '5월 14일 운동'으로 빚어진 일련의 정치적 파장은 파라과이와 아르헨티나 간의 교역을 상징했던 남·북 간 철도시대에서 브라질과의 교역을 상징하는 동·서 간의 국도시대로 이행시켰다.

철도를 기반으로 발전했던 비야리카는 이때부터 침체되기 시작했으며, 파라과이 제2의 도시라는 위상은 시우다드 델 에스테로 넘겨주었다. 현재 비야리카의 인구는 약 5만 명에 불과하지만, '1번 국도'를 끼고 있는 새로운 도시들은 약 40년 만에 비야리카보다 훨씬 더 발전하였다. 시우다드 델 에스테는 인구가 약 22만 명에 달하며 브라질과의 교역 창구로 남아메리카에서도 규모가 큰 상업도시에 속한다. 이 외에도 1번 국도를 지나는 코로넬 오비에도(Coronel Oviedo)와 카아과수(Caáguazu)는 각각 약 인구 9만 명의 도시로 성장하였다. 이 두 도시는 과거에는 비야리카의 경제권에 포함되었으나 이제는 두 도시의 인구수와 경제규모가 비야리카를 앞질렀다. 특히 코로넬 오비에도는 비야라까에서 약 50㎞ 정도 떨어진 곳으로, 과거에는 디스트리토에 불과했으나 지금은 파라과이의 동쪽과 서쪽을 잇는 교통의 중심지로 과거의 비야리카처럼 내륙의 교통과 상업 중심 도시가 되었다.

철도의 폐쇄로 인한 비야리카의 쇠퇴는 과이레뇨들에게 상실감과 피해의식을 심어주었다. 과이레뇨들은 자구책으로 1961년 비야리카에 가톨릭대학을 유치하였다. 이 대학의 설립에 주도적으로 참여한 사람은 비야리카 대성당의 주교였던 아구스틴 로드리게스(Agustín Rodríguez)와 후안 보지노(Juán Boggino), 라미로 도밍게스(Ramiro Domínguez)와 미구엘 바체타(Miguel Vacchetta)와 같은 자유당 세력들이었다. 이들 중 역사학자인 라미로 도밍게스는 스트로에스네르에 대항하여 교육 운동을 주도하였으며, 과이레뇨의 역사 찾기의 일환으로 구성된 '비야리카 옛 역사 연구회'의 주 구성원으로 참여하였다.

가톨릭대학이 자유당 세력과 과이레뇨들의 '성지'로 부상하면서 스트로에스네르 정권은 가톨릭대학에 대한 지원과 새로운 단과대학 설립을 방해하였다. 이는 의과대학의 설립과정을 잘 나타낸다. 다음은 가톨릭대학 의과대학 설립위원회 구성원으로 참여한 루이스 트라베르시(Luis Traversi)의 증언이다.

> 1980년대 초반에 나와 나의 선생님인 라미로 도밍게스를 비롯한 과이레뇨들은 비야리카의 발전을 위해 가톨릭대학 내에 의과대학 유치를 파라과이 주교 회의(Conferencia Episcopal Paraguaya)에 신청하였다. 그러나 스트로에스네르는 주교회의에 압력을 가하여 의과대학 승인을 보류하였다. 이 안건은 스트로에스네르가 물러난 1989년에야 겨우 통과되었다. 에스트에스네르 정권 때는 비야리카가 탄압도 많이 당했고 경제적으로도 말이 아니었다.
>
> 루이스 뜨라베르시(Luis Traversi, 남, 62세)

이와 같은 증언은 상기의 증언자뿐만 아니라 아베세 신문의 비야리카 특파원인 세살 마르티네스(Cesar Martínez) 등 많은 사람들이 스트로에스네르와 관련된 피해의식을 증언하였다. 그들은 비야리카가 정책적 지원의 소외뿐만 아니라 비야리카에 임명된 주지사와 시장이 모두 스트로에스네르와 가장 가까운 측근들로 배치되어 항상 감시체제에 있었다고 설명하였다. 스트로에스네르의 측근 중에서 레갈 (Legal)은 과이레뇨를 탄압했던 대표적인 인물이었다. 그는 스트로에스네르의 처남[97]으로서 1960~70년대에 비야리카에서 주지사로 머무르면서 자유당이 활개 치지 못하도록 과이레뇨를 철저히 감시했다고 한다. 루이스 트라베르시는 레갈이 주지사로 있을 무렵에는 불시에 집 담장 너머로 감시자들이 지나갈지 모른다는 두려움 때문에 집 안에서도 말조심을 하였다고 증언하였다. 그는 가족들과 함께 마당에서 저녁식사를 할 때 자기가 실수로 스트로에스네르 혹은 홍색당에 대한 이야기만 거론하여도 할아버지와 삼촌들로부터 심하게 주의를 받았다고 한다.

과이레뇨들에 대한 탄압과 그에 따른 과이레뇨들의 피해의식은 그들 스스로가 정권으로부터 타자화 당하고 있음을 느낀 요인이 되었다. 즉 과이레뇨의 타자화는 두 번의 내전으로 인한 반정부적 성향을 표상하는 과이레뇨에 관한 담론의 형성과 스트로에스네르 정권의 정책적 지원에서 소외되면서 나타난 과이레뇨들의 피해의식이 결합됨으로써 구체화되었다고 볼 수 있다.

과이레뇨들은 그들에 관한 비판적 담론과 정치적 피해의식으로 인해 스스로가 타자화되고 있다는 것을 실감하게 된다. 이는 과이레뇨

---

97) 레갈은 스트로에스네르가 둔 첩의 동생이다. 이 첩은 비야리카에 살고 있었으며, 스트로에스네르가 비야리카에 방문할 때 그녀의 집에서 머물렀다고 한다.

들이 느끼고 있는 담론의 발생 시기를 통해서도 알 수 있다. 과이레 뇨들에 따르면 담론이 유포된 것은 약 60년 전의 일로서 두 번의 내 전이 일어났던 시기와 일치하고 있다.

> 연구자: 당신이 어렸을 적에 과이레뇨가 반대로 한다거나 독립하 기를 원한다는 말들이 있었나?
> 증언자(루이스): 내가 어렸을 때는 그런 말은 없었다.
> 연구자: 그러면 언제부터 과이레뇨가 반대로 한다거나 독립하기를 원한다는 말들이 나왔는가?
> 증언자(루이스): 그건 새로 만들어 낸 것이다. 라디오나 신문에서 말을 잘못하기 시작하면서 퍼져나가기 시작했다.
> 증언자(세뇨라): 약 60~70년 전쯤이다.
> 증언자(루이스): 맞다. 그쯤에 나왔다.
> 증언자(세뇨라): 통신수단이 나타날 무렵에 나타났다.[루이스 보지 노(Luis Boggino), 82세][98]

이 대화는 연구자와 루이스, 루이스 보지노가 근무하고 있는 주 정 부의 농업과 사무실에 용건이 있어 방문한 어떤 중년여성과 자연스 럽게 과이레뇨에 관한 담론에 대해서 이야기를 하면서 이루어진 것 이다. 이들의 증언을 종합해보면 과이레뇨에 관한 담론의 형성은 1947년과 1959년에 발생한 두 번의 내전으로 인한 과이레뇨들의 반 정부부적인 성향이 언론매체를 통해 알려지면서 점차 파라과이 전역으 로 퍼져나간 것으로 보인다. 증언자들은 이러한 담론이 과이레뇨에 대한 정치적 탄압의 결과로 나타난 것임에도 불구하고 기분 나빠 하 기보다는 외부인들이 과이레뇨를 특수한 집단으로 여기는 것에 대해

---

98) 루이스 보지노 이외의 다른 증언자는 30대 중반의 여성으로 인터뷰 과정에서 갑자기 참여하여 본 연구자 가 증언자의 이름과 나이를 파악하지 못하였다. 그래서 본문 사례 글에서는 이 여성 증언자를 스페인어로 '아줌마'라는 뜻을 가진 세뇨라(Señora)로 표기하였다. 이 여성은 그녀의 부모로부터 들었던 내용을 증언 하였다.

오히려 자부심을 느끼고 있다.

> 증언자(루이스): 그러나 너(연구자)에게 말을 하는데, 나는 과이레
> 뇨이다. 과이레뇨인 것이 너무 좋다.
> 증언자(세뇨라): 당연하지요.
> 증언자(루이스): 이건 재미있는 것이다. 아주 멋진 것이다. 왜냐하
> 면 다른 사람과 똑같지 않기 때문이다. 난 다른 사
> 람과 똑같지 않기 위해 노력한다.
> 증언자(세뇨라): 당연히 그래요.[루이스 보지노(Luis Boggino), 82세]

외견상 증언자들은 그들에 관한 담론을 자랑스러워하지만, 루이스
가 담론이 나타난 시기에 관해 설명한 뒤 '그러나'라고 변명하듯이
말하면서 찬양하는 것은 그들 스스로도 담론을 탐탁하게 여기지 않
는다는 것을 보여준다. 증언자의 대화에서처럼 표면적으로 과이레뇨들
이 그들의 '잘난 성향'을 대변하는 것으로 담론을 인식하는 것은 그들
스스로가 담론을 유리하게 해석해야 할 이유가 있었다는 것을 의미한
다. 그것은 앞서 언급한 것처럼 스트로에스네르 정권으로부터 과이레
뇨가 느끼는 피해의식 때문이었으며, 그에 대한 대응 수단으로서 과이
레뇨들이 동원한 것이 바로 식민지 시기 역사 찾기와 해석이다.

담론이 과이레뇨에게 직접적으로 피해를 주진 않았지만 정치적 갈
등으로 인해 국가로부터 경제적 소외를 느낀 과이레뇨는 담론이 생
성된 원인에 대해 부정하고 있다. 담론의 원인에 대한 과이레뇨의 부
정은 더 이상 정치적 갈등의 피해를 입지 않겠다는 표현으로서 일종
의 방어기제로 표출되었다. 담론에 관한 방어기제로서 과이레뇨들의
실천적 행위는 그들에 관한 담론이 근현대사의 정치적 갈등에서 비
롯된 것이 아니라 식민시기에 나타났다는 것을 강조하는 방식으로

드러나고 있다. 과이레뇨들은 담론의 원인이 오래전부터 존재했었다는 것을 주장함으로써 최근의 정치적 갈등과 그들의 담론과는 아무런 관계가 없다는 사실을 유포하고 있으며, 이를 통해 과이레뇨들은 더 이상 국가와 사회로부터 정치적 불이익을 받지 않기 위해 노력하고 있다.

이러한 일련의 대응과정으로 동원된 식민지 시기의 역사는 과이레뇨를 역사적 공동체로 인식하게끔 하였으며, 이것이 그들만의 정체성으로 발현되고 있다. 이를 구체적으로 살펴보기 위해 Ⅵ장에서는 식민지 시기 역사를 통한 과이레뇨들의 방어 담론 만들기와 그 과정에서 과이레뇨들이 어떻게 하나의 집단으로 인식하게 되는가를 분석하고자 한다.

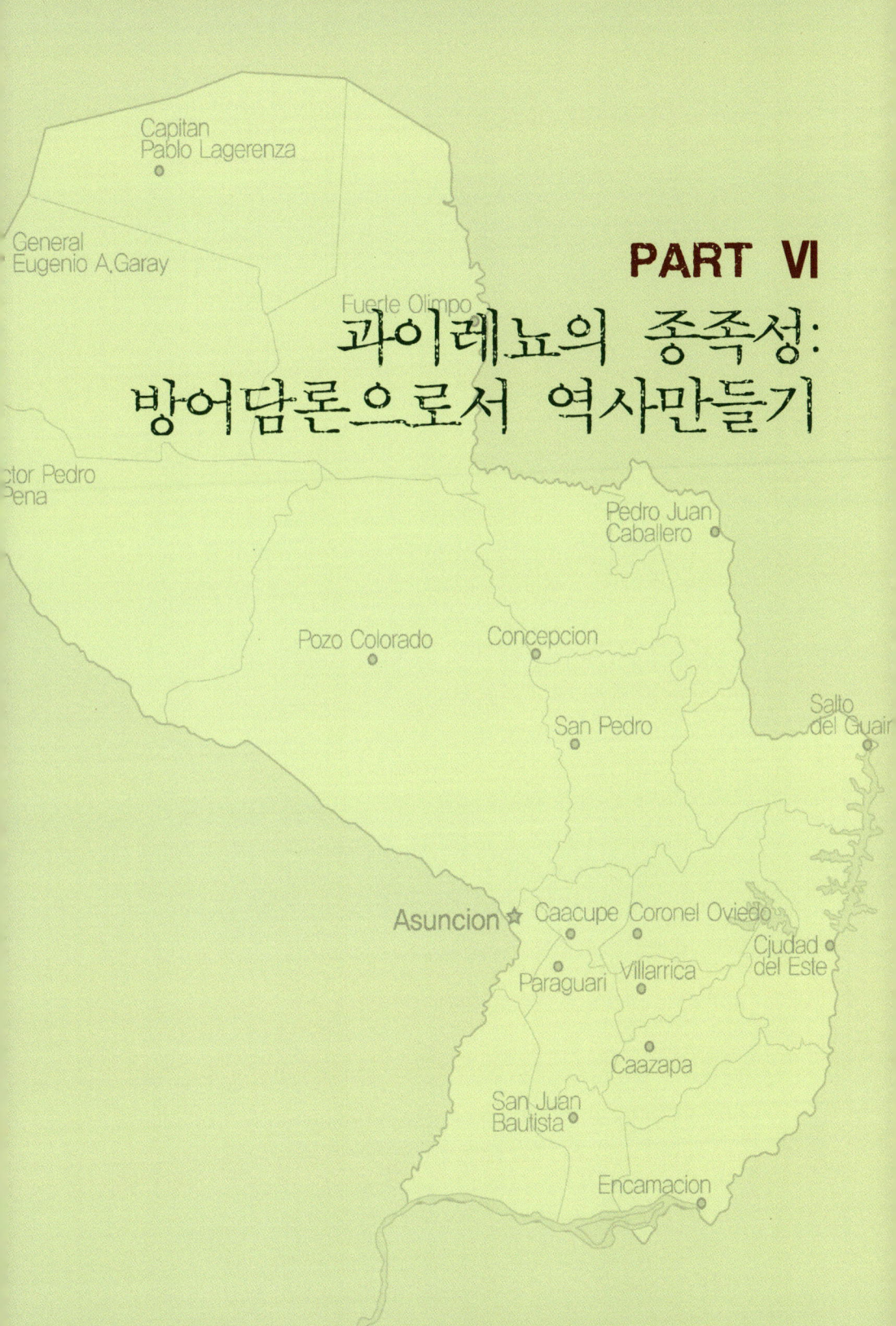

PART VI

과이레뇨의 종족성:
방어담론으로서 역사만들기

종족성은 해당 집단 구성원이 공유하는 집단의식이 전제가 되어야 한다. 이러한 공유된 집단의식은 언어와 관습 같은 문화적 요소에 의해서 드러날 수도 있고 공동의 역사의식을 통해서 드러나기도 한다. 과이레뇨들은 후자의 경우라 할 수 있다.

　과이레뇨는 사이에서 공유되고 있는 역사의식은 그들에 관한 비판적 담론에 대응하기 위해 형성된 것이다. 방어 담론 만들기를 주도한 사람들은 '큰 전쟁' 이후에 이주한 유럽계 백인 이주민들의 후손들로서 지역사회에서 상류 집단에 속한다. 이들이 혈연이나 사회·문화적으로 그들과 아무 관계없는 식민지 시기의 과이라 지방의 정복자들의 역사를 동원하여 그들의 정체성인 것처럼 해석하는 이유는 앞서 살펴봤듯이 약 반 세기 전에 일어난 두 번의 내전으로 인해 정치·경제적으로 큰 피해를 입었기 때문이다.

　방어 담론으로서 역사 만들기는 시기적으로 두 가지 방향에서 진행되었다. 첫 번째는 16~18세기의 과이라 지방과 비야리카의 역사를 찾고 기념하는 것이다. 이는 비판적 담론에서 말하는 과이레뇨의 정체성이 근대적 산물이 아니라 식민시기부터 유래되었다는 것을 알리기 위한 것이다. 이러한 움직임은 1960년대와 1980년대 사이에 '센트로 과이레뇨'와 '비야리카 옛 역사연구회'의 주도로 조직적이면서 전문적으로 진행되었다.

두 번째는 과이레뇨에 관한 비판적 담론을 식민시기 역사를 통해 해석하여 반박하는 것이다. 이는 최근 10년 사이에 급속히 나타나고 있다. 방어 담론으로서 역사 해석을 주도하는 사람들은 주로 전문직에 종사자들이다. 이들은 역사를 전공한 전문가가 아니라 향토사학자에 가깝다. 이들의 직업은 변호사, 농업기술자, 공무원, 언론인, 상인 등 다양한 직종의 사람들로 구성되어 있다. 이들의 대다수는 유럽계 이주민들의 후손들로서 상류집단에 속한다. 이들은 역사적 내용을 지역방송이나 신문, 서적을 통해 발표한다. 이러한 방어 담론은 역사학자나 전문가들에 의해 논의되지는 않는다. 이들은 스스로 찾은 자료와 자신과 친분이 있는 역사학자와 전문가, 혹은 역사에 관심 있는 사람들과 대화를 통해 방어 담론을 생산해 낸다. 유포된 방어 담론은 지역의 대중매체를 통해 과이레뇨에 의해 공유되며, 이를 통해 과이레뇨는 비판적 담론에서 말하는 그들이 성향을 자신들의 고유한 정체성으로 치환한다.

본 장에서는 비야리카의 향토사학자를 중심으로 어떻게 식민시기의 역사가 방어담론에 동원되는지, 그 방어 담론이 과이레뇨 사이에서 어떻게 유포되고 공유되는지를 서술하고자 한다. 이를 통해 과이레뇨가 역사 공동체적인 종족 집단으로 거듭나는 과정을 이해할 수 있을 것이다.

1. 역사 찾기와 공식화

1) 식민시기 역사의 발견

과이레뇨가 주장하는 바와 같이 비판적 담론이 그들의 식민시기역사에서 비롯된 것인가? 만약 과이레뇨에 대한 담론이 그들 스스로 자랑스러워하는 식민시기 역사의 산물이라면, 왜 정치적 갈등이 심화된 1950년대 후반부터 그들의 역사 찾기와 역사 유포가 이루어진 것인가? 그리고 왜 그 역사 찾기의 주체가 식민시기와 관련없는 유럽계 이주민들에 의해 이루어진 것일까?

과이레뇨들이 방어 담론으로 주장하는 식민시기 역사는 비야리카가 설립된 1570년부터 지금의 위치에 도시가 설립된 1701년까지를 말하고 있다. 식민시기 과이레뇨와 비야리카에 관한 역사 자료가 본격적으로 등장한 시기는 비야리카 출신의 고등학교 역사교사인 라몬 카르도소(Ramón Cardozo)에 의해서였다. 그는 1938년에 『구과이라 지방과 비야리카 델 에스피리투 산토(*Antigua provincia de Guairá y la Villa Rica del Espiritu Santo*)』라는 제목의 책을 부에노스아이레스에서 출간하였다. 책의 내용은 과이라 지방의 유래와 어원, 그리고 과이라 지방이 처음 생긴 1554년부터 1676년까지의 역사를 서술한 것이다. 그 후 1년 뒤에 라몬 카르도소는 비야리카를 설립한 스페인계 정복자인 루이 디아스 멜가레호의 일대기와 그와 관련된 식민시기의 문서를 해독한 『루이 디아스 멜가레호(*Ruy Díaz Melgarejo*)』를 출간하였다.

라몬 카르도소의 책이 출간되기 이전에 과이레뇨와 비야리카에 관한 역사는 식민시기의 리오 데 라 플라타 지방의 일부로 약간씩 언급되었다. 이런류의 책으로는 1926년 세실리오 바에스가 쓴『리오 데 라 플라타와 파라과이의 식민지 역사』와 1932년 엔리케 간디아가 저술한『파라과이와 리오 데 플라타 정복자들의 역사』가 있다. 그리고 식민시기 정복자들인 알바 누네스 데 라 바카와 루이 디아스 멜가레호의 자서전과 선교사들이 쓴 책에서도 약간식 언급하고 있다.

과이레뇨인 에르네스토 메아우리오(Ernesto Meaurio)는 1942년에『동시대의 비야리카 시(Villarrica contemporanea y su Municipio)』라는 3권짜리 책을 출판하였다. 라몬 카르도소가 16~17세기 과이레뇨 역사를 서술한 것과 달리 이 책에서는 '큰 전쟁' 이후인 1869년부터 1942년까지의 비야리카 역사와 상황을 기술하였다. 그 자료는 비야리카 시청과 시의회 문서를 모아서 정리한 것으로 시청과 시의회가 없었던 1869년 이전의 역사에 대해서는 개괄적으로 설명하고 있다.

그러나 두 저자들의 출판물은 의도적으로 과이레뇨에 대한 담론에 대응하거나 설명하기 위해 쓰인 것은 아니다. 왜냐하면 책의 내용이 식민시기의 아카이브 자료와 정복자들의 자서전을 바탕으로 실증적으로 기술되어 있음에도 불구하고 과이레뇨에 관한 담론이나 과이레뇨가 방어 담론으로 언급하는 역사적 증거가 전혀 언급되어 있지 않기 때문이다. 이들의 저작은 과이레뇨에 관한 비판적 담론이 식민시기의 역사로부터 기인한 것이 아니라 근대역사에서 파생된 것임을 보여주는 반증이 된다.

또 다른 이유는 이 두 사람의 저서를 살펴보면, 비야리카가 현재의 지역에 이주한 1701년부터 '큰 전쟁'이 끝날 무렵인 1869년 이전의 역사를 찾아볼 수가 없다. 이러한 현상은 이들 저서 이외의 비야리카와 관련한 모든 문헌에서도 마찬가지다. 만약 과이레뇨가 주장하는 것처럼 그들에 관한 담론이 식민시기의 역사에서부터 나타났다면, 그 것은 문서자료 이외에도 최소한 신화와 전설 같은 옛날이야기 형태의 구술자료가 존재해야 한다. 그러나 앞서 본 것처럼 과이레뇨의 담론과 관련된 물증이나 구술자료는 20세기초에 출판한 것이다. 즉 두 저자의 책은 방어 담론을 위해 출판된 것이 아니지만, 1950년대 말을 기점으로 태동한 방어 담론으로서 과이레뇨의 역사 만들기에 밑거름이 되었다.

2) 식민시기 역사의 공식화와 비판적 담론의 흡수

과이레뇨가 방어담론으로써 식민시기의 역사를 공식화하기 시작한 것은 '5월 14일 운동'을 기점으로 홍색당과 반홍색당 간의 대립이 극에 달한 1950년대 말부터이다. 이러한 정치적 대립이 과이레뇨에 대한 비판적 담론과 그에 대한 방어 담론을 낳게 한 원인이라 보는 것은 과이레뇨의 역사 찾기와 공식화의 시기 때문이다. 앞서 증언했듯이 과이레뇨에 관한 비판적 담론은 지금으로부터 약 60여 년 전으로 1950년대 말에 나타났고 그에 대한 방어 담론으로서의 식민시기 역사 찾기도 이 무렵에 전개되었다.

매년 5월 14일은 비야리카 설립일로서 연중 가장 큰 기념행사가 벌어진다. 그러나 비야리카 설립 기념일은 1945년을 제외하고는 1960년부터 본격적으로 시작되었다. 그 이전에 비야리카에서 행해진 주요한 기념식은 애국절과 차코 전쟁 승전일이었다. 애국절은 파라과이가 스페인으로부터 독립한 1811년 5월 14일을 기념하는 날로 비야리카 설립일과 겹친다. 차코 전쟁은 1932년부터 3년간 파라과이와 볼리비아 간의 벌인 전쟁을 말하는 것으로, 그 승전일은 6월 10일이다.

다음은 1926년 5월 12일자 수르코 신문99)에서 발췌한 애국절과 관련된 기사로, 애국절(Aniversario Patrio)이라는 주 제목이 크게 보인다.

사진 6-1. 1926년 5월 12일자 엘 수르코

사진 6-2. 기사를 확대한 모습

상기의 기사의 내용은 파라과이 독립 113주년을 경축하고 5월에 쟁취한 독립을 되새기면서 애국심을 고취시키는 것이다. 항상 5월 14일 이전 주간에는 수르코 신문에서 애국절과 관련된 특별한 섹션을 만들어서 기사를 싣는다. 애국절 기념행사는 애국축제라는 이름으로 5월 14일과 15일 양일간 진행된다. 다음은 1926년 5월 19일자 수르코 신문에 실린 애국축제기간의 행사 내용이다.

---

99) 엘 수르코(El Surco)는 비야리카의 지역신문으로서 1924년에 간행되기 시작하여 1977년에 폐간되었다.

A las 8 a.m. se congregaron los alumnos de las escuelas pública al pie de la estatua de la Libertad en la plaza del mismo nombre, a entonar el Himno Nacional, seguido del vario discursos
(오전 8시. 공립학교 학생들이 자유광장의 자유탑 아래서 모여 애국가를 제창한 후 다양한 연설이 이어졌다.)
A las 10 a.m. Lectura de composición premiada en el concurso literario organizado en el Centro Guaireño, resuitando agraciado con la medalla de la oro al estudiante del Colegio Nacional Alberto Carisimo. Terminado lo cual, se sirvió un esplendido lunch a la concurrencia.
(오전 10시. "센트로 과이레뇨"에서 주최한 작문 경연대회가 열었는데 알베르토 카리시모 국립학교의 학생이 금메달을 받았다. 끝난 후 참가자들이 맛있는 점심식사를 했다.)
A las 8 y 30 p.m. se efectuó la gran función cinematográfia dedicada a las autoridades y la prensa, a la que asistió numerosa y distinguida concurrencia
(오후 8시 30분. 지방정부와 신문사 주최로 영화를 상영하였고 많은 저명인사와 주민들이 참여하였다.)

A las 9 a,m. solemne Tedeum en la iglesia parroquiar, con asistencia de las autoridades, vecinos espectables y numerosas familias. Ocupó la catedral sagrada Padre Escurra, cuyas dotes oratorias son bien conocidas. La falta de espacio, nos impide publicar resumen la patriotica oración, como hubiera sido nuestro deseo.
(오전 9시. 관료, 저명인사 그리고 많은 가족들이 교구미사에 참여하였다. 설교로 유명한 에스쿠라 신부가 참석했다. 자리가 부족하여 우리가 기대했던 애국 기도를 하는 데 어려움이 있었다.)
La concurrencia fué obsequiada con un lunch en el salón de actos de la municipalidad, en cuyo momento pronunciaron discursos los Sres. Gabino Santa Cruz, Guillermo Vazquez y Pbro, Mercado, siendo muy aplaudidos.
(군중들은 시청의 살롱에서 점심을 대접받았고, 그 와중에 가비노 산타 크루스와 기예르모 바스케스와 메르카도 사제가 연설을 하여 많은 박수를 받았다.)
A las 5 p,m. proyección cinematográfica en la plazoleta de la Intendencia Municipal que fué presenciada por un inmenso público.
(오후 5시. 수많은 사람들이 참석한 시청 광장에서 영화를 상영하였다.)
A las 9 y 30 p,m. el gran baile en el Centro Español.
(오후 9시 30분. 센트로 에스파뇰에서 큰 무도회가 열렸다.)[100]

애국축제에서 가장 큰 행사는 14일 오전에 열리는 기념식과 15일에 오전에 열리는 애국미사이다. 이 두 프로그램을 중심으로 오후에

---

100) Dia 14 · 15 출처: 1926년 5월 19일자 엘 수르코 신문.

는 일종의 '뒤풀이'라 할 수 있는 백일장, 영화 상영, 무도회가 이어진다. 이 시기에는 비야리카 혹은 과이레뇨와 관련된 기념행사는 전혀 보이지 않는다.

5월 14일이 비야리카 설립일임에도 불구하고 과이레뇨가 국가기념일만 연행한 것은 이 당시에 과이레뇨가 그들의 식민시기 역사에 대해 무관심했다는 것을 반영한다. 더 나아가 현재 과이레뇨의 정체성 창출이 식민시기 비야리카의 역사 찾기에서 파생되었음에도 불구하고, 이 당시의 과이레뇨가 도시설립일과 관련된 아무런 행사를 진행하지 않은 것은 지역 집단으로서 정체성이 형성되지 않았다는 것을 의미한다. 즉 이 시기의 과이레뇨는 지역집단으로서의 정체성보다 오히려 파라과이라는 민족 정체성이 강했다고 볼 수 있다.

과이레뇨들이 그들의 식민시기 역사에 대해 무관심했다는 것은 1945년에 처음으로 실시한 도시 설립기념일의 설정에서 잘 알 수 있다.

 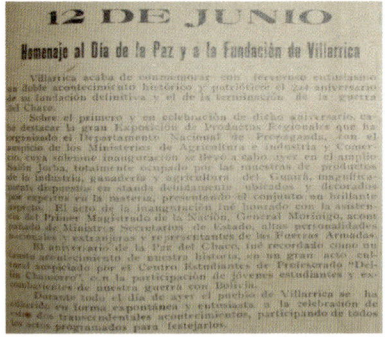

사진 6-3. 1945년 6월 13일자 엘 수르코   사진 6-4. 기사를 확대한 모습

6월 12일은 차코 전쟁 승전일로서, 이 기념식은 차코 전쟁이 끝난

5년 뒤인 1940년부터 실시되었다. 그로부터 5년 후인 1945년에 비야리카 설립기념식이 차코 승전 기념식과 같은 날짜에 함께 열렸다. 그러나 이 기념일은 1960년 이후부터 열린 비야리카 설립 기념식과 두가지 면에서 큰 차이가 있다. 첫째는 비야리카 설립일의 기준이 다르다는 것이다. 1960년부터 열렸던 비야리카 설립 기념식행사에서는 도시설립일을 현재 과이레뇨들이 주장하고 있는 식민시기의 역사를 반영하여 1570년 5월 14일로 보고 있다. 그러나 위의 사진에서 보이는 1945년도 신문에서 정확한 도시설립일조차 보이지 않으며, 단지 비야리카가 설립된 지 244년이 되었다는 것만을 기재하고 있다. 이때에는 현재 과이레뇨들이 알고 있는 도시기념일이 통용되지 않았다. 즉, 이 당시에는 현재의 과이레뇨들이 그들의 역사라 여기고 있는 식민시기의 과이라 지방의 역사에 대해 무관심했다는 것을 알 수 있다. 이 시기의 과이레뇨가 식민시기 과이라 지방의 역사에 대해 무관심했다는 것은 그것을 알아야 할 필요성을 느끼지 못했다는 것으로서, 1945년 무렵에는 아직 과이레뇨에 관한 비판적 담론이 나타나지 않았었다는 것을 반증한다.

둘째, 이 설립 기념식은 국가 홍보처의 주관으로 지역생산품박람회라는 이름하에 농공상업부의 지원으로 이루어진 것이다. 그 목적은 과이라 주에서 생산되는 농업과 목축, 공업과 관련된 물건들을 전시 · 판매하여 경제 활성화에 기여하는 것으로 과이레뇨의 정체성과는 무관하였다.

이러한 측면에서 1945년도에 열린 비야리카 설립기념식은 과이레뇨에 관한 비판적 담론과 관련한 식민시기의 역사가 반영되지 않았다는 점과 행사 주체가 지역민이 아닌 국가기관의 주도로 이루어진

박람회라는 점에서 그들의 정체성을 표출하기 위해 치러진 행사라 보기는 힘들다. 이 기념식은 그 이후로 열리지 않았는데, 그 이듬해 '47년 내전'으로 인해 홍색당이 정권을 장악하면서 중앙정부로부터 지원이 없어졌기 때문이다.

과이레뇨의 역사 찾기가 본격화된 시기는 '47년 내전'을 거친후 정치적 대립이 극에 달한 1959년부터였다. 이 시기에 과이레뇨들은 도시 설립자인 루이 디아스 멜가레호 동상 건립과 비야리카 설립일 찾기를 시도하였다. 동상 건립은 센트로 과이레뇨(Centro Guaireño)와 비야리카 옛 역사 연구회(Instituto de Numismática y Antiguedades de Villarrica)를 중심으로 이루어졌다. 이들 단체의 회원들은 비야리카에서 상류층으로서 대부분이 유럽계 이주민의 후손이며, 자유당 지지자들이었다. 다음은 루이 디아스 멜가레호 동상 건립 당시 두 단체와 관련된 기사 자료이다.

> 센트로 과이레뇨는 회장인 시릴로 카세레스 소리야(Cirilo Caceres Zorrilla)를 중심으로 비야리카 에스피리투 산토의 설립자인 루이 디아스 멜가레호 장군의 동상을 건립하고자 한다. 조각가인 브루노 구지아리(Bruno Guggairi)가 2m 50㎝의 크기로 동상을 제작하여 우리 도시에 세울 것이다. 동상 건립식은 이듬해 5월 14일로 확정되었으며, 동상의 위치는 도시의 입구인 마르티네스 에스터가리비아(Martínez Estigarribia) 거리이다. 이 일은 '비야리카 옛 역사 연구회'의 회장인 실비오 코다스(Sivio Codas)가 시청과 협조하여 진행할 것이다. 이 사업은 역사적으로 매우 중요하며, 이에 시민들의 도움과 협조를 구하고자 한다.[101]

위의 기사를 살펴보면 루이 디아스 멜가레호 동상 건립에 자유당 지지자들이 주도적으로 참여하고 있음을 알 수 있다. 자유당을 대표하는 가문인 구지아리를 비롯하여, '센트로 과이레뇨'와 '비야리카 옛 역사

---

101) 출처: 1959년 3월 25일자 엘 수르코 신문.

연구회'의 구성원들은 자유당원을 중심으로 이루어져 있다. 이는 센트로 과이레뇨의 임원 구성에서도 잘 드러난다. 센트로 과이레뇨는 아순시온에 살고 있는 과이레뇨들의 향우회로서 1945년에 발족되었다. 센트로 과이레뇨는 표면적으로 향우회의 성격을 띠고 있지만 임원과 회원들을 살펴보면 자유당 지지자들을 중심으로 구성된 것을 알 수 있다. 1969년에 임명된 임원들의 명단을 살펴보면 다음과 같다. 집행부는 회장인 빅토르 프랑코(Victor Franco), 부회장인 루피노 아레발로 파리스(Rufino Arevalo Paris)와 판필로 사푸토비치(Panfilo Zaputobichi), 대외부장인 세살 쿠초날(Cesal Couchonal), 서기인 라눌포 하라 카스코(Ranulfo Jara Casco), 문화부장인 도밍가 실베로 베가(Dominga Silvero Vega), 그리고 회계인 아르날도 마르티네스 무시(Arnaldo Martínez Mussi)가 있다. 이사에는 호세 쿠초날(José Couchonal)과 라울 페르난데스 데카밀리(Raul Fernández Decamili), 레이네리오 마레코스(Reinerio Marecos), 구메르신도 아자라 아키노(Gumaersindo Ayara Aquino), 엘라디오 마르티네스(Eladio Martínez), 로헬리오 차세 소사(Rogelio Chase Sosa)가 있다. 부이사에는 카를로스 자르제스(Carlos Yaryes)와 엔리케 이글레시아(Enrique Iglesia), 미겔 차세(Miguel Chase), 알도 레비 루피넬리(Aldo Levi Ruffinelli), 호세 가르세테(José Garcete), 호세 바레토(José Barreto)가 있다. 감사에는 호세 크레스타(Jose Cresta)가 있으며, 부감사에는 아니발 보르돈(Anibal Bordon)이 있다. 임원들 중에서 프랑코와 보르돈, 아끼노, 가르세테는 유명한 자유당 가문이며, 나머지 사푸토비치와 쿠초날, 가스코, 무시, 페르난데스, 마르티네스, 자르제스, 레비, 크레스타는 유럽계 이주민의 후손들로서 자유당 지지자들이다.

1958년에 설립된 '비야리카 옛 역사 연구회'는 비야리카의 역사 찾기 일환으로 조직되었으며, 그 구성원은 회장인 실비오 코다스와 사무국장인 라미로 도밍게스, 회원인 루이스 쿠초날, 니콜라스 피가리, 에스피뇰라 구지아리 등을 중심으로 구성되었다. 이들 중에 실비오 코다와 라미로 도밍게스는 이 조직을 주도적으로 이끌어 나갔다. 실비오 코다는 역사교사로서 1936년에 비야리카에서 시장을 역임하였다. 비야리카 출신의 저명한 역사학자인 라미로 도밍게스는 스트로에스네르 독재정권에 대항하여 비야리카의 교육시설과 제도개선을 위해 학생과 지역 주민을 조직하여 권리를 주장한 인물로 유명하다.

동상건립을 공고한 5일후에는 시청과 시의회, 비야리카 옛 역사 연구회 주최로 동상의 제작과 크기, 위치에 관해 상세한 공개 발표가 이루어졌다. 그리고 12월 2일 시청의 집행권 226호에 의거하여 루이 디아스 멜가레호 동상이 센트로 과이레뇨, 비야리카 옛 역사위원회의 주관하에 건립되었다.

루이 디아스 멜가레호 동상의 건립은 과이레뇨가 처음으로 방어담론으로서 역사만들기를 구체적으로 실현한 사례라 할 수 있다. 왜냐하면 그 이전에는 비야리카에 과이레뇨의 역사와 관련한 구조물이 하나도 없었기 때문이다. 이는 여러 사람들의 증언에서 확인할 수 있다. 알로디아 프랑코[102]는 그녀가 어렸을 때에는 비야리카의 역사와 관련된 구조물을 보지도 듣지도 못했다고 하였다. 과거에 비야리카를 대표했던 구조물은 대성당과 도청 사이의 자유광장에 위치한 자유의 여신상과 비석이 전부였다고 증언하였다. 이 두 개의 구조물은 모두 파라과이 독립을 기념하여 세운 것이다.

---

102) 알로디아 프랑코는 인터뷰당시 87세로서 향토사학자인 아르테미오 프랑코의 부인이다.

사진 6-5. 자유광장의 자유의 여신상   사진 6-6. 여신상의 정면 모습

자유의 여신상은 정확한 설립연도를 찾을 수 없으나 자유광장[103)
이 1900년 초에 만들어졌다는 증언으로 보아 광장과 같이 건립된 것
으로 보인다. 비석은 현재 남아 있지 않다. 텔모 베라 아라곤의 증언
에 따르면, 그 비석에는 1811년과 1911년이라는 문구가 쓰여 있었다
고 증언한 것을 보아 파라과이 독립을 100주년을 기념한 비석으로 여
겨진다. 그에 따르면, 이 비석은 자유당 세력들이 세운 것으로 스트로
에스네르 정권이 들어선 후, 한밤에 몰래 훼철되었다고 한다.

자유당을 정권을 잡고 있을 무렵인 1900년대 초반에 과이레뇨들이
그들의 역사와 관련한 구조물이 아닌 파라과이 독립과 관련한 구조
물만 있었던 것은 과이레뇨가 그들의 역사성에 대해서 인식하지 못
했다는 것을 알 수 있다. 왜냐하면 과이레뇨가 일찍이 그들의 역사를
통해 정체성을 인식했다면, 자유당이 정권을 잡고 있을 때 그들의 역
사와 관련된 구조물을 세우는 것이 훨씬 쉬웠을 것이다. 그러나 정치
적 갈등이 극에 달한 1950년 말에 루이 디아스 멜가레호의 동상이 건

---

103) 자유광장(Plaza de Libertad)의 원래 이름은 12월 25일 광장(Plaza 25 de Diciembré)으로 1900년대 초
에 광장을 정비하면서 이름이 바뀌었다.

립된 것은 과이레뇨에 관한 비판적 담론에 대응하기 위한 역사 만들기의 일환으로 전개되었다는 확실한 증거가 된다.

동상의 건립을 추진함과 동시에 비야리카 옛 역사 연구회는 비야리카 도시설립일 찾기를 시작하였다. 비야리카 옛 역사 연구회 회장인 실비오 코다는 1959년 4월 17일자 수르코 신문 일면에 비야리카 설립기념일 계산법에 대해서 기고하였다. 그 내용은 역사학자들이 비야리카 설립일을 1570년 5월의 오순절로 기록할 뿐 정확한 날짜를 모른다는 것이었다. 그래서 실비오 코다는 이 날짜를 처음으로 발견한 역사가 벤하민 베리야의 사례를 소개하였다.

> "실비오 코다스는 1959년 6월 3일자[104] 비야리카의 수르코 신문에 글을 기고하였다. 실비오 코다는 그 글에서 벤하민 베리야가 가우스법으로 계산한 비야리카 에스피리투 산토의 설립일이 5월 14일이라는 것을 확증하였다(Maria Velilla, 2005: 118)."

비야리까 옛 역사 연구회의 사무국장인 라미로 도밍게스는 실비오 코다스가 스페인에 있는 자료를 눈으로 직접 확인한 후 벤하민 베리야가 계산한 비야리카의 설립연도를 검증했다고 증언하였다. 비야리카 설립일의 확정과 루이 디아스 멜가레호 동상의 건립됨으로써 그 이듬해인 1960년에 비야리카 설립일과 관련된 행사를 계획하였다. 동상은 1960년 4월 27에 완성하였다. 센트로 과이레뇨의 회장인 시릴로 카세레스 소리야와 동상을 만든 브루노 구지아리, 동상의 받침대를 만든 비야리카 옛 역사 연구회의 회원이자 건축가인 크리스탈도가

---

104) 마리아 베리야는 벤하민 베리야의 딸로서 그의 아버지의 업적을 책으로 엮었다. 그 책에서는 실비오 코다스가 비야리카 설립일에 대해 기고한 엘 수르코의 날짜가 6월 3일이라고 되어 있으나, 필자가 직접 엘 수르코를 살펴본 결과 4월 17일에 기재되어 있었다.

사진 6-7. 비야리카 시 입구에서 본
루이디아스 멜가레호 동상의 모습

사진 6-8. 루이 디아스 멜가레호 동상

동상건립을 지휘하였다. 사진은 동상이 위치한 비야리카 시 입구와 동상의 모습이다.

1960년 5월 15일에 열린 비야리카 설립 관련 행사는 오전 10시 루이 디아스 멜가레호 동상 제막식으로 시작되었다. 시민들은 동상의 밑에 모여 제막식 과정을 지켜봤으며, 동상과 관련된 연설이 이어졌다. 이 당시의 비야리카 설립식은 애국축제의 한 부분으로 시작되었다는 점에서 지금의 모습과는 많은 차이가 있다.

그 이듬해인 1961년은 애국기념일과 비야리카 설립기념식이 5월 17일자 엘 수르코에 동등한 비중으로 다루어졌다. 1962년부터는 엘 수르코에서 기념식에 관한 내용뿐만 아니라 식민시기의 비야리카 역사는 애국기념식 소식을 제치고 일면에 실리기 시작하였다. 점차 비야리카 시의 설립 기념일이 애국절을 제치고 더 중요하게 연행되었다는 것은 과이레뇨들이 역사 공동체로서 인식하는 기틀을 마련하기 시작했다는 것을 알 수 있다.

2. 역사 유포와 비판적 담론의 과이레뇨화

1) 식민시기 역사 유포와 비판적 담론의 대중화

'센트로 과이레뇨'와 '비야리카 옛 역사 연구회'가 주도한 역사 찾기를 통해 과이레뇨의 식민시기 역사는 비야리카를 넘어 전국적으로 유포되기 시작하였다. 특히 1970년에 비야리카 설립 400주년을 맞아 그와 관련된 서적발간과 학술토론회가 잇달아 개최되었다. 센트로 과이레뇨의 임원인 구메르신도 아키노(Gumersindo Aquino)와 엘라디오 마르티네스(Eladio Martínez)는 비야리카의 과거와 현재를 주제별로 다룬 『황금의 책: 비야리카 400주년(*Libro de Oro: IV Centenario de Villarrica*)』을 편집하여 출간하였다. 이 책의 주요 내용은 루이 디아스 멜가레호의 소개와 비야리카의 설립일과 이주사, 비야리카의 근현대사, 포르베니르 과이레뇨를 비롯한 단체의 소개와 역사, 주요 시설물의 역사를 다룬 것으로 16명의 향토 사학자와 교사들이 주축이 되어 저술한 것이다.

비야리카 옛 역사연구회는 학술토론회인 '과이라 역사 강연회'를 1970년 6월 16일부터 6월 20일까지 4일간 진행하였다. 이 강연회의 내용은 식민시기의 과이라 지방 역사를 중심으로 이루어졌으며, 참여자들은 비야리카 출신의 저명한 인류학자와 역사학자들로 구성되었다.

센트로 과이레뇨는 라몬 카르도소가 1938년에 출판한 『구과이라 지방과 비야리카 델 에스피리투 산토』를 『엘 과이라』라는 제목으로 재출간하였다. 라몬 카르도소의 책이 다시 출간된 것은 과이레뇨들에게 큰 의미를 부여하였다. 왜냐하면 이 책은 원래 비야리카의 학교에서 역사 교재로 쓰였으나, 문화 교육부가 지역주의를 조장한다는 명분으로 교과서로 사용하는 것을 불허하였기 때문이다. 센트로 과이레뇨에서는 비야리카 설립 400주년을 맞아 이 책의 재출간과 더불어 문화교육부에 교과서 사용 허가 신청서를 제출하였다.

RESOLUCION N° 452

POR LA QUE SE DECLARA OBRA UTIL DE CONSULTA PARA LA ENSEÑANZA MEDIA, LA OBRA INTITULADA "EL GUAIRA" DE RAMON INDALECIO CARDOZO.

Asunción 11 de Noviembre de 1969

VISTOS: la solicitud elevada a esta Ministerio por la Comisión Directiva del Centro Guaireño de Asunción y el informe favorable producido por el Director del Departamento de E. S. Y Difusión Cultural de esta Ministerio(Expdte. M. E. y C. N° 4455; 2/x/69) en la que expresa, entre otras cosas, que dicha obra "constituye todo un aporte histórico por los datos y documentos que contiene, lo que el autor ha sabido usarlos con el ropaje de un estilo literario pleno de sindéresis y galanura".

EL MINISTERIO DE EDUCACION Y CULTO

RESUELVE

1° — Declarar obra útil de consulta para los profesores y alumnos de la enseñanza media la obra intitulada "El Guairá" de Ramón Indalecio Cardozo.
2° — Comunicar a quienes corresponda y archivar

Fdo Dr. RAUL PEÑA
ministro

위에서 보듯이 라몬 카르도소의 책이 1969년 11월에 문화교육부로부터 교과서 사용 허가를 승인받은 것은 비야리카 400주년 기념일을 맞이 하여 방문하는 스트로에스네르와 관계있다. 스트로에스네르의 비야리카 방문은 정치적 갈등으로 야기된 국가분열과 그에 따른 피

해를 최소화하기 위해서였다. 두 번의 내전으로 인한 정치적 탄압은 반홍색당 세력들과 외국인들이 파라과이에서 떠나는 원인을 제공하였다. 1947년과 1965년 사이에 아르헨티나로 이주한 파라과이 사람들의 수는 301,912명이었다. 이 통계는 부에노스아이레스만 집계한것으로써 아르헨티나의 지방과 브라질, 우루과이를 포함하면 훨씬 많은 수가 이 시기에 파라과이를 떠났다.

스트로에스네르는 인구의 외부 유출을 상쇄하기 위해 외국의 이민자를 적극적으로 받아들인다. 파라과이 서부의 차코(Chaco) 지역에서 계획적으로 건설된 러시아와 독일계 메노나이트 정착지, 그리고 파라과이 동부 콜메나(Colmena)의 일본인 정착지는 바로 이러한 배경하에서 건설된 것이다. 뿐만 아니라 외국으로 떠난 내국인들에게도 집과 땅을 공짜로 제공하여 정착하게 하였다. 이 집단 정착촌은 카아과수(Caaguasu)에 건설되었으며, 일정한 유예기간을 두고 그 시기에 신고하여 재입국한 내국인에게 한하여 제공되었다. 그러나 이렇게 정착한 내·외국인의 수는 유출된 사람들의 수에 비해 턱없이 모자랐다. 이에 스트로에스네르는 인구유출의 근본 원인인 정치적 갈등을 해소하여 더 이상의 인구유출을 막고 해외에 있는 내국인의 유입을 장려하는 정책을 추구하였다. 이를 위해 스트로에스네르는 정치적 갈등의 해소라는 상징적인 측면에서 반홍색당 세력의 중심지인 비야리카 방문을 계획하였고, 비야리카 400주년 기념일은 방문의 좋은 명분이 되었다.

스트로에스네르의 비야리카 방문은 지역주의의 조장으로 여겨졌던 과이레뇨의 역사 찾기를 공론화하고 일반화하는 계기가 되었다. 이와 같은 현상은 신문과 같은 언론 매체에서 두드러지게 나타났다.

스트로에스네르의 방문을 계기로 과이레뇨의 식민시기 역사는 지역 신문인 엘 수르코뿐만 아니라 파라과이의 대표적인 신문인 아베세 (ABC)에 도 실렸다. 이례적으로 아베세 신문에서는 1970년 5월 12일 부터 5월 17일까지 5일 동안 스트로에스네르의 방문과 관련하여 과 이레뇨의 식민시기 역사에 관한 특집기사가 실렸다.

사진 6-9. 1970년 5월 15일자 아베세 신문   사진 6-10. 1970년 5월 17일자 아베세 신문

위의 왼쪽의 기사는 아베세 신문 일면에 실린 비야리카의 설립기 념일에 관한 내용이며, 오른쪽의 기사는 식민시기의 비야리카의 역사 에 관해 기술한 것이다. 이 시기부터 비야리카의 역사와 그 설립기념 일에 관한 내용은 매년 기재되었다.

기사에서 보듯이 비야리카의 설립기념일에 관한 내용은 아주 중요 하게 대서특필되고 있다. 일반적으로 타 도시의 설립기념일은 신문기사에 실리지 않거나, 실리더라도 행사소식에 작게 기재되는 것과는 너무나 대조적이다. 비야리카의 설립기념일마다 그 역사에 관한 내용이 신문에 대서특필될 수 있었던 이유는 과이레뇨에 관한 비판적인 담론에 대응하기 위한 센트로 과이레뇨와 비야리카 옛 역사연구회, 비야리카 시의 노력, 그리고 스트로에스네르의 정치적 결정이 상호 작용한 결과라 볼 수 있다.

그러나 과이레뇨에 관한 방어 담론으로서의 과이레뇨의 역사 찾기와 유포는 오히려 과이레뇨에 관한 비판적 담론을 더욱 고착화하였다. 파라과이 사람들은 과이레뇨가 의도한 것처럼 비판적 담론이 식민시기 역사에서부터 비롯된 것이며 최근의 정치적 갈등과 무관하다고 생각하지 않았다. 오히려 파라과이 사람들은 과이레뇨의 특수성이 이미 식민시기부터 존재했었고, 이 때문에 정치적 갈등을 야기했다고 인식하였다. 즉, 과이레뇨의 의도와 달리 파라과이 사람들을 과이레뇨에 관한 비판적 담론을 더욱 공고히 받아들였다. 다음은 위의 내용과 관련하여 연구자가 아순시온의 택시기사와 우연히 대화를 나눈 내용이다.

> 비야리카 사람들은 파라과이 사람들과 정말 다르다고 그러더라고요. 콘셉시온도 그렇다던데. 왜 그런지는 나도 모르겠는데 사람들이 그냥 그렇게 이야기를 하지요. 그런데 거기(비야리카) 사람들은 아주 옛날부터 달랐다고 그러더라고. 뉴스나 신문에서 보면 항상 다른 나라인 것처럼 지내고 독립하려고 그러고. 정말 그런지는 나도 안 가 봐서 모르지요.
>
> 호세 마르티네스(Jose Martínez, 34세)

위의 증언은 택시기사가 본 연구자에게 어디에 사냐고 물으면서 시작되었다. 본 연구자가 비야리카에서 산다고 하자 택시기사는 곧바로 과이레뇨가 정말 여기 사람들(아순시온 사람들)과 다르냐고 물었다. 그래서 본 연구자는 많은 사람들이 과이레뇨가 반대로 한다든지, 독립을 원한다는 식의 말을 하지만 실제로 그렇지 않다고 대답하였다. 그리고 택시기사에게 왜 사람들이 과이레뇨에게 그렇게 이야기하는지를 물어보았다.

택시 기사의 증언에서 비야리카와 콘셉시온이 비슷하다고 대답한 것은 앞서 살펴본 '47년 내전'으로 인한 홍색당과 자유당의 갈등이 과이레뇨에 관한 담론 형성에 영향을 미쳤음을 간접적으로 보여준다. 그리고 이어진 그의 증언은 과이레뇨에 관한 비판적 담론이 정치적 갈등에 의해서뿐만 아니라 과이레뇨들의 의도와 다르게 방어 담론으로 동원된 식민시기 역사 찾기가 담론을 억제하기보다는 한층 더 강화시켰음을 알 수 있다. 파라과이 사람들은 대중매체를 통한 방어 담론의 유포에 의해 과이레뇨에 관한 불확실했던 비판적 담론을 객관적인 사실로 받아들였다. 이와 같은 사례로 다음은 파라과이 주요 일간지에 실린 과이레뇨에 대한 비판적 담론과 그와 관련된 만평들이다.

사진 6-11. 1995년 11월 13일자 라 나시온 사진 6-12. 2006년 11월 22일 울티마 오라

위 사진의 신문인 라 나시온(La Nación)과 울티마 오라(Ultima hora)는 파라과이의 3대 일간지에 속한다. 왼쪽의 사진은 과이레뇨가 독립하기를 원한다는 비판적 담론을 풍자한 것이다. 이 만평은 메르코수르(남미공동시장)의 회원국들이 추가 회원국의 가입을 논하고 있을 당시에 나온 것이다. 어떤 회의에서 보고를 하는 것처럼 보이는 중년의 남자가 남아메리카의 지도에 빨간색으로 표시된 파라과이를 가리키며 "과이라 공화국도 메르코수르에 가입하기를 원한다"고 말하고 있다. 국가 단위로만 가입할 수 있는 메르코수르에 과이레뇨들이 파라과이와 별개로 가입할 수 없지만, 과이레뇨의 독립적 성향을 강조하기 위해 "과이라 공화국"으로 빗대어 표현한 것이다.

오른쪽의 사진은 과이레뇨가 반대로 한다는 비판적 담론을 풍자한 것이다. 만평에서 남자는 여자에게 "비야리카에서 정직한 후보가 시장이 되었다"라고 말을 하자 여자가 남자에게 "내가 그랬잖아, 거기는 전부 반대로 한다고"라며 비꼬는 말투로 대답하고 있다. 정직한 후보가 당선된 것조차 과이레뇨의 특이한 성향 때문이라고 폄하하는 것은 비야리카에서 자유당 출신의 시장이 압도적으로 당선된 것을 부각시키기 위한 것이었다.

매스미디어로 인한 담론의 유포는 텔레비전 방송에서 쉽게 보인다. 최근 파라과이에서 가장 인기 있는 방송중의 하나인 '로호(Rojo)'는 춤과 노래에 소질 있는 각 지역의 젊은이들이 텔레비전에 출현하여 경쟁하는 프로그램이다. 여기서 상위권에 올라가면 가수나 연예인으로 활동을 할 수 있어 파라과이 젊은이들은 이 프로그램의 출연진을 선망의 대상으로 바라본다. 이 방송에서는 진행자가 출연자의 출신지역과 나이 등의 신상에 대해서 소개를 하는데, 출연자들이 비야리카 출신이면 어김없이 과이라 공화국에서 왔다는 것을 강조한다. 그리고 진행자는 비야리카 출신의 출연자에게 과이레뇨가 정말 반대로 하는지에 관한 이야기를 꺼내면서 웃음거리를 유발한다.

이러한 현상은 한 프로그램에 국한된 것이 아니라 비야리카와 과이레뇨라는 소재가 등장하는 모든 방송에서 자연스럽게 나타난다. 대중매체의 영향으로 인한 비판적 담론의 유포는 최근 십 수 년 사이에 더욱 활발히 나타나고 있다. 특히 대중매체는 대중성과 공영성이라는 이미지 때문에 정보의 진실 유무를 떠나 그 사실을 믿게 하는 힘이 있어 비판적 담론에 대해 객관성을 부여하고 있다. 대중매체의 영향력은 과이레뇨에 관한 비판적 담론이 외부인뿐만 아니라, 과이레뇨 스스로도 비판적 담론에서 드러나는 성향이 그들을 표상한다고 인식하게 된 주요 원인으로 작용하였다.

2) 비판적 담론의 과이레뇨화

과이레뇨의 역사 찾기 과정에서 비판적 담론이 확대 · 재생산됨으로써 과이레뇨 스스로도 비판적 담론을 그들의 성향으로 받아들이고 있다. 이것은 매우 아이러니한 일이다. 왜냐하면 역사 찾기를 주도했던 집단들은 소위 비야리카에서 상류층으로 그들은 정치적 사건과 관련된 비판적 담론으로 인해 직접적인 피해를 많이 입었고, 이로부터 탈피하기 위해 시도했던 역사 찾기가 오히려 과이레뇨를 표상하는 이미지로 자리매김하는 데 기여하였기 때문이다. 대신에 과이레뇨들은 그러한 표상이 정치적 요인이 아니고 역사적 측면에서 나타났다는 것을 강조하기 위해 여러 가지 물증을 찾아내서 해석하고 있다.

비야리카 시의 물증은 비야리카에 방문하는 외부인이나 과이레뇨들 스스로에 의해서 구체화되고 있다. 이를 바탕으로 과이레뇨들은 비판적 담론의 내용이 그들의 내재적 성향 때문에 발생한 것이라고 인식하게 된다.

> 연구자: 너는 왜 과이레뇨가 다른 지역 사람들과 다르다고 생각해?
> 증언자: 과이레뇨들이 반대로 한다는 것은 비야리카 어느 곳에 가
> 도 볼 수 있거든요. 으바로트에 있는 성당의 선풍기가 천
> 장에 매달려 있지 않고 벽에 있는 것을 봐도 알 수 있고,
> 대성당의 시계가 로마자 IV가 아닌 줄 네 개로 되어 있고.
> 시청 앞 광장의 사자상이 시청 쪽으로 보고 있지 않고 광
> 장 안으로 보고 있는 것이랑. 옛날에는 차가 왼쪽 편으로
> 다녔다고 하는 것 봐서도 과이레뇨들이 그렇게 하는 것은
> 사실인 것 같아요.
>
> 로레나(Lorena, 18세)

로레나와 비슷한 또래의 젊은이들은 과이레뇨에 관한 비판적 담론이 언제부터 시작되었고, 그것이 사실인가 아닌가에 대해 중요하게 생각하지 않는다. 그들은 그녀가 말한 것처럼 여러 가지 증거를 토대로 비판적 담론에서 일컫는 과이레뇨의 성향이 자신들이 갖고 있는 고유한 속성이라고 믿고 있다. 대부분의 중장년층 과이레뇨들도 젊은이들처럼 상기의 증언자가 말한 물증을 토대로 과이레뇨가 정말 반대로 하는 경향이 있다고 믿고 있다. 물론 식민시기의 역사에 관심 있는 일부 과이레뇨들, 주로 상류층에 속하는 사람들은 그러한 말들이 터무니없다고 주장하는 경우도 있지만 이러한 주장을 하는 사람들도 과이레뇨들이 특별한 성향을 지녔다는 것에 대해서는 부인하지 않는다. 오히려 이들은 이미 과이레뇨의 성향을 표상하게 된 비판적

담론에 식민시기의 역사를 부여함으로써 비판적 담론을 객관화하고 있다.105)

과이레뇨들에 관한 비판적 담론을 입증하는 이러한 물증들은 연구자가 비야리카에 오기 이전에 머물렀던 람바레(Lambaré)106)에서 수차례 들은 적이 있다. 과이레뇨와 마찬가지로 외부인들도 과이레뇨에 대한 소문을 비야리카에 있는 물증을 토대로 실재하고 있다고 확신하고 있는데, 이것은 비야리카에 소재한 대학교와 관련이 있다. 비야리카는 1961년에 설립된 가톨릭대학(Universidad Catolicá)와 1995년에 설립된 노르테대학(Universidad del Norte), 국립대학(Universidad Nacional) 등이 있어 학원 도시로서의 명성을 얻고 있다. 특히 가톨릭대학은 지방에서 가장 먼저 생긴 대학으로 법대와 의대가 유명하다. 이들 대학교에는 과이레뇨 출신들보다 외부에서 온 학생들이 큰 비중을 차지하는데, 이들 유학생을 통해 비판적 담론과 관련된 물증에 대한 이야기가 다른 외부의 도시로 흘러나가고 있다.

다음의 사진은 과이레뇨들이 반대로 한다는 증거로 사람들 입에 가장 많이 오르내리는 플라사 데 에로에(Plaza de Heroe)라는 곳에 있는 사자상의 배치이다.

'플라사 데 에로에'는 비야리카 설립 400주년을 맞아 1970년에 시청 맞은편에 건립된 것으로 우리말로 번역하면 '영웅광장'이다. 이 광장은 원래 메르카도 과수(Mercado Guasu)라 불리던 시장이 있던 곳이었다. 1937년 여기의 시장을 두 군데로 옮기면서 터미널로 잠시 쓰이

---

105) 이에 관련된 사례와 내용은 VI장 3절에서 다루기로 하겠다.

106) 람바레는 필자가 아순시온의 쓰레기 매립장에 살고 있는 사람들을 연구할 무렵인 2004년 10월부터 2006년 3월까지 약 1년 6개월 동안 살았던 곳이다. 람바레는 아순시온의 남쪽에 접해 있는 위성도시로서 인구가 126,282명(2002 인구센서스 기준)이다.

사진 6-13. 광장 안쪽에서 본 사자상   사진 6-14. 광장 바깥에서 본 사자상

다가 1970년에 지금의 광장으로 바뀌었다. 광장에는 '큰 전쟁'과 '차코 전쟁'에 참여한 과이레뇨를 추모하는 비가 있으며, 1991년에는 사자상과 국기게양대, 비야리카 시 이주 기념탑이 설립되었다. 사진의 국기 게양대와 사자상은 1991년에 만들었다. 광장은 개방형으로 되어 있어 사방으로 출입이 가능하지만 주 입구에 사진에서 보이는 바와 같이 사자상이 위치해 있다. 외부인이나 과이레뇨들이 이 사자상을 보고 이상하게 느끼는 것은 사자상의 사자들이 광장의 내부로 향하고 있기 때문이다. 일반적인 동물상이 광장의 바깥을 향해서 바라보

사진 6-15. 성당 벽면에 걸려 있는 선풍기   사진 6-16. 벽면의 정면에서 본 선풍기

고 있는 데 반하여 여기에 있는 사자상은 광장의 내부를 바라보고 있다는 것이다. 다음은 또 다른 담론의 증거로서 바리오 으바로트(Yvaroty)에 위치한 누에스트라 세뇨라 데 라 아순시온(Nuestra Señora de la Asunción) 성당 벽면의 선풍기 배치 모습이다.

이 성당은 가톨릭 프란시스코회가 1939년 3월 5일에 바리오 으바로트에 건립하였다. 여기를 관리하는 수도사의 말에 의하면, 사진에서 보이는 선풍기가 설치된 때는 약 20년 전의 일이라고 한다. 이 선풍기가 담론과 관련하여 주목받는 이유는 일반적으로 선풍기는 천장에 설치되어야 하지만, 이 성당의 선풍기는 천장이 아닌 양옆의 벽면에 설치되어 있기 때문이다. 또 다른 증거는 대성당의 시계이다.

사진 6-17. 대성당의 전경

사진 6-18. 대성당의 시계

대성당은 1887년에 지금과 같은 모습으로 증축되었다. 대성당 중앙에 있는 시계는 증축한 뒤 한참 뒤인 1940년대에 영국서 들여온 것이다. 시계가 담론과 관련하여 주목받는 것은 시계 안에 로마숫자 때문이다. 로마자 4가 IV로 표기되어야 하지만, 이 시계에는 4가 줄 4개로 표기되어 있다. 이는 반대로 표기된 것이 아닌 실수로 표기된 것

임에도 불구하고 과이레뇨가 거꾸로 한다는 말에 내포된 특이함을
강조하기 위해 하나의 증거로 채택되고 있다. 다음 사진은 교통 안내
문구이다.

사진 6-19. '교통 표지판'의 정면 모습   사진 6-20. '교통 표지판'을 확대한 모습

벽면에 쓰인 글은 일종의 '교통 표지판'으로 "conserve su izquierda"
라는 알림글과 자동차의 진행방향을 알려주는 화살표가 적혀 있다.
그 뜻은 운전할 때 "왼편으로 통행하라"라는 것이다. 이것은 40~50년
전 영국과 유럽에서 수입된 자동차의 운전석이 오른쪽에 있어서 생
긴 것이다. 현재 비야리카와 파라과이에서 운행되는 모든 자동차의
운전석은 왼쪽에 있지만 외부인들은 이것을 보고 비야리카에서는 운
전을 반대로 한다고 놀린다고 한다.

과이레뇨들은 두 개의 물증인 사자상과 성당의 선풍기에 더 많은
관심을 가진다. 이 두 개의 물증에 과이레뇨들이 대중적인 관심을 가
지는 것은 두 가지 이유에서이다. 그 하나는 담론과 물증의 적절성이
다. 사자상이 거꾸로 놓여 있다는 것과 선풍기가 천장이 아닌 벽에
걸려 있다는 것은 과이레뇨가 거꾸로 한다는 담론에 대해 쉽게 연상

이 되기 때문이다. 두 번째는 매스미디어의 영향이다. 비야리카에는 '까날 8'이라는 지역방송이 있다. 이 방송국은 지역의 소식을 전하는 뉴스와 프로그램을 편성하여 방송한다. 2007년 3월부터 7월까지 비야리카의 풍물과 역사에 대해 살펴보는 "아무도 알지 못하는 것(Lo que nadie sabe)"이라는 프로그램에서 사자상과 성당의 선풍기에 대해서 방송하였다. 이렇듯 과이레뇨들은 물증을 확보하여 비판적 담론을 과이레뇨의 고유한 역사적 특성으로 치환하는, 즉 비판적 담론을 과이레뇨화하는 작업을 지속적으로 전개하고 있다.

3) 비판적 담론에 관한 과이레뇨들의 일상적 대응

비판적 담론에 대한 과이레뇨들의 대응은 지역 구분과 일상적 삶속에서 다양하게 드러난다. 파라과이 사람들은 과이레뇨를 주로 비야리카에 사는 사람들로 가리키지만,[107] 과이라 주에 살고 있는 사람들을 과이레뇨로 생각하기도 한다. 그러나 과이라 주에 살고 있는 사람들은 그들 스스로를 과이레뇨라 생각하지 않지만, 비야리카에 사는 사람들은 과이라 주에 살고 있는 사람들도 과이레뇨라고 주장한다.

비야리카 사람들과 과이라 주 사람들 사이에서 과이레뇨의 지역적 범주에 관한 논쟁은 비야리카 지역방송 프로그램에서 잘 드러난다. 과이라 주의 디스트리토인 이타페(Itape) 출신의 파라과이 국가대표 축구선수 가브리엘 곤살레스(Gabriel Gonzalez)는 다른 방송프로그램에서 '이타페는 과이레뇨가 아니다'라고 말을 하였고, 이것을 두고 과

---

107) 이러한 증거는 파라과이 사람들이 과이레뇨에 관한 담론을 이야기할 때 "과이레뇨들이 반대로 한다"라고 말하지만, "비야리케뇨(villarriqueño)들이 반대로 한다"라는 데서 알 수 있다.

이레뇨가 비판을 하였다.

> 가브리엘 곤살레스는 미친 녀석이다. 그는 아메리카와 유럽의
> 여러 축구팀에서 축구를 했다. 수도에 있는 '5월 14일' 팀에서 인터
> 뷰를 할 때 과이레뇨라 물었을 때 그는 아니라고 말하면서 '이타페
> 뇨'라고 이야기했다. 곤살레스는 완전히 환상적으로 미쳤다. 이타
> 페뇨가 말하기를 '과이레뇨가 아니다'. 많은 사람들이 비야리카 사
> 람들만 과이레뇨라 잘못 이해하고 있다. 누군가 당신이 과이레뇨라
> 물었을 때 인데펜덴시아 사람이라고 한다면 그건 미친 짓이다.108)

이 인터뷰 내용은 지역방송 프로그램 진행자가 농업기술자이며 향
토사학자인 카이오 에스카보네에게 질문하여 받은 답변내용이다. 프
로그램의 진행자인 라우라 바에스는 가브리오 곤살레스가 이타페에
사는 사람들은 과이레뇨가 아니라고 말한 것에 대해 카이오 에스카
보네의 의견을 물었고, 그는 격앙된 어조로 대답하였다. 위의 인터뷰
내용에서 보듯이, 파라과이 사람들은 비야리카 사람들이 과이레뇨라
는 것을 알지만 과이라 주의 디스트리토인 이타페가 과이레뇨인지
아닌지를 명확하게 인식하지 못하여 가브리엘에게 질문한 것이다. 가
브리엘의 대답에 따르면, 주도인 비야리카를 제외한 과이라 주의 사
람들은 과이레뇨로서 인식하지 않는다는 것을 알 수 있다.

이것은 본 연구자가 수도인 아순시온에 잠시 자료를 찾으러 갔을
때, 잠깐 한국 교회의 도움으로 자녀의 병을 고치러 과이라 주에서
상경한 중년 여성과의 대화에서도 체험하였다. 본 연구자는 그 여성
과 대화를 하던 도중 과이라 주의 한 디스트리토인 인데펜덴시아에

---

108) 출처: '로 께 나디에 사베(Lo que nadie sabe)' - 2007년에 방송된 비야리카의 지역방송 채널 8번의
프로그램.

서 왔다는 이야기를 듣고 반가워서 비야리카에 살고 있다고 말한 뒤 "당신도 나처럼 과이레뇨구나"라고 농담을 하였다. 그러자 그 여성은 과이레뇨가 아니라 인데펜덴시아 출신[109]이라고 이야기를 하였다.

과이라주의 사람들이 과이레뇨가 아님에도 불구하고 비야리카 사람들이 과이레뇨의 범주를 과이라 주 전체로 확장하고자 하는 것은 그들에게 집중된 비판적 담론과 그에 따른 불이익을 희석하려는 의도에서 나온 것이다.

비판적 담론에 관한 과이레뇨의 대응을 과이레뇨와 비과이레뇨사이의 일상적인 대화에서도 잘드러난다. 필자가 비야리카에서 함께 살았던 미란다(Miranda) 가족은 비 과이레뇨 출신이다. 첫째 아들인 로날(Ronal)은 26세의 청년으로 파라과이와 브라질 국경에 인접한 시우다드 델 에스테(Ciudad del Este)에서 태어나 17년 전에 비야리카로 이주하였다.

그는 과이레뇨 태생의 여자친구를 사귀고 있는데, 그 둘의 대화를 살펴보면 과이레뇨 태생과 비과이레뇨 태생이 과이레뇨에 관한 비판적 담론을 두고 어떠한 인식의 차이를 가지고 있는지에 대해서 알 수 있다.

> 연구자: 과이레뇨가 반대로 한다는 4가지 증거 이외에 또 다른 증거가 있어?
> 증언자(로레나): 있지. '아로스 콘 레체'를 과라니어로 말할 때 원래는 '아로스 캄브'인데 여기서는(비야리카) '캄브 아로스'라고 반대로 말해.

---

109) 과이라 주에는 19개의 디스트리토가 있다. 각각의 디스트리토들은 그곳에 사는 사람들을 지칭하는 말이 있다. 예를 들어 이타페(Itape)에 사는 사람들은 이타페뇨(Itapeño)라 부르며, 인데펜시아(Independencia)에 사는 사람들은 인데펜디엔세(Independiense)라 부른다.

증언자(로날): 어디가도 그 정도의 말은 다르게 할 수 있어. 예를 들어 '비노 콘 코카'를 '코카 콘 비노'로 말할 수도 있지.[로레나(Lorena), 18세; 로날(Ronal), 26세][110]

　　로날의 여자친구인 로레나는 18세의 여대생으로 로날의 집과 가까운 곳에 살고 있다. 과이레뇨인 로레나는 과이레뇨가 반대로 한다는 특성을 과이레뇨의 고유한 속성으로 여기고 있으며, 이를 통해 다른 지역의 사람과 과이레뇨가 구별되는 것을 긍정적으로 생각하고 있다. 이는 일반적인 과이레뇨들의 태도에서 쉽게 찾아볼 수 있다. 그러나 타 지역 출신인 로날은 다른 지역에서도 흔히 나타날 수 있는 모습을 과이레뇨들이 너무 과대하게 자신들만의 성향이나 문화로 인식한다는 것에 대해서 불만을 가지고 있다. 이는 이어지는 대화에서 잘 드러난다.

연구자: 비야리카는 람바레[111]보다 깨끗하고 도둑이나 '깡패'들이 거의 없는 것 같은데.
증언자(로레나): 그렇지. 나의 사촌과 밤 10시나 12시에 다녀도 괜찮아. 여기(비야리카)에서는 새벽 5시에도 편안하게 길을 다닐 수 있어. 간혹 길에서 남자가 있어도 인사만 하고 지나가거나 우리를 쳐다보지도 않고 그냥 지나가지.
증언자(로날): 여기만 그런 게 아니라고 그래도.
증언자(로레나): 너는(로날) 비야리카 여자와 사귀는 것을 영광으로 알아야지. 그리고 여기(비야리카) 여자들은 수동적

---

110) '아로스 콘 레체(arroz con leche)'는 우유에 밥을 끓여 먹는 것으로 주로 간식으로 먹는다. '아로스 캄브(arroz kamvy)'는 아로스 콘 레체와 같은 말로서 스페인어와 과라니어가 합성된 말이다. 아로스는 스페인어이며, 캄브는 과이라니어이다. 파라과이 사람들은 스페인어와 과라니어를 혼합하여 사용한다. 이러한 형식의 말을 '조파라(Yopará)'라고 한다. 조파라는 과라니어로 '섞음 혹은 혼합'이라는 뜻을 가지고 있다. '비노 콘 코카(vino con coca)'는 포도주에 콜라를 섞어 마시는 일종의 칵테일이라 할 수 있다. 값싼 포도주는 맛이 없기 때문에 콜라를 섞어 마신다.
111) 필자가 비야리카에 오기 전에 살았던 도시로 수도인 아순시온과 접해 있다.

이라서 남자가 먼저 접근하지 않으며 절대로 여자
가 먼저 접근하지 않아.
증언자(로날): 여기는 시골이라서 그렇지. 예전에 내가 애들이랑 싸
웠을 때도 여기는 시골이고 시우다드 델 에스테는 발
전된 곳이라 해서 난리가 났지. 그러자 애들이 나에
게 깡패 출신이라고 공격을 해서 화가 많이 났었는
데.[로레나(Lorena), 18세; 로날(Ronal), 26세]

로레나는 대화하는 동안 모든 과이레뇨가 그러하듯이 그들의 특성
에 대해 자부심을 가진 어조로 대화 분위기를 이끌어 나갔으며, 로날
은 과이레뇨가 특별하다는 것에 동의하지 않고 불만이 있는 어조로
대응하였다. 로레나가 말하는 과이레뇨의 장점이나 특수성은 로날의
말처럼 비야리카가 아닌 다른 지역에서도 볼 수 있는 모습들이다. 비
판적 담론과 관계된 일상적인 현상을 과이레뇨만의 특수성이자 장점
으로 부각하는 것은 모든 과이레뇨들에게 나타나는 일반적인 현상이
다. 비야리카에 살고 있지만 외부인인 로날이 이러한 과이레뇨의 태도
에 불만인 것은 과이레뇨들이 스스로를 과도하게 미화하기 때문이다.
로레나가 언급한 것 이외에도 과이레뇨들이 스스로를 미화하는 말
들은 흔히 보인다. 그 예로서 "과이레뇨는 부지런하다", "비야리카는
깨끗하고 범죄가 거의 없다", "비야리카에는 미녀가 많고 사람들이
친절하고 순박하다"는 것이 있다. 이러한 사례는 비야리카가 다른 지
역보다 우월하다는 것으로 과이레뇨들의 자긍심을 보여준다. 그러나
한편으로 과이레뇨의 대응은 스스로가 뛰어나서 그렇게 평가하는 것
보다는 비판적 담론에 대한 반발심으로 생긴 일종의 방어기제라 볼
수 있다. 왜냐하면 비판적 담론에 관한 질문을 받은 과이레뇨들은 그
것을 설명하기 위해 하는 말이 항상 있는데, 그들에 관한 비판적 담

론이 나타난 원인이 과이레뇨를 부러워하는 외부인 때문이라는 것이다. 즉 로날이 증언한 것처럼 과이레뇨들은 비판적 담론을 유리한 쪽으로 해석하기 위해 평범한 행동이나 일상적인 모습에 그들만의 의미를 부여하고 있다.

3. 역사 공동체로서 '과이라 공화국'

과이레뇨들이 그들의 특성에 대해 자부심을 가지는 것은 역사 만들기의 결과이다. 이러한 역사 만들기를 주도하는 집단은 상류층인 유럽계 이주민들의 후손들로서 시기와 주체에 따라 두 부류로 나누어진다. 첫 번째 부류는 앞서 살펴보았던 역사 찾기를 진행한 부류들이다. 역사 찾기는 '센트로 과이레뇨'와 '비야리카 옛 역사 연구회'를 중심으로 이루어졌다. 이들은 비야리카 출신의 역사학자와 향토사학자들이 주축이 되어 전문적인 지식을 바탕으로 강연회와 서적 발간 등을 통해 과이레뇨들의 타자화가 근·현대의 정치적 맥락에서 출현했다는 사실을 상쇄하기 위해서 식민지 시기 과이라 지방과 비야리카 역사를 발견하여 유포함으로써 과이레뇨들이 비야리카라는 지역에 기반한 역사 공동체로 인식할 수 있도록 노력하였다. 이러한 작업은 1960~70년대에 주로 이루어졌다.

두 번째 부류는 비판적 담론을 식민시기 과이라 지방의 역사에 적용하여 자의적으로 분석하거나 해석하는 사람들이다. 이들은 역사에 관심 있는 전문직 종사자들로 주로 언론계에 종사하고 있다. 그래서 이들이 해석한 자료는 매스미디어를 통해 급속히 유포된다. 이러한 자료들은 1990년대 중반 이후부터 활발히 나타났다.

역사 해석을 통해 담론을 분석한 경우는 그것을 유포한 사람에 따라 3가지로 나누어 볼 수 있다. 그들은 카이오 에스카보네(Caio Scavone)와 아돌포 트라베르시(Adolfo Traversi),[112] 훌리오 무시(Julio Mussi)로 모두 유럽계 혹은 아랍계 이주민의 후손들이다. 카이오는 농업관광과에 근무하고 있는 농업기술자로 아베세 신문과 울티라 오라 신문의 객원기자이기도 하다. 아돌포는 지역방송인 '까날 8(Canal 8)'에서 앵커로 활동하고 있으며, 훌리오는 상업에 종사하고 있다.

카이오는 2007년 7월부터 8월까지 비야리카의 지역 방송국인 까날 8에서 라우라 바에스(Laura Baez)가 진행한 '아무도 모르는 것(Lo que nadie sabe)'이라는 제목으로 방영된 프로그램에 출연하였다. 이 프로그램의 내용은 각 회마다 비야리카의 명물이나 그들의 역사에 대해서 찾는 것이었다. 카이오는 왜 과이레뇨가 반대로 하는가를 다음과 같이 방송에서 분석하였다.

> 과이레뇨는 정말 열심히 일하는 사람들이었다. 거기에 2명의 대장 노예 사냥꾼이 있었다. 그중 한명은 라포소 타바레였다. 이들이 과이레뇨를 상파울로에 있는 흑인노예 시장에 데려갔다. 그래서 거의 약 30,000명의 과이레뇨가 상파울로에 있는 노예시장에 끌려갔다. 과이레뇨는 방어하기 위해 무엇인가 반대로 해야 했다. 항상 어떤 것들을 다르게 하기 위해 반대로 해야 했는데, 예를 들어 두건을 반대로 쓰거나 옷을 반대로 입거나 화살을 반대로 가지고 있거나 하는 식이었다. 뭔가 다르게 해야 했고 반대로 해야 했다. 이것은 보호수단이었다. 그래서 과이레뇨들은 방어를 했고 서로를 알게 되었다. 이런 역사에 의해서 반대로 하는 거다. 그러나 어떤 사

---

112) 트라베르시 가문은 이탈리아계로서 1900년대 초반 프란시스코 트라베르시(Francisco Traversi)가 비야리카에 입향하면서 번성하였다. 이들 가문은 주로 언론계에서 두각을 나타내고 있는데, 프란시스코의 아들인 엔리케(Enrique)는 그의 아버지와 비야리카에서 처음으로 라디오 방송을 시작하여 1949년에 '라디오 과이라'라는 라디오 방송국을 설립하였다. 이들의 후손인 증언자 역시 비야리카의 방송사에서 뉴스앵커로 일하고 있으며, 카를로스(Carlos)는 도청의 언론공보관으로 활동하고 있다.

람들은 루이 디아스 멜가레호가 금을 찾기 위해 비야리카에 왔는
데 거기서 철과 납을 찾아서 과이레뇨가 반대로 한다는 말이 생겼
다고 한다. 나는 이것에 대해서는 뭐라고 말해야 될지 모르겠
다.113)

카이오는 과이레뇨의 역사에 관심이 많아 옛 비야리카의 사진과
자료를 많이 갖고 있어, 지역민으로부터 역사에 대해 뭔가 아는 사람
이라는 이미지를 갖고 있다. 위의 이야기는 그가 스스로 찾아낸 것이
아니고 곤살레스 델 발레(Gonzalez del Vale)로부터 들었다고 한다. 곤
살레스 델 발레는 아순시온에 있는 아베세 신문의 기자로서 '47년 내
전'에 관한 책을 같은 해에 출판하였다. 그는 과이레뇨는 아니지만
비야리카의 역사 전문가로서 소문이 나 있다. 두 사람이 정보 공유가 가
능했던 것은 카이오가 아베세 신문의 객원기자로 활동하기 때문이다.

이 방어 담론은 방송 후 유포 속도가 엄청 빨랐는데, 그 이유는 과
이레뇨가 왜 반대로 하는지에 대한 역사적 논리가 명쾌했기 때문이
다. 본 연구자는 8월 중순경 약 일주일 동안 많은 과이레뇨들로부터
과이레뇨가 왜 반대로 하는가에 대한 설명을 들어야 했다. 시청의 공
무원인 로페스는 필자를 만나자마자 과이레뇨가 왜 반대로 하는가에
대해 그의 의견을 피력하였다. 왜냐하면 그는 필자가 무엇에 관심이
있는가를 알았기 때문이다. 그는 상파울루에 있던 마멜루코가 과이레
뇨가 살던 곳에 침입하였고, 이에 과이레뇨들은 서로 알아보기 위해
반대로 행동했다는 것이다. 이는 과이레뇨들만의 암호로 적으로부터
방어하기 위한 생존 전략이었다는 것이다.

본 연구자는 며칠 후 도청의 문화관광과에서 일하고 있는 직원을

---

113) 출처: '로 케 나디에 사베(Lo que nadie sabe' - 비야리카의 지역방송 채널 8번의 프로그램.

인터뷰하기 위해 갔고, 거기서 만난 사람들도 과이레뇨가 왜 반대로 하는가에 대한 이야기를 하고 있었다. 그들의 말에 따르면 일주일 전 쯤에 방송에서 카이오 에스카보네가 과이레뇨가 왜 반대로 하는가에 대해서 아주 흥미롭고 적절한 설명을 했다는 것이다. 그러면서 필자의 연구 내용을 알고 있던 사람들이 카이오에게 자문을 구하라고 하였다.

다음의 사례는 까날 8의 앵커인 아돌포 트라베르시가 담론에 관하여 잡지에 기고한 내용이다.

> 기자인 아돌포 트라베르시는 과이레뇨가 반대로 한다는 것이 지금의 피크르와 이바이 강 사이, 파라나 강에서 60레구아 떨어진 쿠아라크베라 지역에서 루이 디아스 멜가레호가 금은 발견하지 못하고 철만 발견하여 고통을 겪은 데서 유래한다고 믿고 있다. (중략) 파라과이 지방정부는 1682년 5월 25일 과이레뇨가 으브트루수에 정착하도록 허가하였다. 그러나 이것이 안정을 의미하는 것은 아니었다. 몇몇 과이레뇨 반란자들이 에스피니요에서 떠나기를 거부하였다. 으브트루수에 있는 과이레뇨들은 영구적으로 정착하기 위해 스페인 국왕과 인디아스 추기회의에 청원서를 보냈다. 그러나 과이레뇨들이 착각을 하여 크루와트로 돌아가겠다고 반대로 청원하였다. 그래서 과이레뇨들이 사이에 싸움이 일어났다. 그 후 1701년 3월 12일 스페인 국왕으로부터 으브트루수에 정착을 허가하는 명을 받았다. 그러나 에스피니요에 있던 100명의 과이레뇨는 다시 크루와트로 되돌아갔다.[114]

아돌포 트라베르시는 위의 내용을 알다르토 카노(Aldarto Cano)에게서 들었다고 한다. 알다르토는 공학자이지만 과이레뇨들 사이에서는 역사에 대해서 안다고 소문이 나 있는 사람이다. 알다르토는 15년 전쯤 브라질의 쿠리치바(Curitiba)에 파견근무를 갔었고 쿠리치바 박

---

114) 출처: 레포르타헤 알 파이스, 제16호, 1999년 11월.

물관에서 본 자료를 토대로 위의 내용을 만들었다고 증언하였다.

알다르토는 얼마 전 방송된 카이오의 해석을 듣고 본 연구자에게 불편한 심기를 감추지 못하였다. 그는 그 해석에 대해 직접 비판을 하지 않았지만 카이오와 그와 친한 사람들의 태도를 싸잡아 비난하였다. 카이오가 과이레뇨에 관한 비판적 담론의 새로운 역사적 해석을 통해 알다르토의 역사적 해석을 비판한 것인지를 분별하기는 어렵지만, 알다르토는 카이오의 새로운 역사적 해석을 상당히 불쾌하게 여겼다.

여기서 중요한 것은 역사해석의 논쟁이 중요한 것이 아니라 모든 방어 담론이 식민시기 과이라 지방의 역사를 배경으로 생산된다는 것이다. 과이레뇨들은 누구의 역사해석이 옳든 간에 그러한 방어 담론을 공유하면서 그들의 성향이 식민시기 역사에서 비롯된 것이라는 확신을 갖게 된다.

이러한 방어 담론의 형성은 위의 두 사례에서 보았듯이 아주 개인적으로 이루어진다. 다음의 훌리오 무시가 만들어낸 방어 담론은 비판적 담론에 대한 역사적 해석이 얼마나 자의적으로 이루어지고 있는가를 잘 살펴볼 수 있다. 본 연구자는 조사 초기에 파라과이 사람들이 왜 과이레뇨가 독립을 하길 원한다든지, 혹은 과이라 공화국이라 불리는가에 대한 해답을 비야리카 출신의 향토사학자인 아르테미오 프랑코가 2003년도에 출판한『파라과이 사람의 문화와 과이라: 과이라의 역사와 문화』[115]라는 책에서 쉽게 발견할 수 있었다. 이 책의 내용은 이미 많은 과이레뇨들에 의해 공유되었고, 인터뷰 과정에서

---

115) 이 책의 원제목은 *El Guairá y su aporte a la cultura Paraguay: historia cultural del Guairá*이다.

접한 과이레뇨들은 항상 이 책을 나에게 권하였다.

본 연구자는 그 방어 담론이 어디서 시작되었는지 살펴보기 위해 이 책에서 밝힌 출처를 찾았다. 이 책에서 밝힌 출처는 2000년 5월 15일자 아베세 신문이었다. 본 연구자가 직접 신문사에 가서 살펴본 결과 그와 관련된 기사 내용은 어디에도 볼 수 없었다. 본 연구자는 저자가 죽고 난 뒤 2003년에 증보개정판을 출판한 저자의 미망인 알로디아와 아들인 엔리케에게 자료의 출처를 확인하고자 찾아가서 출처에 대한 사실 확인을 하였다. 그녀는 책에 적힌 곳에서 발췌하였다는 말만 되풀이하였다.

그런데 한 가족의 가계도를 그리기 위해 인터뷰를 하던 중, 그 자료의 출처를 확인하게 되었다. 다음 증언자와의 인터뷰 내용은 비판적 담론에 관한 역사적 해석이 어떻게 개인적으로 만들어지며, 그것이 어떻게 신문과 서적을 통해 어떻게 유포되는지 알 수 있다.

연구자: 왜 여기가 과이라 공화국이라 불리는가?
증언자: 비야리카와 아순시온 사이에 큰 싸움이 있었다.
연구자: 무슨 싸움인가?
증언자: 큰 싸움이었다.
연구자: 언제 있었는가?
증언자: 초기부터.
연구자: 초기부터? 초기라면 16세기부터인가?
증언자: 그 싸움은 에스파냐시절(식민지 개척이전부터)부터 있었다.
연구자: 아! 프랑코 프레다가 쓴 책에서 봤었다.
증언자: 당신도 그 책을 갖고 있나?
연구자: 갖고 있다. 아! 그 책을 읽고 정보를 얻었는가?
증언자: 아니다. 난 그전에 알고 있었다.
연구자: 어떻게 알고 있었나? 어디서 알게 되었나?
증언자: 다른 책에서 읽었다. 거기서 읽은 내용을 ABC 신문에 실

었고, 그 내용을 프랑코 프레다가 발췌해서 그의 책에 인
용했다.
연구자: 그 책을 가지고 있나?
증언자: 없다. 그 책은 여기 가톨릭대학 도서관에서 읽었다.
연구자: 여기에 있는 가톨릭대학 말인가?
증언자: 맞다, 여기 비야리카.[훌리오 무시(Julio Mussi), 72세]

증언자인 훌리오 무시는 비야리카에서 포목점을 운영하는 상인이
다. 포목점은 그의 선친으로부터 물려받은 것이다. 그는 역사학을 공
부하지 않았지만 파라과이 역사와 정치사에 관해 해박한 지식을 갖
고 있었다. 그의 글은 비야리카에 소재한 가톨릭대학에서 열람한 비
리아토 디아스 페레스(Viriato Díaz Pérez)가 1930년에 쓴『파라과이의
코뮤네라 혁명』이라는 책에서 영감을 얻어 "왜 다른 공화국인가"라
는 제목으로 2000년 5월 15일자 울티마 오라 신문116)에 실렸다. 다음
은 신문에 기고된 훌리오 무시의 글이다.

스페인에서는 아메리카대륙을 정복하기 이전과 이후에 레알리스타와 코뮤네로 간의 잔혹
한 싸움이 있었다. 그 당시에는 레알리스타가 주도권을 잡고 있었는데, 그들은 금발의 파
란 눈을 가진 풍채가 좋은 고트족의 후예였다. 코뮤네로는 스페인 남쪽의 지중해 연안에
살았으며 약간 어두운 색의 피부를 가졌고 패배자들이었다. 이들이 아메리카 대륙에 왔을
때 인종주의가 지속됐지만, 그 결과는 반대가 되었다. 여기서는 코뮤네로가 주도권을 잡
고 레알리스타는 "가난한 땅에 있는 자"라 불렸다. 레알리스타인 루이 디아스 멜가레호는
시우다드 레알과 비야리카를 세웠다. 아순시온은 코뮤네로의 도시라 불렸고 비야리카는
레알리스타의 도시라 불렸다.117)

116) 필자는 신문 기사의 원본을 보기 위해 아순시온의 아베세 신문사에 갔으나 찾지 못했다. 그래서 다시 훌
리오 무시에게 재차 확인하였고, 훌리오 무시는 알로디아에게 전화를 걸어 아베세에서 인용한 것이 맞냐
고 물어보았고, 그녀는 확실하다고 대답하였다. 그 후에 필자는 다시 한 번 아순시온에 있는 아베세 신
문사를 방문하였고, 역시 그 기사를 찾을 수 없었다. 그 기사를 찾은 곳은 몇 개월 후 필자가 다른 자료
를 찾기 위해 방문한 울티마 오라 신문사의 문서보관소였다. 알로디아가 증보 개정판에서 인용을 잘못
게재한 것은 아베세 신문과 울티마 오라 신문의 비야리카 특파원이 동일 인물이기 때문에 혼동한 것으
로 보인다. 훌리오 무시가 착각한 것은 이미 그가 신문에 기고한 지 7년이나 지나 확인할 곳은 프랑코
프레다의 책밖에 없었는데, 그 책에서 인용을 아베세 신문으로 잘못 표기했기 때문이다.

117) 2000년 5월 15일자 울티마 오라 신문.

훌리오 무시가 울티마 오라에 기고한 위의 기사는 2003년에 출판된 아르테미오 프랑코의 저서인『파라과이 사람의 문화와 과이라: 과이라의 역사와 문화』라는 책에 인용되었다. 이 책은 1972년에 첫 출간되었는데 그 당시에는 과이레뇨의 비판적 담론과 관련한 내용은 전혀 언급되지 않았다. 단지 저자의 미망인인 알로디아와 그의 아들인 엔리케가 2003년에 개정판을 내면서 왜 "과이라 공화국"이라 불리는지에 대한 두가지 역사적 해석을 추가하여 출판한 것이다. 다음은 알로디아와 엔리케가 인용한 또 다른 역사적 해석이다.

사진 6-21. 1993년 5월 14일자 울티마 오라 신문

위의 내용은 비야리카 설립 423년째를 맞아 울티마 오라에서 실은 특집기사이다. 울티마 오라는 비야리카의 과거와 현재를 기사화하기

위해 부록을 만들었다. 위의 기사는 그 부록 중에서 "과이라는 1617
년에 독립할 뻔했다(El Guairá casi fue país en 1617)"라는 제목으로 비
야리카 출신의 특파원인 세사르 마르티네스(Cesar Martinez)에 의해
작성된 것이다. 그 내용은 이폴리토 산체스 켈이 1944년에 저술한『
식민지 파라과이의 구조와 기능』[118]이라는 책에서 발췌한 것이다. 알
로디아와 엔리케는 마르티네스와 무시의 글을 다음과 같이 증보개정
판에서 인용하였다.

> 과이라의 역사에 관해서는 이폴리토 산체스 켈의『식민지 파라
> 과이의 구조와 기능』을 인용하였다. 1607년 과이라의 도시들인 산
> 티아고 제레스, 비야리카 시우다드 레알은 상업이나 통신적인 측면
> 에서 고립되어 있었다. 에르난다리아스 데 사베드라는 이 세 도시
> 가 다른 식민지방정부가 될 수 있게 스페인 국왕에서 지방을 나누
> 어 줄 것을 권했다. (중략) 스페인 국왕은 페루부왕인 마르케스 데
> 몬테스 크라로스에게 의견을 물었다. 페루부왕의 의견은 새로운 정
> 부를 구성하는 것이 매우 편리하겠지만, 과이라의 3개의 도시만 따
> 로 분리하는 것은 이상하다. 나의 생각에는 아순시온과 합치는 것
> 이 낫다. 부왕은 의견은 고베르나도르의 의견보다 강하였다. 그래
> 서 1671년 12월 16일 국왕은 파라과이 지방과 리오 데 라 플라타
> 지방으로 나누었고, 파라과이 지방은 과이라 지방이라고도 불렀다.
> 왜 과이라가 다른 나라였는지 비야리카 사람들에게 말하고 싶은
> 또 다른 흥미로운 이야기가 있다. 왜 과이라 공화국이라 불리는가
> 에 대한 내용은 2000년 5월 15일자 ABC 신문에서 발췌하였다. (중
> 략) 레알리스타는 패배자로 아순시온에서 먼 곳에 살았다. 그래서
> 비야리케뇨는 식민지 중심에서 멀리 떨어지게 되었다. 아순시온 사
> 람들로 승리자인 코뮤네로는 레알리스타인 과이레뇨의 접근을 허
> 락하지 않았으며, 이로 인해 우리의 위치가 다른 나라 혹은 과이라
> 공화국처럼 되었다(Artemio Franco, 2003: 48~50).

---

118) 이 책의 제목은 *Estructura y Función del Paraguay Colonial*이다.

알로디아와 엔리케는 1993년 5월 15일자와 2000년에 5월 15일자 울티마 오라에 실린 기사를 인용[119]하였다. 앞서 언급했던 것처럼 이 두 기사는 각각 파라과이의 역사학자들이 저술한 책을 읽은 비전문가들이 원래의 자료에다가 그들의 해석을 곁들여 만든 것이다. 알로디아와 엔리케가 신문기사 자료를 검증 없이 허술하게 인용한 것은 그들 역시 역사를 전공하지 않은 비전문가로 자료에 대한 검증을 할 능력이 되지 않았을 뿐만 아니라, 이미 만연하고 있는 방어 담론에 포섭되었기 때문이다. 이 책의 인용 사례는 과이레뇨들의 정치적 갈등이 그들에 관한 비판적 담론의 배경이 되었다는 것을 상당히 경계하고 있음을 보여준다.

위의 사례 글에서 두 번째 중략은 프랑코가 앞선 사례 글에서 훌리오 무시가 울티마 오라에 기고한 글을 그대로 인용한 부분이다. 훌리오 무시가 기고한 글의 요점은 과이레뇨에 관한 비판적 담론이 홍색당과 자유당의 대립처럼, 그 대립이 식민시기에도 존재했다는 것이다. 일반적으로 과이레뇨들이 식민시기의 역사를 동원해 과이레뇨에 대한 비판적 담론의 배경을 분석하고 해석하는 것이 보통이지만, 훌리오 무시의 경우처럼 대중적이고 공식적인 언론매체에 과이레뇨에 대한 비판적 담론이 홍색당과 자유당 간의 정치적 대립에 의한 것이라고 암시한 경우는 아주 이례적인 일이다. 그러나 프랑코의 미망인과 그의 아들은 개정증보판에서 훌리오 무시의 글 중에 유일하게 한

---

119) 알로디아와 엔리케는 기사 내용을 발췌하면서 그 기사에서 인용된 이폴리토 산체스 켈의 책을 인용했다고만 표기하고 있다. 뿐만 아니라 2000년 5월 15일자 기사 내용은 훌리오 무시가 작성했다는 것을 언급하지 않았다. 이는 그 기사를 작성한 사람들이 역사 전문가가 아니어서 그 내용에 대한 신뢰성에 의심을 가졌기 때문이다. 즉, 비판적 담론에 대한 역사적 해석과 분석은 제대로 된 검증 절차 없이 글쓴이의 개인적 선택에 따라 취사선택되어 유포된다는 것을 알 수 있다.

문장을 의도적으로 삭제하였는데, 그것이 바로 홍색당과 자유당에 관해 짧게 언급된 문장이다. 이는 여전히 많은 과이레뇨들이 자유당 지지로 인한 정치적 피해의식을 갖고 있다는 것을 알 수 있다.

방어 담론들이 비전문적으로 생성되고 있지만 신문이나 방송, 비야리카를 대표하는 출판물에 인용되면서 과이레뇨들은 이 자료들을 신뢰하고 있다. 이러한 역사 만들기를 통해 과이레뇨들은 해석의 옳고 그름을 떠나 그들의 성향이 방어 담론의 공통적인 소재인 과이라 지방의 역사 속에서 실재한다고 믿고 있으며, 이를 통해 과이레뇨들은 그들의 정체성이 식민시기부터 존재했다고 여김으로써 하나의 역사 공동체로서 인식하고 있다. 역사 공동체로서의 인식은 외부인과 과이레뇨에게 사이에서 실재하는 비판적 담론들과 이러한 비판적 담론에 대응하기 위해서 창출된 역사를 공유하면서 형성되었고, 이는 '과이라 공화국(Republica del Guaira)'이라는 용어로서 구체화되고 있다.

비야리카에서 '과이라 공화국'이라는 용어가 공공연히 사용된 것은 최근 10년 사이의 일이라고 한다. 이 용어는 비야리카를 홍보하는 홈페이지나 안내 책자, 비야리카 시의 공식 행사와 배포되는 유인물에도 과이라 공화국이라는 용어가 빠짐없이 기재되어 있다. 예를 들어 시청에서 매년 발간하는 '다이어리'에도 '과이라 공화국'이라는 문구가 겉면에 표기되어 있다. 아래의 사진은 비야리카의 소방차에 쓰인 '과이라 공화국'이라는 문구의 모습이다.

사진 6-22. 소방차 정면에 쓰인
'과이라 공화국'

사진 6-23. 다른 소방차 뒤편에 쓰인
'과이라 공화국'

비야리카의 있는 모든 소방차에는 앞과 뒤, 옆에 모두 '과이라 공화국'이라는 문구가 있다. 소방차에 있는 '과이라 공화국'이라는 문구는 매년 5월 14일 비야리카 설립기념일을 축하하는 퍼레이드에서 가장 눈에 띄게 드러난다. 앞서 살펴보았듯이 역사 만들기의 일환으로 시작된 비야리카 설립기념 퍼레이드에는 비야리카에 소재한 모든 기관들이 참가한다. 퍼레이드의 주축은 초·중·고등학교 학생들이며, 이들은 각 학교의 선생님들과 함께 교복 차림으로 해당 학교의 깃발 아래 열을 맞추어 행진한다. 타 도시의 도시설립기념일 행사와 달리 비야리카에서는 모든 학생들이 의무적으로 참석해야 할 정도로 도시 설립일에 대한 과이레뇨들의 열의는 대단하다. 이 퍼레이드에는 비야리카에 소재한 군부대와 소방서까지 동참하며, 마지막 행렬은 '과이라 공화국' 문구가 있는 소방차와 그 대원들이 장식한다. '과이라 공화국' 소방차와 소방대원들이 긴 행렬을 갖추고 지나갈 때 과이레뇨들은 '과이라 공화국!'이라고 외치면서 열광한다.

주민들의 증언에 따르면, 도시기념설립일이나 기타 공식행사에서 과이레뇨들 사이에서 '과이라 공화국'이라는 용어가 본격적으로 사용하기 시작한 것은 불과 7, 8년 전이라고 한다. 이때는 소방차에 '과이라 공화국'이라는 문구를 처음으로 부착한 시기와 일치한다. 소방차의 곁에 이 문구를 넣은 것은 소방대장이 대중매체에서 '과이라 공화국'이라는 말을 접한 것이 계기가 되었다.

'과이라 공화국'이라는 용어의 사용은 어른들뿐만 아니라 새로운 세대인 청소년들에게 과이레뇨로서 동질감을 심어주는 데 큰 역할을 하고 있다. 내전을 겪지 않고 그에 대한 이야기를 제대로 접하지 않은 청소년과 신세대들은 과이레뇨의 특성이 식민시기부터 존재했다는 것을 믿음으로써 그들에 관한 비판적 담론을 긍정적으로 인식하고 있다. 장년층 이상은 과거의 경험으로 인해 그들에 관한 비판적 담론에 대해 여전히 부정적인 생각을 갖고 있으나 다양한 경로로 방어 담론을 접하면서 점차 과이레뇨가 역사적 공통성을 지니고 있으며 비판적 담론도 그 역사에 기반하고 있다는 것을 확실히 믿고 있다.

방어 담론으로서의 역사 만들기는 과이레뇨를 표상하는 다양한 담론들의 허구 여부를 떠나 과이레뇨 스스로에게 존재감을 심어주고 있다. 이는 계층과 세대를 하나로 묶어 '역사 공동체'라는 인식을 가지게 함으로써 과이레뇨 스스로가 종족성을 가진 집단으로 여기도록 하고 있다.

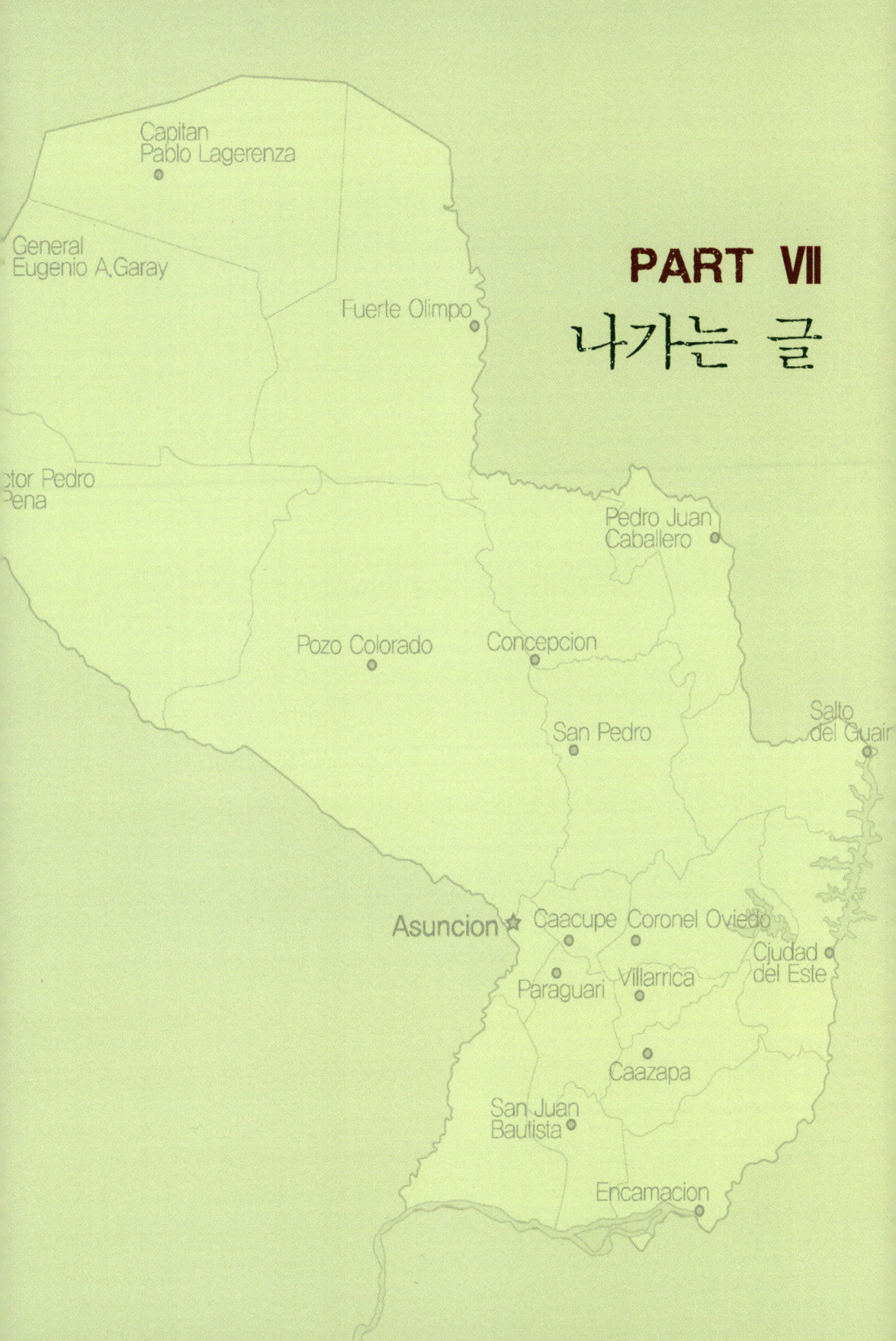

PART VII

나가는 글

‘과이레뇨’는 단순히 ‘비야리카에서 살고 있는 사람들’을 말하였다. 파라과이에서 과이레뇨가 특수한 집단으로 인식된 것은 몇몇 거시적인 역사적 사건과 밀접한 관련이 있다.

　1865년 파라과이는 아르헨티나와 브라질, 우루과이가 연합한 삼국을 상대로 전쟁을 벌인다. ‘삼국동맹전쟁(Guerra de la Triple Alianza)’으로 명명된 이 전쟁에서 파라과이는 무참히 패했고, 전쟁으로 인해 파라과이는 커다란 사회적 변화를 겪게 된다. 그 요인은 인구 부족이었다. 파라과이는 전쟁에서 전 국민의 약 80%를 잃었으며 그중 성인 남성의 생존 비율은 전체 생존자들에 비해 턱없이 낮았다. 파라과이 정부는 부족한 인구를 증대시키기 위해 외국인 이주민을 적극 받아들였으며 조사대상지인 비야리카도 예외는 아니었다. 이때부터 비야리카에는 승전국의 주민들과 유럽계 이주민들이 차츰 이주하기 시작하였다.

　1886년부터 시작된 파라과이와 비야리카 사이의 철도 노선 연장은 비야리카에 많은 수의 이탈리아 노동자들과 기타 유럽계 이주 노동자들이 비야리카에 정착한 원인이 되었다. 철도의 부설로 인해 비야리카는 파라과이와 아르헨티나를 잇는 교통의 중심지로 성장하였고, 이때부터 비야리카에는 아르헨티나로부터 유럽계 백인들이 물밀 듯이 몰려들었다. 1930년대에는 비야리카에 200여 개가 넘는 성씨의 유럽계 이주민이 거주하였다.

타 지역보다 많은 유럽계 이주민 수로 인해 비야리카는 파라과이 사람들로부터 '외국인 도시(ciudad de la extranjera)'라는 별칭을 갖게 된다. 이때부터 과이레뇨가 파라과이 사람들로부터 특수한 집단으로 인식되기 시작하였다.

파라과이 사람들로부터 과이레뇨가 특수한 지역 집단으로서 인식되고 그것이 강화된 것은 비야리카가 자유당(Partido Liberal)의 본거지로 성장하면서였다. 1946년 홍색당(Partido Colorado)이 정권을 잡으면서 자유당 세력들은 두 번의 내전(Guerra Civil)을 일으켰다. 과이레뇨가 파라과이 사람들로부터의 타자화된 것은 홍색당과의 정치적 갈등의 영향이다. 자유당으로 대표되는 과이레뇨는 두 번의 정치적 충돌로 반국가세력이라는 이미지를 갖게 된다. 왜냐하면 그 정치적 충돌의 패배자가 자유당이었기 때문이다.

이러한 타자화의 결과는 과이레뇨에 관한 비판적 담론으로 나타났다. 이 담론은 크게 두 가지로 나누어 볼 수 있다. 하나는 "과이레뇨가 반대로 한다"는 것이다. 다른 하나는 "과이레뇨가 독립을 하길 원한다"는 것이다. 이 비판적 담론은 농담으로 유포되기도 하고 대중매체에서 공식적으로 확산되기도 한다. 과이레뇨는 그러한 담론이 정치적으로 연관되어 있다는 사실을 매우 싫어한다. 왜냐하면 과이레뇨들은 두 번의 정치적 갈등으로 인해 사회·경제적으로 불이익을 당했기 때문이다.

비판적 담론에 대한 피해의식으로 인해 과이레뇨들은 그들과 관련된 비판적 담론에 대응하기 시작한다. 과이레뇨들은 그들에 관한 담론이 최근의 정치적 갈등에서 비롯된 것이 아니라는 것을 밝힘으로써 담론에 의해 내재된 피해의식에서 벗어나고자 하였다. 그들에 관한 담론이 오래전부터 존재했었다는 것을 증명하기 위해 식민지 시기 과이라 지방의 역사를 동원하고 해석하였다. 이러한 역사 만들기는 담론과 관련된 과이레뇨의 정체성이 식민지 시기부터 기원했다는 것을 알림으로써 근·현대의 정치 갈등에서 비롯된 담론을 상쇄하고자 하는 것이었다. 과이레뇨들의 역사 만들기는 크게 역사 찾기와 공식화, 역사의 해석으로 나누어 볼 수 있다. 역사의 발견과 공식화는 유럽계 이주민과 자유당 지지자들이 주축을 이룬 '센트로 과이레뇨'와 '비야리카 옛 역사 연구회'에서 주도적으로 이끌었다. 이들은 역사 자료의 발간과 도시설립 기념행사와 동상 건립을 통해 과이레뇨의 역사성을 고취시키는 데 앞장섰다. 역사의 해석은 역사의 공식화처럼 조직적이지 않지만, 매스미디어를 통해 유포된다. 이것을 주도하는 사람들은 비역사 전문가이지만, 역사에 관심 있는 사람들로서 '센트로 과이레뇨'와 '비야리카 옛 역사 연구회'를 주도한 사람들과 비슷한 부류의 사람들에 의해 이루지고 있다. 이들은 과이레뇨에 관한 담론을 역사를 통해 구체적으로 분석함으로써 과이레뇨들에게 동질감을 의식을 심어주고 있다. 즉 역사 만들기를 통해 과이레뇨들 스스로는 그들에 관한 담론이 오래전부터 실재했다고 믿고 있으며, 이를 통해 그들 스스로 역사공동체로서 인식하고 있다.

본 연구는 과이레뇨라는 도시 지역민이 지니고 있는 정체성을 통해 라틴아메리카에서 종족성 연구의 범위를 확장하고자 하는 시도로부터 이루어졌다. 대부분의 라틴아메리카의 종족성 연구는 인종적인 측면에서 원주민과 그와 대비되는 집단과의 관계를 통해 원주민의 정체성이 형성되는 과정에 초점을 맞추고 있다. 물론 과이레뇨의 경우도 유럽계 이주민의 후손이라는 측면에서 인종적 측면을 간과할 수는 없다. 그러나 이들이 이주한 지 거의 한 세기가 지났다는 점과 기존의 메스티소들도 유럽계 혈통을 가지고 있다는 점에서 현재의 과이레뇨에게서 원주민과 같은 인종적 타자화를 기대하는 것은 어려운 일이다. 실례로 과이레뇨들이 자기의 성이 이탈리아계 혹은 독일계라고 떠들고 다니는 경우는 있어도 과이레뇨를 백인의 후손 혹은 다른 인종 집단으로 인식하는 파라과이 사람들은 아무도 없다. 왜냐하면 그들은 이미 '메스티소화'되었기 때문이다.

라틴아메리카에는 원주민과 같이 인종 집단을 넘어 종족성을 띠고 있는 지역 집단들이 적지 않게 보인다. 이러한 집단에는 과이레뇨도 있지만 코르도바의 사람들도 아르헨티나에서 그들만의 정체성을 갖고 있기로 유명하다. 국가 사이의 관계로 넓혀보면 그란 부에노스아이레스에 속하는 파르티도 데 로마스 데 사모라(Partido de Lomas de Zamora)와 파르티도 데 라 마탄사(Partido de la Matanza)에서 부에노스아이레스에 살고 있는 사람을 의미하는 '포르테뇨(Porteño)'들의 차별을 받으면서 그들만의 커뮤니티를 이루고 있는 파라과이와 볼리비아 이주 노동자들의 문제까지도 포함시킬 수 있을 것이다. 이러한 의미 가운데 필자는 지역 집단으로서 과이레뇨가 파라과이 사회에서 특수한 집단으로 위치하는 요인이 무엇이며 과이레뇨들은 왜 스스로를 특별하게 생각하는가를 살펴보았다. 종족성 형성에 있어 많은 학자들의 공통적인 정의는 그것이 두 집단과의 관계에 의해서 구성된다는 것이다. 이와 같은 관점에서 본 연구자는 과이레뇨와 그와 대비되는 집단인 파라과이 사람들을 평행선상에 놓고 양 집단의 관계를 통시적으로 검토하여 과이레뇨의 정체성이 형성되는 과정을 분석하였다.

그 결과 과이레뇨는 유럽계 백인의 이주 역사와 그에 따른 정치적 경쟁과 갈등이라는 측면에서 타자화가 시작되었고, 타자화는 과이레뇨에 관한 담론으로 표출되었다. 이러한 담론은 과이레뇨에게 피해의식을 불러옴으로써, 과이레뇨들은 그에 대한 방어 담론을 창출하게 되었다. 1990년대 중반부터 본격적으로 출현한 방어 담론으로서 과이레뇨들의 역사 만들기는 더 이상 타자로서의 과이레뇨가 아니라 '역사 공동체'로서의 과이레뇨를 창출하였다. 즉, 타자화라는 외적 요인과 더불어 과이레뇨들이 스스로가 식민지 시기 역사를 통한 공동체라는 이미지를 생산하면서 구성원 사이에 집합의식을 형성하였다. 물론 여전히 파라과이 사람들은 담론을 통해 과이레뇨를 특수한 집단으로 인식하지만, 그것이 과이레뇨에 미치는 영향력은 정치적 갈등이 극대화되었던 스트로에스네르의 집권 당시에 비하면 미약한 수준이다.

현재의 과이레뇨들은 그러한 비판적 담론에 충격을 받기보다는 이제는 그들의 자랑스러운 역사로 받아들이고 있다. 이는 그들에 대한 비판적 담론을 역사 만들기를 통해 그들의 정체성으로 치환했기 때문이다. 이러한 과정에서 파라과이 사람들은 오히려 과이레뇨가 생산한 '역사'를 소비하면서 과이레뇨에 대한 이미지를 만들고 있다. 그 예로 파라과이 사람들은 과이레뇨가 역사 만들기의 일환으로 출판한 책이나 방송을 통해 과이레뇨에 관한 비판적 담론을 이해하고 있다. 이와 같이 과이레뇨의 경우는 종족성에 있어 타자화된 집단이 스스로를 경계 지을 수 있는 어떤 문화적 요소가 확보되면 타 집단으로부터 생성된 담론에 구애받지 않고 그들의 정체성을 유지·계승한다는 것을 보여준다.

그러나 과이레뇨의 사례가 향후 일어나는 새로운 정치적 국면에서도 그들이 만든 역사 공동체가 유지 가능한가 혹은 또 다른 변화를 수반하는가의 문제는 지켜봐야 할 과제이다. 특히 2008년은 과이레뇨를 표상하는 정당이었던 자유당이 56년 만에 정권을 잡은 역사적인 순간으로서, 새로운 정치적 국면이 향후 과이레뇨들의 정체성에 어떠한 영향을 끼치는지를 살펴보는 것은 매우 흥미로운 일이다. 왜냐하면 과이레뇨에 관한 담론의 형성에 주요한 요소로 작용했던 것이 바로 정치적 측면이기 때문이다.

참고문헌

구경모, 2008a, 유럽계이주민의 유입에 따른 과이레뇨의 타자화: 파라과이 비
　　야리카의 경우, 비교문화연구, 서울대 비교문화연구소.
＿＿＿, 2008b, 파라과이 과이레뇨의 종족성, 영남대학교 박사학위논문.
＿＿＿, 2010a, 이민과 위생 정책을 통해 본 근대도시의 형성: 파라과이 비야
　　리카의 사례, 역사문화연구, 한국외대 역사문화연구소 37.
＿＿＿, 2010b, 식민시기 파라과이와 브라질 경계 형성 과정, 포르투갈-브라
　　질연구 7(2), 한국 포르투갈-브라질학회.
Arellano, Diana, 2005, *Movimiento 14 de Mayo para la liberación del Paraguay
　　1959,* Posadas: Universitaria de Misiones.
Ashwell, Washington, 2007, *Concepción 1947: Sesenta año después,* Asunción:
　　Servi Libro.
Banks, Marcus, 1996, *Ethnicity: Anthropological Constructuions,* New York:
　　Routledge.
Barth, Fredrik (ed.), 1969, *Ethnic groups and Boundaries: The Social Organization
　　of Cultural Difference,* Boston: Little, Brown.
Brass, Paul, 1991, *Ethnicity and Nationalism,* New Delhi: Sage Publications.
Buzarquis, Juan, 2007, *Prisión, Torturas y Fuga,* Asunción: Tenondete.
Cardozo, Efraím, 1996a, *Apuntes de la historia Cultural del Paraguay,* Asunción:
　　El Lector.
＿＿＿＿＿＿, 1996b, *El Paraguay de la Conquista,* Asunción: El Lector.
Cardozo, Ramon, 1938, *La Antigua Provincia de Guairá y la Villarica del Espíritu
　　Santo,* Buenos Aires: Librería y Casa Editora.
＿＿＿＿＿＿, 1939, *Melgarejo: Fundador de la ciudad de la Villa Rica del*

Espíritu Santo, Asunción.

Chavez, Julio. C., 1968, *Descubrimiento y Conquista del Río de la Plata y el Paraguay,* Asunción: Ediciones Nizza.

_____, 1998, *Crónica Histórica Ilustrada del Paraguay Ⅰ,* Buenos Aires: Distribuidora Quevedo.

Chiavenato, Julio, 1984, *Genocidio Americano: La Guerra del Paraguay,* Asunción: Carlos Schuman Editor.

Cohen, Abner, 1969, *Custom and Politics in Urban Africa: A Study of Hausa Migrants in Yoruba Towns,* London: Routledge.

Devoto, Fernando, 2009, *Historia de la Inmigración en la Argentina,* Buenos Aires: Editorial Sudamericana.

Eriksen, Thomas, 1993, *Ethinicity and Nationalism,* London: Pluto Press.

Espínola, Benito, 2004, *Diocesis de Villarrica del Espíritu Santo,*

Franco, Artemio, 1984, *Villarrica: Un Mosaico de su Historia y Folklore en Romántica Evocación,* Villarrica: Escuela Técnica Salesia.

_____, 2003(1972), *El Guairá y Su Aporte a la Cultura Paraguaya: Historia Cultural del Guaira,* Asunción: Editora Litocolor.

Galeano, Eduardo, 1971, *Las Venas Abiertas de América Latina,* Madrid: Siglo21.

Giltz, Gregorio, 1970, *Libro de Oro: Ⅳ Centenrio de Villarrica,*

González Delvalle, Alcibíades, 2007, *El Drama del 47: Documentos Secretos de la Guerra Civil,* Asución: Colección Sociedad y Politica.

Lafuente, Machain, 1943, *Las Conquistadores del Rio de la Plata,* Buenos Aires: Ayacucho.

_____, 2006(1936), *El Gobernador Domingo Martínez de Irala,* Asunción: Academia Paraguay de la historia.

Maeder, Ernesto, 1975, "La Población del Paraguay en 1799: El Senso del Gobernador Lázaro de Ribera," *Estudios Paraguayos,* 3(1), pp.63~86.

Meaurio, Ernesto, 1942, *Villarrica Contemporánea y Su Municipio,* Asunción: Litocolor.

Pastor, Justo, 1976, *Los Comuneros del Paraguay: 1660－1735,* Asunción: Casa-Libro.

Paredes, Pedro, 2006, *Cuentos de Mi Tierra,* Villarrica: Editoral Villarrica.

Pesoa, Mauel, 1990, *Fundadores del Pariido Liberal,* Asunción: Archivo del Liberalismo.

Ruiz de Montoya, Antonio, 1996(1639), *La Conquista Espiritual del Paraguay*, Asunción: El Lector.

Sanchez, Hipolito, 1981, *Estructura y Función del Paraguay Colonial,* Asunción: Casa America.

Susnik, Branislava, 1982, *El Rol de los Indígenas en Formación y en la Viviencia del Paraguay I,* Asunción: Instituto Paraguayo de Estudio Nacionales.

Vellia, Maria, 2005, *Aportes de Benjamín Velilla a la Historia del Paraguay,* Asunción: Edicione y Arte.

기타자료

Diario El Surco(año 1924~1974)

Diario ABC Color(año 1969~2007)

Diario Ultimahora(año 1982~2007)

Diario La Nacion(13 de Noviembre 1995)

Diario La Nacion de la Argentina(13 de Diciembre 1959~29 de Diciembre 1959)

Notas Recibidas(año 1872), Archivo de la Municipalidad de la Villarrica

Lista del Votador(año 1914), Archivo de la Municipalidad de la Villarrica

Otra República en Paraguay: Inmigrantes Europeos y etnicidad

Gu, Gyoung-mo

El presente estudio analiza el proceso de formación de la etnicidad guaireña en Paraguay. El término "guaireño" se refiere a la gente que vive en la ciudad de Villarrica. El hecho que los Paraguayos reconocen a los guaireños como una comunidad regional particular tiene una relación íntima con situaciones históricas de la Guerra de la Triple Alianza y las Guerras Civiles de Paraguay. La Guerra de la Triple Allianza es la guerra en la que Paraguay luchó contra la alianza entre Brazil, Argentina y Uruguay en el año 1865. Paraguay fué derrotado en esta guerra, y sufrió un gran cambio social debido al gran decremento poblacional. Paraguay perdió aproximadamente 80% de toda su población en esta guerra, siendo la mortalidad más alta en los adultos.

El gobierno de Paraguay inició en forma activa a recibir inmigrantes con el objetivo de restablecer su población. La ciudad de Villarrica es un caso particular porque aquí se establecieron muchos inmigrantes europeos, teniendo este hecho mucha relación con la construcción de la via ferroviaria en el año 1886. Villarrica llegó a crecer como el centro de tráfico entre Paraguay y Argentina. Con la apertura de la via ferroviaria se llegaron a establecer en Villarrica más de 200 familias con diferentes apellidos. Debido al mayor número de europeos que vinieron a quedarse en Villarrica, este lugar llegó a adquirir el apodo "Ciudad Extranjera" por el resto de los paraguayos. Desde entonces a los guaireños se les conoce como parte de una comunidad particular.

Esta percepción se llegó a reforzar con dos guerras civiles entre las facciones políticas del Partido Colorado que tomo el poder en el año 1946 y del Partido Liberal. La primera guerra civil tuvo lugar en el año 1947 y se conoce como "La Guerra Civil del Año 47", y la segunda se conoce como "El Movimiento 14 de Mayo" teniendo su lugar en el año 1959. Los guaireños estuvieron involucrados en ambas guerras civiles porque la ciudad de Villarrica fué la base de operaciones del Partido Liberal. Con el fracaso de las dos guerras civiles iniciadas por el Partido Liberal, los guaireños obtuvieron la imagen separatista por el resto de los Paraguayos y terminaron siendo marginalizados.

El resultado de esta marginalización se demuestra claramente en los dichos que representan a los guaireños. Estos dichos hablan en común de dos grandes temas. Primero, se dice que "el guaireño lo hace al revés", y luego hay quienes hablan sobre "la República de Guairá". Estos dichos suelen circular en forma de bromas, pero también en forma oficial en medios de comunicaciones. A los guaireños no les encanta escuchar hablar sobre estos dichos. Lo que les molesta en particular es la implicación política escondida en ellos, porque por muchos años estuvieron impuestos a desventajas sociales y económicas por el Partido

Colorado luego de las dos guerras civiles. Con el fin de diluir el hecho que el dicho guaireño tiene su origen en conflictos políticos, los guaireños empezaron a generar unos dichos contrarios. El tema principal de estos dichos contrarios exponen que el dicho guaireño no se generó en las dos guerras civiles, sino desde la historia de la Provincia del Guairá de la época colonial.

La fabricación de la historia con el uso de estos dichos contrarios se esta procediendo de dos maneras. El primero es la búsqueda de la historia de la región de Guairá y Villarrica en el período comprendido entre los síglos 16 y 18 para su conmemoración. Este movimiento se mantuvo entre los años 1960 y 1980 con el liderazgo del "Centro Guaireño" y el "Instituto de Numismática y Antiguedades de Villarrica" en una forma muy experta y organizada. El segundo es la interpretación de la historia de la Provincia del Guairá de la época colonial atraves de los dichos contrarios. Este movimiento mostró un gran incremento en los últimos diez años. Los que lideran la interpretación de la historia con los dichos contrarios pertenecen generalemente a la clase profesional de la región. Ellos utilizan la prensa, la radio y la televisión local como medios de comunicación para presentar sus ideas. Ellos fabrican dichos contrarios basandose en datos buscados por ellos mismos, como también en conversaciones con sus contactos íntimos ya sean estos historiadores, profesionales u otros interesados en la historia regional. Los dichos contrarios así generados circulan entre los guaireños, y ellos llegan a adoptar la tendencia expuesta en estos dichos como si fueran su identidad propia.

Con los dichos contrarios los guaireños llegaron a inventar su propia historia, y como resultado creen hasta hoy que la etnicidad guaireña no se basa en los conflictos políticos contemporáneos del Paraguay, sino en la historia regional de la época colonial.

구경모

영남대학교 문화인류학과에서 학사와 석·박사 과정을 마쳤다. 현재는 부산외국어대학교 중남미지역원 HK연구교수로 재직하고 있다. 최근에는 파라과이와 아르헨티나의 이민과 종족, 민족주의에 관심이 있다. 2004년부터 2007년까지 파라과이와 아르헨티나에서 현지조사를 수행했으며, 그 후에도 정기적으로 실시하고 있다. 주요 논문은 「파라과이 민족국가 형성에 있어 과라니어의 역할」과 「파라과이 소농의 생존대안으로서 공정무역」, 「아르헨티나 거주 파라과이 이민자에 대한 차별과 통합의 한계」 등이 있다.

과이라 공화국, 또 하나의 파라과이

유럽계 이민자와 과이레뇨의 종족성

초판인쇄 | 2011년 7월 25일
초판발행 | 2011년 7월 25일

지 은 이 | 구경모
펴 낸 이 | 채종준
펴 낸 곳 | 한국학술정보㈜
주   소 | 경기도 파주시 문발동 파주출판문화정보산업단지 513-5
전   화 | 031) 908-3181(대표)
팩   스 | 031) 908-3189
홈페이지 | http://ebook.kstudy.com
E-mail | 출판사업부 publish@kstudy.com
등   록 | 제일산-115호(2000. 6. 19)

ISBN   978-89-268-2464-1 93950 (Paper Book)
        978-89-268-2465-8 98950 (e-Book)

이담
/Books 는 한국학술정보(주)의 지식실용서 브랜드입니다.